PHP経営叢書

日本の企業家

大原孫三郎

地域創生を果たした社会事業家の魁

阿部武司
編著

PHP

ＰＨＰ経営叢書「日本の企業家」シリーズ刊行にあたって

社会を変革し、歴史を創る人がいる。企業家といわれる人々もそれに類する存在である。溢れる人間的魅力が他人を惹きつけ、掲げる崇高な理念のもとに、人と資本が集まる。優れた経営戦略は、構成員の創意工夫を生かす。そうして新たな価値が創造され、事業が伸展する。社会の富も増進され、進化・発展は果てることがない。その歴史に刻まれた足跡に学ぶべきところは限りない。成功も失敗も現代のよきケーススタディである。

日本近代の扉を開いた比類なき企業家・渋沢栄一はいう。子孫に遺すべき家宝は「古人のいわゆる『善以テ宝ト為ス』ただこの一言のみである」と。けれども理想の実現に邁進した日本人企業家たちの実践知、そこにみられる「善」を「宝」となし、次代に継承するのは現代を生きる読者諸兄である。〝経営の神様〟と称された松下幸之助が説くように「人はみな光り輝くダイヤモンドの原石のようなもの」であり、個の絶えざる自己練磨の集合体が世の中であることを我々は忘れてはならない。

松下幸之助が創設したＰＨＰ研究所より、創設七〇周年を記念して刊行される本シリーズでは確かな史実、学術的研究の成果をもとに、企業家活動の軌跡を一望できるようにした。経営史・経営学の専門家が経営思想や戦略を掘り下げ、その今日的意義を考察するだけでなく、人間的側面にもアプローチしている。

各巻が、日本のよき伝統精神、よき企業家精神の継承の一助となれば、編集委員としてこれに勝る喜びはない。

二〇一六年一一月

編集委員　宮本又郎

加護野忠男

序

大原孫三郎は明治末期の若き日から、郷里である岡山県の倉敷を拠点とし、倉敷紡績・クラレだけでなく、中国銀行や中国電力といった、現存する大企業の前身となる諸企業を飛躍的に発展させた企業家である。さらに今日も続く三つの研究機関（以下、当初の名称）、大原社会問題研究所・倉敷労働科学研究所・大原奨農会農業研究所を設立し、各学術研究分野の発展に多大な功績を遺した。あわせて大原美術館の開館等、日本の芸術の興隆にもおおいに寄与した。特に社会事業家としての先駆的業績は、作家城山三郎の『わしの眼は十年先が見える―大原孫三郎の生涯―』（飛鳥新社）等によって広く世に知られることになった。

本書の第一部「詳伝」では、その孫三郎の多彩な活動の中でも、実体が意外に知られていない倉敷紡績や倉敷銀行（その後身の第一合同銀行及び中國銀行）をはじめ、電力、新聞社、そして倉紡の子会社として設立された人絹メーカーの倉敷絹織（現クラレ）等の諸企業における孫三郎の旺盛な企業家活動を明らかにすることに重点を置くようにした。その中で、彼の経済活動と社会事業との資金面での関係性についても解明を試みた。さらに、孫三郎の活動を中心に、倉敷そして中国地方の地域創生にも目を向けるようにした。孫三郎は倉敷に大工場や寄宿舎・社宅をつくり上げていく中で、それらを結ぶ道路などのインフラを整備し、社会事業も組み込んで倉敷の美しい街並みを形成していった。その方面での活躍もあって、倉敷という地方都市の産業が第一次世界大戦前後に全国に影響を与えるようになり、戦後には観光都市としても著名となった。そうした地域の発展過程も本書で確認できていると思う。

しかし、孫三郎がいかに卓越した経営者であっても、その事業が常に順風満帆であったわけではない。特に金融恐慌から昭和恐慌までの一九二七〜三一年頃は最大の難局に直面したのであり、その経営危機を乗り越える際には多くの労苦が伴うことになった。その足跡を各種資料で追いかけていくうちに、孫三郎が仕事を任せていた優秀な経営幹部たちが、危機の突破にあたり、大きな役割を果たしたという事実がはっきりと見えてきた。そして孫三郎の父・孝四郎の代から承継され、現在も倉敷紡績とクラレの企業理念とされている「同心戮力《どうしんりくりょく》」にも突きあたることになった。この点において本書は、これまで知られていなかった孫三郎の企業家精神そして企業家活動の核心に迫ることができたと自負している。

第二部では、I章で倉敷紡績に関する経営分析を試み、第一部で定性的に記述した諸事実を客観的に確認するようにした。執筆者は、結城武延氏（東北大学大学院経済学研究科准教授）である。大原孫三郎の企業家、社会事業家、芸術の庇護者という多彩な活動の軌跡を支えたのはつまるところ彼の企業家活動であり、そのうち最も重要な事業が倉紡であった。倉紡のような一企業に関する経営史的研究は、その企業に関する様々な文献を基礎として実証的に進められるのが王道ではあるものの、可能な限り、客観的で計量的な経営分析を並行して進めることが望ましいと筆者は考えている。その実践を結城氏が試みてくれた。

第二部のその他の章は、編著者・阿部によるものである。Ⅱ章では、孫三郎の諸事業が彼一人によってなされたのではなく、実は優れた側近たちがいてはじめて可能であったという、今回明らかにできた論点を、代表的な人物のキャリアの整理を通じて確認していく。Ⅲ章では、孫三郎の社会事業の意義を、大原社会問題研究所（社研）と倉敷労働科学研究所（労研）に絞り込んで考えてみる。孫三郎の社会事業は、おおむね彼の当初の構想とは離れたものになっていったといわれており、その通りではあるものの、しかしできあがった諸施設は今日でも社会におおいに貢献しているという事実を前提として、論考を進めている。

Ⅱ～Ⅲ章の内容の一端にふれてみると、まず社研の場合、貧困を中心とした社会問題を科学的に研究し、その改善（救貧や防貧）を図ろうという孫三郎の当初の構想を越えて、マルクス主義に基礎を置いた社会科学全般に視野を広げ、少数精鋭の学者を結集したユニークな研究所となった。それは、所長となった高野岩三郎の人格と学識に孫三郎がほれ込み、彼にすべてを任せた結果にほかならない。一九二八年の三・一五共産党検挙事件以来、世間から批判の対象にされた社研と緊張関係を維持しながら、結果的には一九三〇年代半ばまでその社研を守り抜いた孫三郎は、日本の社会科学の進歩を見守り、さらに少数精鋭ながら、戦後日本のオピニョン・リーダーを育てたという意味合いにおいて、かけがえのない役割を果たしたと評価されよう。他方、社研から分離した労研に関していえば、孫三郎は社研の場合と同様に暉峻義等という優秀な社会衛生学者に運営を一任し、暉峻の主導の下で労研は、労働科学という新分野を確立していくのであるが、他方で、孫三郎は労研を通じて科学的管理法、従業員を採用する際の適正検査、工場内の労働条件の改善などの知識・技術を倉紡や倉敷絹織に取り入れていった。孫三郎が創った三研究所の中で、労研は孫三郎にとって最も「役に立った」機関だったと筆者には思われる。Ⅳ章では、孫三郎よりもやや早く明治三〇年代に鐘淵紡績会社（鐘紡）で「経営家族主義」を展開していた武藤山治と、第一次世界大戦後に「労働理想主義」を確立した孫三郎の理念の違いの持つ時代性、それにもかかわらず両者が進めた労務に重点を置いた経営管理の類似性に関して考察した。

最後に第三部だが、構成を二章に分けた。Ⅰ章で孫三郎自身の発言をとり上げ、簡略な解説を加えた。いずれも倉敷紡績での経営者としての発言であるが、彼が生涯を通じて追究し続けた経営理念が言葉の節々にみてとれよう。Ⅱ章では、孫三郎の人物と事績に関して論じた血縁者、関係者が残した文章を収録した。その中の一人、孫三郎の嗣子・總一郎は、父に関する感銘深い随想をいくつも残しており、孫三郎が単なる理想主義者とする理解だけでは解釈しがたい人物であったことを強く認識していたものと思われる。孫三郎の生涯とその業績を改めて考察する機会を与えられた筆者は、一読したところ理解しにくい總一郎の評価にも十分共感できるようになった。

孫三郎は、資本に余力のある企業所有者で、世のため人のために明るく社会貢献活動に励んだというような単純な理解でおさまるような経営者ではなく、極めてパワフルで感受性も豊かなために、感情の振幅が大きいという側面もあったようだが、ひとたび苦境に陥った際にはまわりの部下や支援者たちが放っておけないような、複雑な陰影に富む魅力的な人物であった。執筆の過程で筆者が知りえたそのことを裏づける発言・文献を第三部には収録したつもりである。収録・掲載にご理解、ご協力を頂いた方々にはこの場を借りて深く感謝申し上げる。

本書の第一部・第二部の記述については、可能な限り、新しい史実の発見に努めるよう試みたが、大原家ご所蔵の資料「大原家文書」なくして、それは不可能であった。有隣会の設立発起人であり、孫三郎の孫であられる大原謙一郎氏は、本書の執筆を温かく見守って下さった。厚く御礼申し上げる次第である。そして、貴重な写真の収録のご相談なども含めて実務面でお世話頂いただけでなく、多数の有益なアドバイスも頂いた有隣会の水島博氏のご厚意に心より御礼申し上げる。写真・資料等の本書への収録に御協力をいただいた倉敷紡績の方々にも感謝の言葉をお贈りしたい。

また第一部（Ⅳ章）と第二部（Ⅲ章）の執筆に際し、森戸辰男をはじめ大原社研のスタッフの事績にご造詣の深い小池聖一広島大学大学院国際協力研究科教授、さらに社会政策研究の第一人者である玉井金五大阪市立大学名誉教授・愛知学院大学経済学部教授と杉田菜穂大阪市立大学大学院経済学研究科准教授のお二人からは、筆者には基礎知識の乏しい専門分野に関する貴重なご教示・コメントを頂戴した。同じく深甚の謝意を表したい。

最後に、部分執筆のみならず資料の収集と整理に多大の協力をいただいた結城武延氏、大原孫三郎の企業家活動と社会貢献事業の研究に関するパイオニアとして生前に多数のご教示を賜った大津寄勝典氏（故人）、倉敷絹織について貴重な情報を提供してくださった平野恭平神戸大学大学院経営学研究科准教授、そして本書執筆にあたって温かい励ましと、優れたアイデアを常に与え続けてくださったＰＨＰ研究所七〇周年記念出版プロジェクト推進室の藤木英雄氏に心より御礼を申し上げる。

二〇一七年七月

編著者　阿部　武司

大原孫三郎

地域創生を果たした社会事業家の魁

目　次

第二部　論考

企業家・大原孫三郎の真価
見抜いて、信じて、任せることで創出されたもの

第三部　人間像に迫る

「同心戮力」を標榜した事業家の残像

人道主義が貫かれたその行き方・考え方

帯写真提供◉倉敷紡績株式会社
装丁◉上野かおる

第一部
詳伝

天職に生きた企業家の生涯

事業を通じて地域創生に貢献する

I　企業家になるまでの孫三郎

倉敷と大原家

大原孫三郎は岡山県の倉敷という地方都市を拠点として、大原家の企業として知られているクラボウとクラレだけでなく、中国地方の経済を支えている中国銀行、中国電力、山陽新聞社の前身となった個性的で活力に富む諸企業を創出し、地域の発展に大きく寄与した。さらに今日も続く三つの研究機関（以下は当初の名称）、大原社会問題研究所、倉敷労働科学研究所、大原奨農会農業研究所を創設し、世界に誇る大原美術館を残すなど社会事業の面で、戦前期には類例がない貢献を果たした。

第一部では、彼の若き日の歩みから始めて、企業家活動と社会事業を中心に述べていくが、その前に、孫三郎の生地倉敷と生家大原家について少し説明をしておきたい。(1)

徳川期に幕府直轄地（天領）は、「将軍様のお膝元」であった江戸を除けば、「天下の台所」と謳われた経済都市大坂に典型的にみられたように幕府の規制が緩く、また大名が統治していた諸藩に比べても、自由な経済活動が行われていた。その天領であり、気候温暖な瀬戸内沿岸に位置していた倉敷は、米や棉花の集散地として繁栄する中で多数の富豪を輩出していったが、大原家はそのうちでも格別に豊かな家であった。

同家の始祖は、備前国（現岡山県）児島郡片岡村出身で、元禄（一六八八〜一七〇四）年間に倉敷に移住して[2]繰綿仲買商を開業した児島屋忠右衛門忠則といわれ、その後、忠右衛門の孫で一七六六（明和三）年に一九歳で家督を相続してから没年の一七九七（寛政九）年まで活躍した三代目与兵衛金基[3]の代に、旧来の繰綿商を廃し、諸藩から買い付けた蔵米を大坂や江戸に回漕して利鞘を稼ぐ米穀問屋に転じた。三代目与兵衛は蓄財に励んだようで、国の重要文化財に指定されている大原本邸（謙受堂）の一部は彼の時代につくられたものとみられる。

維新期の当主は五代目与兵衛または与平（以下、与平と略す）であり、一六歳の一八一八（文政元）年に家督を継いだ。五代目も堅実に蓄財を進め、江戸城本丸普請入用金の上納金に対する褒賞として、一八六一（文久元）年に倅代までの苗字御免を蒙り、まず原姓を名乗った。この姓は、祖先が一時居住したと伝えられる讃岐（現香川県）大野原に由来するという[4]。翌年さらに大原与平と改称し、大橋平右衛門と並んで倉敷村の庄屋となった。また庄屋広江屋丈平の招きで、一八六一年に倉敷に簡塾を開いた勤皇派の儒者で、吉田松陰の師でもあった森田節斎に、知命を過ぎた与平は師事し、中国の古典『書経』にある謙受説すなわち「満は損を招き、謙は益を受く」という思想に感化されたようだ。そして家業はますます繁栄するようになった。

与平は一八五八（安政五）年に、岡山丸亀町の藤田伝吉の三男で一八三三（天保四）年一一月生まれの幸三郎を婿養子に迎え、幸三郎はのちに孝四郎と改名した。このよき後継者を得た与平は家業にいっそう励み、金融業者としても成功し、不動産抵当金融によって農地を手に入れて地主としても成長していったといわれるが、幕末前後に大原家が、倉敷に集散する蔵米・実綿・呉服などの取り引きを行い、小藩主や農民を顧客とする金融業にも従事していた事実は先行研究によって確認されている(5)。

与平はしばしば壮平とも称し、確堂と号した。彼は明治初期に値下がりしていた土地を買い集めて、倉敷屈指の大地主となったといわれる。大原家の所有する土地面積が初めて確認されるのは一八七七（明治一〇）年約一〇四町であり、家督を孝四郎に譲る前年の八二年には約一四八町に増えていた。一九二四（大正一三）年に大原孫三郎名義で三二二・四町、財団法人大原奨農会名義で二〇二・七町、以上計五二五・一町の大原家の所有地は、財閥として知られる合名会社藤田組一〇七六・二町、児島の塩田王・野崎武吉郎五九九・九町に次いでいた(6)。

大原家は、このように岡山県屈指の大地主であるにとどまらず、**図表1**の原データから算出すれば一八九〇年の直接国税納入額が全国第九位となる事実から、明治中期以降戦前期を通じて全国的にも有数の地主であり続けたと推察されるが、その基礎は与平の代に築かれたのである。彼

図表1　大原孝四郎・孫三郎の土地・資産所有規模

年	氏名	調査対象人数	県内順位	資産（万円）	直接国税納入額（円）	出所
1890	大原孝四郎	195	2		5,795.6	『日本全国貴族院多額納税者議員互選名簿（明治23年）』
c.1897					6,508.8	梅田正勝編［1898］、『全国多額納税者互選名鑑』
1901		441	1/4			「日本全国五拾万円以上の資産家」『時事新報』第6412号
1902				90		山本助治郎編［1902］、『日本全国五万円以上資産家一覧』
1904			1		7,923.0	「全国多額納税者名簿（明治37年）」『日本紳士録　明治39年用』第10版（交詢社）
1911	大原孫三郎	1,018	1		17,073.0	「時事新報社調査　日本全国五拾万円以上資産家表」『時事新報』第10004号附録。「全国多額納税者名簿（明治44年）」『日本紳士録　明治45年用』第16版（交詢社）
1916		2,201	2	350		「全国五十万円以上資産家表（大正5年）」（時事新報社）
c.1926				500		岡野保編［1926］、『大日本資産家大鑑』
1930			1	1,000	101,206	「全国金満家大番附（帝国興信所調査、昭和5年）—全国多額納税者一覧（昭和5年10月、東京尚文社調査）」『講談倶楽部新年号附録』
1933			1	1,000	28,038	「五十万円以上全国金満家大番附（帝国興信所調査、昭和8年）—全国多額納税者一覧（昭和8年10月、東京尚文社調査）」『講談倶楽部新年号附録』

［出典］『日本紳士録』を除き、渋谷隆一編［1984］、『明治期日本全国資産家地主資料集成』第Ⅳ巻（柏書房）及び渋谷編［1985］、『大正昭和日本全国資産家地主資料集成』第Ⅰ巻（柏書房）に収録。（注）年のc.は同年頃の意味。順位の1/4は計4名中に含まれているという意味。

は一八八〇（明治一三）年に岡山県を襲った水害のような危機に際しては、救援米の拠出や義捐金の寄附を通じて地域社会の安定に尽力した。

父・孝四郎の企業家活動と理念

与平は、養子孝四郎の教育を森田節斎に託した。岡山城下で屈指の豪商であった藤田家出身の孝四郎も、義父と同じく節斎の薫陶を受けた。孝四郎も謙受説を継承し、この理念は現在のクラボウ、クラレにも受け継がれている。

倉敷紡績の創業時に孝四郎は、森田節斎の同門で元岡山県参事、閑谷黌《しずたにこう》黌長の西毅一（号は薇《び》山《ざん》）に、中国の古典『春秋左氏伝』にその語源を持つとされる「同心戮力《どうしんりくりょく》」（心を一つにして力を合わせていく）の揮毫を委嘱し、社訓の額とし、この理念も今なおクラボウやクラレに継承されている。この故事成語には、組織の構成員それぞれが、みずからの立場、才能をよく知り、それを存分に発揮するという意味合いが含まれるものと考えてよいだろう。近年のダイバーシティ経営にも相通ずる哲学といえようが、孫三郎が父から承継したこの理念が、彼の事業経営でいかに具現されたのかは、次章以下における孫三郎の部下たちの行動から理解されるであろう。

孝四郎は日常生活も質素で厳格であったという。家督相続の前に妻恵以との間に男子三人、女子三人を授かっていたが、うち男女二人は夭逝し[7]、長男基太郎も、孫三郎が生誕した翌年の一八八一（明治一四）年に一九歳で急逝した。孫三郎は三男であり、一八八〇年七月二八日に岡山県窪屋郡倉敷村（一九〇〇年より都窪《つくぼ》郡倉敷町、一九二八年より倉敷市）に生まれている。

一八八二年、喜寿を過ぎた与平は家督を譲り隠居し、孝四郎が四九歳で大原家六代目の当主となった。与平は同年末に八〇歳で世を去る。孝四郎は大原家中興の祖・与平にあやかり、その孫という意味を込めて孫三郎と命名したという。彼は大原家唯一の男児として家族の愛情を一身に受けて幼少時代を過ごしたが、五、六歳頃までは怒り出すと手のつけられない癇癖児であったようだ。七歳になった孫三郎が尋常小学校に入学した一八八七年には、経済史上有名な企業勃興が始まっており、大阪や東京などの大都市だけではなく地方に至るまで、鉄道と紡績を中心とする会社企業の設立が相次ぎ[8]、孫三郎とよく対比される武藤山治（第二部Ⅳ章参照）が経営にあたることになる鐘淵紡績会社は一八八七年に東京綿商社として創立されている（翌年、社名変更）。

棉花の集散地倉敷でも、綿紡績企業設立の機運は高まり、大橋澤三郎、小松原慶太郎、木村利太郎の三人の青年がその実現に立ち上がり、岡山県会議員の林醇平も加わった。彼らは、岡山県知事の内諾を得てから、関西の紡績企業を見学したのち上京して農商務省に陳情し、近代紡績企業のパイオニアである大阪紡績会社（現東洋紡）などと同様に、イギリスのプラット社製精紡機一万錘を備えた資本金二〇万円の株式会社の設立を目指した[9]。

一八八七（明治二〇）年一二月一七日、県知事から有限責任倉敷紡績所の設立が認可された。上記四人をはじめとする創立発起人たちは、ほどなく新聞を通じて株主の公募を行なったものの、株式引受申し込みは予定の半額にも達しなかった。翌年二月、発起人一一人中には含まれていなかった大原孝四郎が頭取（当時の社長の呼称）になる旨が新聞に報道され、三月四日には創立株主総会が開かれた。すでに決められた資本金と設備自体には変更がなかったものの、当座は各々当初予定の半分の規模で出発する、と定款が変更された。この新定款が県知事の認可を受けた同一八八八年三月九日が、今日のクラボウでは創立記念日とされている。

３万錘の紡績工場となった倉紡の倉敷本社工場（倉敷紡績株式会社所蔵）。

新設の倉敷工場はリング精紡機四四七二錘と、当時最小規模とみられていた一万錘という水準からみて非常に小規模ながら、翌一八八九年一〇月に運転を開始し、以後二〇年間に五回の増設を経て、[10]ようやく約三万錘規模となった。同工場が設立された場所は倉敷代官所の跡地で、現在は、旧工場の建物を活かした瀟洒なホテル「倉敷アイビースクエア」となっている。なお、倉敷紡績所は一八九三年一一月、商法施行に伴い定款を変更し、倉敷紡績株式会社（以下、倉紡と略記）の登記が農商務大臣により認可された。

一八八八年四月末の第一回払い込みの際、株式の総数は一〇〇〇〇株（一株一〇〇円。全額の払い込みは翌八九年七月の第五回払込時）、全株主一三一人中、孝四郎は最大の一一五株を引き受け、第二位の大橋良平の五九株とは大差があったものの、この時点で倉紡が大原家の企業とはまだいえなかったことにも注意されたい。孝四郎は、義父与平に引き続き土地購入を進めた。大原家が所有する土地は一八八二年の約一四八町から八六年には約三三四町に激増したが、これはいわゆる松方デフレ期に全国的に進んだといわれる土地集積にほかならない。その後も孝四郎は土地を買い続け、一九〇一~〇九年に計二〇〇町余りの土地を購入し、特に〇三年に八四町、〇八年に三三町と特定の年に広大な土地を入手していた。

工業化の開始期であったその当時、紡績、鉄道、銀行などの近代産業がめざましく発展しつつあったが、孝四郎はそれらのうち、倉紡も含む優良企業の株式や公債にも投資するようになった。彼は巨額の小作料収入を、株価が下がり配当収入が期待できない時には土地の購入に投じ、逆の場合には倉紡や倉敷銀行(以下、倉銀と略記)を中心とする有価証券に向けた。

彼の所有する倉紡の持株数は一八九四年一〇五九株、一九〇四年一八一七株、〇九年三七八四株、倉銀のそれは一八九四年六五一株、一九〇四年一六三二株、〇九年一六三二株、とともに増えていった。[11] その結果、孝四郎は大地主としても倉紡や倉銀のオーナーとしても成長していった。孝四郎のこうした企業家活動の結果、倉紡は、孫三郎が同社社長となった日露戦争後の一九〇六年頃には、名実ともに大原家の企業となっていたのである。

孝四郎は謹厳な性格だったようで、未明に倉紡工場を見回り、綿屑を拾って支配人の机上に置くといった具合だった。しかしそうした几帳面さが煙たがられていることを知ったのちは、いっさい出社しなくなったといわれ[12]、倉紡の日常的業務は、山口武工務支配人（一八五三年生まれ。大蔵省などに勤務。イギリスにも留学。一八八九〜九四年倉紡に紡機主任として在職後、鐘紡に転じ、同社兵庫工場の建設にあたり、技師長・取締役に昇任）、小松原慶太郎取締役（一八八九年に倉紡が加盟した大日本綿糸紡績同業連合会〈八二年創立の紡績連合会が八八年に改組〉の委員・副会頭を歴任したが、一九〇二年病没）、木村利太郎商務支配人（創立発起人の一人で、のち取締役。一九一四年在職中に死去）、木山精一取締役らに一任していた[13]。

製品の綿糸は、木村の尽力により販売特約店の整備が進み、大阪、中国、九州、四国伊予などの織物産地へ売られるようになっていった[14]。イギリス産業革命期の綿業都市ランカシャーでは、紡績企業が増えてくると、綿糸需要にかかわる様々な派生需要が登場し、分業が深まって新たなビジネスが次々と生じていったことが明らかにされている[15]。倉紡が登場した頃の倉敷でも、よく似た現象が起こり、それまで変化に乏しかった町の産業の様子が大きく変わっていった。

一例を挙げよう。孫三郎と小学校時代のよき友人で、のちに社会主義者として大成する山川均（一八八〇〜一九五八）の実家は、天領倉敷の蔵元であったが、幕末・維新期には没落し、農場を経営したのち、地元に倉紡が設立するに及び、均の父清平は、一八八八年旧正月を終えた後、商店街の本町で「和製舶来万《よろず》糸物類」の看板を掲げた糸物商を始めた。当時、専門の呉服屋はあったものの、糸類自体に対する需要がまだ生じていない中での先見性に富む着想であった。

当時の倉紡の製品は、八番手[16]からせいぜい二〇番手くらいの太糸のみだったから、清平は、細糸はすべて大阪から入手し、ミシン用カタン糸も売っていた。

山川一家は、値引きをしない「士族の商法」にとらわれたため、結局は廃業したが[17]、様々に染めた色糸への需要にも関東の八王子の技術などもとり入れて応じるところまでは成功した[18]。こうしたビジネスチャンスを倉紡は、地元の人々に提供したのである。

一八九〇年には銀行条例が制定されて岡山県下にも私立銀行が叢生するが、その一つとなった倉銀は、倉紡の金融円滑化を図る同社幹部の計画により、九一年四月、資本金三万円で設立認可され、孝四郎が頭取に就任した[19]。同年には山陽鉄道（現ＪＲ西日本）が岡山県を貫通し、倉敷駅も新設され、六月には町制が施行された。

戦前期日本の紡績企業や銀行の一つの特徴は、叢生した多数の企業が不況期に体力を落とし、それを有力な企業が合併・吸収していったことである。日清戦争後には深刻な不況がしばしば到来したが、その影響がまだ続いていた一九〇二年には、当時岡山県下で最大規模であった岡山紡績から倉紡へ合同の誘いがあったものの、孝四郎はこれを拒否して独立を保った[20]。

若き日の孫三郎

大原孫三郎は、一八九一（明治二四）年に尋常小学校四年の課程を終えて、高等小学校に入学し、そこですでに紹介した山川均たちと親しく交流した。しかし、高学年に進む頃には病気がちであり、登校拒否状態となった[21]ため、孝四郎は自分のもとに孫三郎をとどめるのは宜しくないと判断し、長女卯野《うの》の夫である親族の原邦三郎の勧めで、西毅一が黌長を務める前記の閑谷黌《しずたにこう》[22]に息子の教育を託した。孫三郎は、日清戦争の最中の一八九四年一二月に同校予科一年に入学し、寄宿舎生活を始めた。それまで恵まれた生活を送ってきた孫三郎は厳格な規律を要求されることになった。粗食になじめず、虱《しらみ》に悩まされる閑谷黌での生活はつらかったものの、そこで、漢学よりも洋学になじみ、徳富蘇峰や福沢諭吉の時論を読んで社会情勢に関心を向けるようになり、書道も上達した。

しかし、孫三郎は国中が日清戦争の勝利で沸き立ち、工業化・近代化が大阪や東京などの大都市を中心に進みつつある中、閑谷での単調な生活に飽き足らなくなり、特に高等小学校時代の親友山川均たちが京都の同志社尋常中学校に進学したと聞くと、二年間を過ごした閑谷黌を飛び出して父の実家である岡山の藤田家に一時身を寄せた。邦三郎は、自由奔放な孫三郎の性格を知りつつ母校の閑谷黌に入学させた責任を感じていたので、孫三郎が希望する東京遊学を許してやるよう孝四郎を説得した結果、父は息子の東京行きをしぶしぶ承諾した。こうして一六歳の孫三郎は、一八九七年正月に上京し、国民英学舎を経て六月に東京専門学校（一九〇二年に早稲田大学となる）に入った。

初めから学業は怠りがちであったが、それでも当時世の関心を惹いていた足尾鉱毒事件に入学後まもなく関心を持ち、一橋高等商業学校の学生だった森三郎と、この事件の責任者である鉱山王の古河市兵衛と政府への憤りを共有するようになり、二人で足尾を視察した[23]。孫三郎が、森が二年後に外国留学した際、資金を父に求めて出してもらうほど、二人の仲は親密になった。のちの社会問題への関心の萌芽が、森との交流にも見受けられることは興味深い。

しかし夏季休暇の後、孫三郎の学習意欲の喪失は甚だしくなり、花柳界での遊びに溺れるようになった。父からの送金ではとても足らず、高利貸しから借金するようになり、その豪遊ぶりが警察にまで知られるところとなった。年末に孝四郎は孫三郎に帰郷を促したものの、帰る気配もなかったので、翌一八九八年一月に原邦三郎が上京して彼を倉敷に連れ戻した。激怒する孝四郎に、邦三郎は本人の悔悛の必要を説き、孫三郎は藤田家で謹慎することになった。その間、邦三郎は孫三郎の借金の後始末に奔走した。月一五円もあれば悠々と暮らせた時代に、借金は一万五〇〇〇円にかさんでいた。今の金額でいえば億単位であろうといわれる(24)途方もない大金を、一人のティーンエイジャーが約一年間で使い切ったことは驚異的である。

邦三郎のほか、孝四郎が東京での孫三郎の監督を依頼していた岡山県出身の東京帝国大学学生、千石良平と高杉晋の尽力も与って結局、大原家が元金に近い(25)一万円を支払うことで問題は片付いた。けれどもその邦三郎は、問題がまだ解決していない一八九八年一〇月に東京で脳溢血のため、三二歳の若さで(26)急死してしまう。自分のことを常に気にかけ、尽力してくれた義兄の死は孫三郎に衝撃を与えた。己の不品行が、信頼していた義兄を死に追い込み、ただ一人の実姉(27)を不幸にしたという自責の念が孫三郎を苦しめた。

邦三郎は、実弟が神戸で経営していたマッチ工場に資金的に援助していたが、彼の没後にその工場の経営が悪化したので、姉卯野が対応策を父孝四郎に依頼したところ、彼は不安を抱きつつも、孫三郎にそれを一任した。孫三郎は誠心誠意働き、損失を最小限にとどめて、孝四郎の彼に対する評価を回復していった。それでも心が晴れない孫三郎を精神的に救ってくれたのは、彼を案じて友人の森が贈ってくれた、二宮尊徳（一七八七〜一八五六）の思想と行動を、門人の富田高慶がまとめた『報徳記』であった。

孫三郎に思想的影響を与えた書物が後にふれる聖書であることはよく指摘されるが、『報徳記』の感化に関しては、「勤倹して余財を他に譲」るという主張を中心に紹介した犬飼亀三郎の指摘を除いて、あまり深く論及されていないように思われる。犬飼は上記の思想が『聖書』にも通じるものであったと論じている[28]。以下、彼の指摘を若干補っておきたい。

二宮は、文政（一八一八〜三一）年間に出身地の小田原藩主に抜擢され、桜町（現栃木県真岡市）を出発点として、荒廃した関東農村における諸藩や幕府の財政再建（「仕法」）を次々と成功させていった。同書には二宮が、農村の有力者に全財産を村のために拠出させて、村民を動かしていたこと、彼自身も私財を投じて、また、「仕法」の成功を通じて蓄積した「報徳金」を惜しみなく投じて、農村の復興に努めたこと、藩や幕府に過去数十年間の租税のデータをまとめさせて、無理のない「分度」（課税基準）を確定した上で、再建を理詰めで進めていったことが記されている[29]。資産を惜しみなく投じて世を救う事業を進めていき、しかも合理的に問題を解決していく姿勢を、孫三郎は同書から学んだのであろう。

孫三郎は企業経営と並んで、父祖から受け継いだ広大な小作地も管理するようになったが、一九一二(明治四五)年には小作人の貯蓄奨励のために報恩貯蓄会という組織をつくった。これは、小作人に耕作地一反(約一〇アール)につき三升または五升の米を納めさせ、大原家もそれと同額を貯蓄し、小作人は自己の利子に加えて大原家からの利子も受け取れるというものであり、目的は自作農の創出であった。同年後半(大正元年)には貯蓄人一二三人、貯蓄米一三石余りであったが、翌年には同じく七二九人、約八六石、大原家の積立を加算すれば、おおよそ一七二石に増えていたという[30]。会の名称からみて、この試みにも二宮の影響が見出されるように思われる。

その後の孫三郎は「雅子書屋」なる自筆の額を掲げた自室で読書や習字の時間を増やした反面、狩猟、囲碁、カメラなどにも関心を持ち、遊興を完全に断ち切ったわけでもなかったが、小作米の取り立てを番頭とともに行う中で、農民とも直接接触するようになり、大地主としての自分の社会的立場を認識し、また、勤倹力行の報徳精神の実践を目指した。

原邦三郎は、有為の青年に学資を援助するなど陰徳を積んでいたが、大原家が育英事業を進めていくことを前記の千石や高杉と図り、亡くなる直前の一八九八(明治三一)年に「大原奨学会規程」を孝四郎に提案したところ、孝四郎は快諾して基金一〇万円を出資し、会の運営を彼らに委ねた。

邦三郎の没後の一八九九年二月に孫三郎は上京して千石、高杉らと犬養毅、阪谷芳郎など岡山県出身の有力者に同会の委員に就任してもらった。その後長く続く大原家の育英事業の始まりであり、以後多数の有能な人材が大原家の経済的支援を受けた「大原奨学生」として育っていき、彼らがまた後年、孫三郎の社会事業を支えていったのである。

孫三郎は、岡山県備中地方出身の学生のための寄宿舎を設置しようという阪谷芳郎らの計画にも寄附を行い、一九〇一年、東京の小石川原町に備中館が設立された。

天職を知る――石井十次との出会い

孫三郎は、一八九九（明治三二）年七月にキリスト教徒で岡山孤児院を運営する石井十次[31]に初めて接し、その人格と説得力に深い感銘を受けた。

石井は一八六五（慶応元）年、日向国児湯《こゆ》郡の下級武士の家に生まれ[32]、岡山県甲種医学校（現岡山大学医学部）で学んだが、在学中の一八八四（明治一七）年に岡山キリスト教会で洗礼を受け熱心なキリスト教徒となった彼は、医学を捨てて孤児救済のために岡山市内に岡山孤児院を設立し、最盛期の一九〇八年には約一二〇〇人の孤児を収容していた。翌年末、彼は、孤児の大部分を、自分の故郷の茶臼原《ちやうすばる》に移し、一九一一年には孤児院の主力は同地への移住を完了した。石井はそこに理想郷をつくることを実行し、一九一四（大正三）年に茶臼原で亡くなった。日清戦争後頃から政府も石井の活動を評価するようになり、宮内省の御下賜金（一九〇五年以降一〇年間毎年一〇〇〇円）や内務省の補助金が支払われるようになった。

石井はさらに、徳富蘇峰（猪一郎）をはじめ多数の民間の支援者にも恵まれるようになった。倉敷でも幕末の儒学者・林孚一《ふいち》の孫にあたる[33]薬種商[34]林源十郎らが石井を支援していたものの、石井は斬新な布教活動を自由奔放に続け、資金不足に常に悩まされ、孫三郎が彼に会った当時は、各地で幻灯会や音楽会を開いて寄附を募っていた。孫三郎が偶然石井に出会った場も、倉敷の小学校で催された慈善音楽会であった。孫三郎は、父孝四郎の勧めで親しくなった一五歳年長で、人格高潔なキリスト教徒の林源十郎の導きで石井との交流を以後深めていった。

石井は一八九八（明治三一）年、布教活動を強化して岡山孤児院の賛助員募集を開始したが、孫三郎は一九〇一年に基本金管理者の一人となり、それ以来、彼は物心両面で石井の援護者となった。孫三郎は石井の勧めに従い、その頃から聖書を精読し、日記をつけるようになった。キリストの教えを説く『新約聖書』だけではなく『旧約聖書』を愛読していたようだが[35]、当時の日記の記述からは彼が日々キリスト教に感化されていったことがうかがわれる。

一九〇一年一一月に二一歳の孫三郎は石井十次夫妻、林源十郎夫妻の媒酌により、広島県深津村（現福山市）の素封家で、のちに広島県会議長や広島県農工銀行頭取を務める石井英太郎の四女スヱ（一八歳。結婚後、寿恵子と改名）と結婚した。同年大晦日の日記に孫三郎は、「二十世紀の第一年に当つた本年は、余の心霊上の大改革の年であつた[36]」と記した。翌年、元旦の日記には、日本の敵は「腐敗せる宗教と而して教育と政治であ」り、その改革が「神より与へられたる余の仕事である[37]」と書かれており、そのために早稲田大学の通信講義録を取り寄せたり、英語の教師を探したりした。怠惰な学生時代とは豹変して真剣に知識の摂取に努めるようになり、この姿勢は生涯保たれた。

同じく一九〇二年の五月二三日の日記では、「余は、余の天職の為この財産を与へられたのである。即ちこれは余の一生の間その天職を全うすべく神より貸し与へられたのであると信ずる」[38]と述べ、先祖代々の財産を快楽や贅沢のためにではなく、自己の使命を実現するために神から託されたものだという信念が表明されている。ここで孫三郎は天職、すなわち人生の目的と出合った。そしてこの自覚が、以後の企業家としての人生において、変容を重ねながらも大きな意味を持ち続けることになる。

なお孫三郎は、前記の足尾鉱毒問題のほか『平民新聞』誌上の幸徳秋水・堺利彦の社会主義的主張にも深い関心を持ち、「社会問題講究会」に大原家の番頭の名を借りて密かに入会し、その出版物を購読したりしていたが、政治活動を表立って行うことには、後にⅢ章でふれる伯備線敷設問題等を例外として熱心ではなかった。

教育者・孫三郎と倉敷日曜講演

孫三郎は他方で、教育の改善に早くから熱心に取り組み、一九〇二（明治三五）年一月には地元の小学校長たちに働きかけて倉敷教育懇話会を発足させ、年内にさらに以下の三つの機関を実現した。

① 倉敷紡績株式会社職工教育部。三月、倉紡内に職工教育部をつくり労働者の教育を行うこととし、翌月、工場の寄宿舎内に尋常小学校を設立し、倉敷尋常小学校の教諭を嘱託として招いて、工場作業の余暇を利用し職工に正規の初等教育を実施した。日本における企業内普通教育の先駆といわれる。[39] 七月からはキリスト教の牧師や町の信徒を招聘し、精神的、教養的な内容を持つ従業員慰安会も始めた。[40]

② 私立倉敷商業補習学校。母校の倉敷精思《せいし》高等小学校男子部に夜学校として設置し、孫三郎が校長となった。

③ 財団法人倉敷奨学会。父孝四郎に古稀記念として一万円拠出してもらい、倉敷の貧窮家庭の子弟の就学を奨励・援助した。

この一九〇二年、彼は備中連合教育会代表に推され、みずから「社会教育主義」と称する一般社会の教育振興に力を注ぎ、翌年には女性の教養向上を目的として倉敷婦人会を発足させた。

若き日の孫三郎の活動としてもう一つ注目されるのが倉敷日曜講演の創設である。費用はすべて彼が持った。孫三郎は、一九〇二年一〇月に『信濃毎日新聞』誌上でジャーナリストの山路愛山が日曜講演の開設を訴えた記事に注目した石井十次の勧めを真摯に受け止め、倉敷教育懇話会の支援を得て同年一二月に岡山県知事檜垣直右《なおすけ》と法学博士仁保亀松を講師として第一回講演を開催した。講演は以後一九二五年まで続き、開催回数は七六回に及び、倉敷の文化水準を向上させたとともに、孫三郎の人脈を広げるのにも大きく貢献した。[41]

一例を挙げれば、一九一一年、大隈重信が早稲田大学のための基金募集のため岡山を訪問した際に、孫三郎と早大を卒業した原澄治（第二部Ⅱ章を参照）の招きによって倉敷日曜講演で「国民教育に就て」の論題で講演を行い、大隈は孫三郎を校友に推した。これが契機となって孫三郎は、浮田和民（一八五九〜一九四六）をはじめ早大の教授陣との交流を深めたが、特筆されるのは、浮田経由で早大に寄附金と基金を提供して、永井柳太郎と安部磯雄の両教授を主査とする労働問題調査会を発足させたことである。それが後年、大原社会問題研究所の発足の際の北沢新次郎早大教授の招聘につながった。

生来蒲柳の質であった孫三郎は、一九〇三〜〇五年に眼病や肋膜炎に悩まされ、療養を余儀なくされたものの、〇四年末には家督を相続し、二四歳で大原家第七代当主となり、翌〇五年七月には洗礼を受けて岡山キリスト教会に入会した。一九〇九年七月二九日にはそれまで子供に恵まれなかった夫妻は、待望の長男を授かり、祖父孝四郎が總一郎と命名した。翌一九一〇年七月、孝四郎は脳溢血に倒れ、世を去った。

彷徨する青春期を経て、石井十次の薫陶を受けキリスト教的人類愛に目を開かれた孫三郎は、石井が運営する岡山孤児院への支援を通じて、多数の孤児が出てくる社会的背景に目を向けるようになった。さらに、それ以前から足尾鉱毒事件に対する憤りを感じていた彼は、社会主義思想にも関心を持ち始め、急速な発展を遂げつつあった資本主義経済の陰の部分に気づくようになり、社会的弱者や貧窮者の救済も使命とみなすようになっていったのである。

(1) 以下、孫三郎を中心とする大原家に関する記述は、断りのない限り、下記の文献を参照。土屋喬雄［一九六七］、「大原孫三郎の経営理念」『続日本経営理念史―明治・大正・昭和の経営理念―』（日本経済新聞社）。大原孫三郎傳刊行会編［一九八三］、『大原孫三郎傳』（同会）。倉敷紡績株式会社［一九八八］、『倉敷紡績百年史』（同社）。大津寄勝典［二〇〇四］、『大原孫三郎の経営展開と社会貢献』（日本図書センター）。兼田麗子［二〇〇三］、『福祉実践にかけた先駆者たち―留岡幸助と大原孫三郎―』（藤原書店）。同［二〇一二］、『大原孫三郎―善意と戦略の経営者―』（中公新書）。

(2) 水島博氏（公益財団法人有隣会）のご教示による。

(3) 水島博氏のご教示による。二代目与兵衛以降、与兵衛が襲名される。

(4) 二村一夫［一九九四］、「大原社会問題研究所を創った人びと」『大原社会問題研究所雑誌』第四二六号（法政大学大原社会問題研究所）六二ページ。与平の名称に関しては水島博氏にご教示頂いた。

(5) 東京大学社会科学研究所編［一九七〇］、『倉敷紡績の資本蓄積と大原家の土地所有・第一部』（同所）一四六～一四九ページ。

(6) 同前一三九、一五二ページ。一町は約一ヘクタール。

(7) 次兄は生後まもなく亡くなったため、孫三郎は戸籍上、次男。前掲『大原孫三郎傳』七ページ参照。

(8) 中村尚史［二〇一〇］、『地方からの産業革命―日本における企業勃興の原動力―』（名古屋大学出版会）第二章。

(9) 以下、倉紡の創立に関しては倉敷紡績株式会社［一九五三］、『回顧六十五年』（同社）一五～三六ページ、前掲『倉敷紡績百年史』第一章を参照。

(10) 同前『回顧六十五年』六五～九六ページ。

(11) 前掲『倉敷紡績の資本蓄積と大原家の土地所有・第一部』中の「Ⅱ　大原家の土地所有」。

(12)青地晨［一九六一］、「倉敷王国　大原三代」『中央公論』一九六一年四月号（中央公論社）二六六ページ。
(13)前掲『回顧六十五年』二六、四五～四六、五五、一〇八ページ。
(14)大津寄勝典氏のご教示による。
(15)Farnie, Douglas.A.［1982］, 'The Structure of the British Cotton Industry, 1846-1914' in Akio Ôkôchi & Shin'ichi Yonekawa（eds.）, *The Textile Industry and its Business Climate*, Tokyo: Tokyo Daigaku Shuppankai.
(16)綿糸の太さを表す単位で、数字が少ないほど糸が太くなる。この点はのちの一九三〇年代に関しての項で詳しく説明する。
(17)山川均著、山川菊栄・向坂逸郎編［一九六一］、『山川均自伝』（岩波書店）一二九～一三一ページ。
(18)同前一〇一～一〇六ページ。
(19)岡山県の金融史に関しては、以下を参照。日本銀行岡山支店［一九七二］、『岡山県金融経済史』（同）。前掲『大原孫三郎の経営展開と社会貢献』第一部第三章。中國銀行創立五十周年記念誌編集委員会［一九八三］、『中國銀行五十年史』（同行）。初期の倉紡と倉銀との関係については、村上はつ［一九六八］、「中規模紡績会社の資金調達―倉敷紡績会社と倉敷銀行―」『地方金融史研究―地方銀行と地方金融―』創刊号（地方金融史研究会）も参照。
(20)同前『大原孫三郎の経営展開と社会貢献』三〇～三一、三九ページ。
(21)孫三郎は高等小学校を卒業せずに閑谷黌に入学したが、在学中に高等小学校に復学のうえ、卒業した。
(22)一六七〇年に岡山藩主池田光政が現・岡山県備前市閑谷に創設した武士及び庶民のための教育機関閑谷学校が明治維新で廃校となった後、一八八四年に再建改称。一九〇三年に私立閑谷中学校となり、その後、校名をしばしば変えながら、一九二一年に県立閑谷中学校となった。現存する建物のほぼすべてが重要文化財に指定。巌津政右衛門［一九七一］、『閑谷学校』（日本文教出版）を参照。

（23）孫三郎はその後も足尾鉱毒問題には関心を持ち続けた。
（24）前掲「大原社会問題研究所を創った人びと」六三ページ。
（25）前掲『大原孫三郎』一六ページ。
（26）同前一七ページ。
（27）次姉の南賀《なか》は一八八九年に一六歳で世を去った。
（28）犬飼亀三郎［一九七三］、『大原孫三郎父子と原澄治』（倉敷新聞社）一一～一二ページ。
（29）富田高慶原著・佐々井典比古訳注［一九九〇］、『補注　報徳記（現代版報徳全書No.1・2）』（上）・（下）巻（一円融合会）。
（30）香坂昌孝［一九一七］、『模範農村と人物』（求光閣書店）三六ページ。
（31）石井の生涯と事績については、石井の日記などの資料復刻や優れた研究書が多数公刊されているが、ここでは以下の二点を挙げておく。柴田善守［一九六四］、『石井十次の生涯と思想』（春秋社）。孫三郎とともに石井に仕えた柿原政一郎［一九六二］、『石井十次』（正幸会）。
（32）前掲『大原孫三郎』二二ページ。
（33）高橋彦博［二〇〇一］、『戦間期日本の社会研究センター――大原社研と協調会――』（柏書房）三四ページ。
（34）前掲『大原孫三郎傳』三四ページ。林は友人山川均の姉の夫であった（同）。
（35）猪木武徳［二〇〇六］、「大原孫三郎――稀代の社会事業家――」日本経済新聞社編『経営に大義あり――日本を創った企業家たち――』（日本経済新聞社）六三ページ。
（36）前掲『大原孫三郎傳』三九ページ。
（37）同前四〇ページ。
（38）同前四〇～四一ページ。
（39）桑原哲也［二〇〇三］、「武藤山治と大原孫三郎――紡績業の発展と労務管理の革新――」佐々木聡編『日本の企業家群像II―革新と社会貢献―』（丸善）二二一ページ。
（40）同前。
（41）前掲『大原孫三郎の経営展開と社会貢献』二五九～二六一ページは全講演のリストを掲げている。

II　倉敷紡績及び倉敷絹織の経営

若き紡績経営者が発揮したリーダーシップ

創業期の一八八〇年代末期の倉紡については、父・孝四郎の企業家活動としてすでに説明したが、日本の綿紡績業はその後まず一八九〇（明治二三）年の不況期に、綿糸の生産量が輸入量を凌ぐ輸入代替を実現し、さらに九三年には、海運会社の日本郵船がインドと日本を結ぶいわゆるボンベイ（現ムンバイ）航路を開き、イギリスの海運企業P＆O（Peninsular and Oriental Steam Navigation Company）の航路独占を打ち破って、低廉なインド棉花を日本の綿紡績企業に提供するようになり、当時すでに進んでいた紡績業での国産棉花からインド棉花への切り替えを促進した。

日清戦争後には、一八九〇年代に進行していた紡績会社による中国向け綿糸輸出が躍進し、九七年以降、輸出量は輸入量を恒常的に凌ぐようになった。しかし、増加し続けてきた企業には、一八九七〜九八年及び一九〇〇〜〇一年に生じた深刻な不況の中で、経営破綻するものが続出して企業間淘汰が進み、一八九九年に七八社一〇五万錘であった全国の紡績会社は一九〇三年には四六社一二六万錘となった。

この時の企業の集中合併を背景として大阪紡、三重紡、鐘紡、尼崎紡、摂津紡、大阪合同紡といった、第一次世界大戦期以降、いわゆる三大紡（東洋紡、鐘紡、大日本紡）に集約されていく諸会社が優勢となった。

日露戦争直後には日清戦争期と同じく大型好況が出現し、その中で東京を拠点とする日清紡のような新企業も登場した。この日露戦後には、以前から登場していた兼営織布（紡績企業が兼営する織布工場）が本格的に発展するようになった点も綿工業史上見逃せない。[1]

以上の全国的な綿紡績業の動きの中で、地方の一企業にすぎなかった倉紡は、若い大原孫三郎社長のリーダーシップのもとで日露戦後期以降、めざましく成長していく。ただ、一九〇五年に力織機《りき》三〇〇〜四〇〇台を備える織布工場を倉敷工場内に建設することも検討されていたが、[2]これは果たされず、第一次世界大戦直後における万寿第二工場の設置でようやく実現した。倉紡が、日露戦後の全国的な兼営織布ブームになぜ乗らなかったのかの解明は今後の検討課題の一つであろう。

この章では倉紡、及び一九二〇年代半ばに倉紡の関連会社として設立された倉敷絹織株式会社

（以下、倉絹と略記。現クラレ）に関する孫三郎の企業家活動をみていくが、銀行、電力、新聞事業など彼が同じく日露戦後期以降に経営するようになる多業種にわたる企業のうち倉紡を重視する理由は、まず、孫三郎が当時、最も力を注いだとみられるのが同社であり、倉紡が、倉敷地方の工業化の柱でもあったためである。なお、他の業種における孫三郎の活動については次章で取り扱う(3)。

孫三郎は、倉紡の経営において労務問題が戦略的な重要性を持つことを早くから認識し、「工場経営改善の急所は職工状態の刷新改革にある(4)」と見抜いていた。創立五〇年にあたる一九三七（昭和一二）年に彼は、二〇世紀初頭の倉紡の状況を次のように語っている。「女工の素質も非常に悪く、風儀なども お話しにならぬ状態で、例へば夏など腰巻き一つの裸体で、聞くに堪へぬ唄を歌ふ有様だつた。盆踊りなどの折には、工場に対する不平や人事係の悪口をいつて歌ふので、多少経営の参考になることもあつた。『寄宿舎流れて工場が焼けて、門衛コレラで死ねばよい』といふ歌などは、まだ穏やかな方だつた。このやうな低級な女工達を教化指導するのは人事係も並大抵の苦労ではなかつた。八百円もするグランドピアノを購入して唱歌を教へたり、寄宿舎内に花壇を設けて花作りをさせるなどして、美と音楽とによつて教育するといふ人事政策をとつたものである(5)」。

こうした状況下にあった一九〇一（明治三四）年一月に倉紡に入社した(6)孫三郎は、すでに述べたように、翌〇二年に、父孝四郎が所有し社長を務めていた同社に職工教育部を設け、また、同社幹部に勧めて年功加給賃金制度を実施させた。

一九〇一年末当時倉紡は、払込資本金が創業時の約三倍の三三万七五〇〇円、精紡機六四台二万二〇一六錘、一〇三九人の職工を擁していた。(7) 孫三郎は、イギリス・スコットランドのニューラナークで紡績工場を経営していたロバート・オーウェン（一七七一～一八五八）による労働改善の試みに深い関心を持った。また、貿易商社の高田商会に勤務しドイツのハンブルグに滞在していた同郷の先輩原田瓊生《たまお》(8)が送ってくれた同国クルップ社のパンフレット「疾病災害保険（Krankenkasse）」(9)を新入社員の柿原得一《かきはらとくいち》（第二部参照）らに翻訳させて知った、同社の福利厚生施設の充実ぶりにも注目していた。

柿原の入社が一九〇七年であることを考慮すれば、第二部で取りあげる武藤山治が、同じくクルップ社の共済組合制度を知った一九〇四年の数年後のことになる。武藤は、それをモデルとして鐘紡共済組合を翌一九〇五年に早速つくったのに(10)対し、倉紡で共済組合ができたのは一〇年後の一九一五年を待たねばならなかったが、これは二つの企業の実力の差であって、致し方なかったものと思われる。むしろ、ここでは若い孫三郎が武藤に劣らぬ旺盛な情報収集力を持っていた事実を評価したい。

その背後には、農商務省が編纂した有名な『職工事情』（一九〇三年）に克明に記されている当時の繊維産業の劣悪な労働実態があった。この調査書は戦前期には非公開の極秘文書であったけれども、紡績工場の労働者出身であった細井和喜蔵が大正末期の一九二五（大正一四）年に、繊維産業の女子労働者の苦しい生活を綴った『女工哀史』というルポルタージュを出版して、ほどなく二八歳で世を去ったが、この書物の出版以来、繊維産業で働く若い女性たちの苦しくつらい生活ぶりは遅ればせながら、世に広く知られるようになった。

基幹産業となった綿紡績業の経営に日露戦後期に携わるようになった孫三郎は、そうした労働者の悲惨な状況をいかに改善するかという難問にまず立ち向かうことになった。ただし、長時間労働、低賃金、そして先ほど紹介したような労働規律の欠落などが日本に限らず、イギリス産業革命期にも見出される現象であることはよく知られている。経済学者サイモン・クズネッツも、工業化の開始時に所得分配の不平等が拡大したのち、一人あたり国民所得や人口が持続的に伸びていくようになると、所得格差は縮小していく、という「逆U字仮説」を主張した[11]。

安場保吉によれば、一八八五（明治一八）～一九一五（大正四）年に製造業男女平均の実質賃金（一九三四～三六年価格）は二・一パーセントの成長率であったが、男子のみの数値一・六パーセントに対して、女子の二・五パーセントはそれを超えており、特に紡績女工と機織女工ではそれぞれ三・一パーセント、三・〇パーセントという高い伸び率であった。他方で安場は、工業化初期の欧米では工場労働者の実質賃金の伸びは低く、例えば一八二〇～五〇年におけるイギリスの綿工業労働者の実質賃金の年成長率は〇・三パーセントにすぎず、上記のクズネッツ仮説が、日本よりもイギリスで明瞭に観察される事実を示唆している[12]。

日本の工業化初期にはイギリスではみられなかった紡織女工の賃金上昇が顕著だったのであ

り、言い換えれば、「女工哀史」的世界はそう長くは続かなかったのである。こうした改善には、日本政府がイギリスでみられた労働者の貧困問題の早期解決に向けて、工場法制定に努めたことなどももちろん貢献しているのだろうが、孫三郎や鐘紡の武藤山治のような開明的な企業経営者の努力の寄与も少なくなかった。

倉紡では三人の仲介業者が、一〇〇〇人余りの女性労働者を収容する寄宿舎の炊事一切を担当する「飯場」を請け負うとともに、労働者に対する日用品の販売を取り仕切り、入退社の際にも紹介料・手数料を稼ぎ、それまで社内の誰も手をつけられないでいたが、孫三郎はまず、一九〇六（明治三九）年一月、彼らを倉紡から追放して、炊事と労働者の採用をすべて会社直轄とする改革を断行した[13]。日用品についても、数年後の一九一〇年に会社直営の分配所を設け、物品を共同で仕入れ、低廉な価格で販売するようになった[14]。

ところが、上記の改革からまもない一九〇六年六～七月に女子寄宿舎で腸チフスが発生し、真性患者七七人、うち死者七人が出たが、伝染病の届出手続きが遅れたため、この件に関しては会社側の隠蔽工作が重大事を招いたとする世の批判を受けた。さらに八月には、寄宿女工約三〇〇人が、チフスへの不安に加えて、朝食直後の就労や低賃金に対する不満からストライキを起こし、会社側は賃上げによってこれを解決した[15]。こうした一連の不祥事の責任を取って、孝四郎は倉紡社長と倉銀頭取を八月に辞任し、九月に孫三郎がそれらの役職を継いだ。彼のオーナー経営者としての活動はここに始まった。

一九三七（昭和一二）年の創立五〇年の回想で孫三郎は、入社当時の倉紡では八六台の精紡機中、「毎日十四、五台が停台してをり、それが当然のことに思はれてゐた。それを八人、十人、二十人と出勤者を増し次第に停台数を減じ、全運転にまで漕ぎつけた」[16]と述べているが、そこに達するために彼は、労働者を直接管理する仕組みの構築に着手し、抜本的対策を次々と打ち出していった。

人事課長を兼務した[17]孫三郎は、高齢の従業員を休職または退職させた反面、一九〇七（明治四〇）～一二年に三〇人近くの新規学卒者を採用した。工務関係だけでも一六人に及び、彼らの出身校は、判明する限りで大阪高等工業学校（現大阪大学工学部）三人、東京帝大工科機械科二人、仙台高等工業学校（現東北大学工学部）一人、東京高等工業学校（現東京工業大学）一人、県立工業学校一人であった[18]。

近代的綿紡績会社のパイオニアである大阪紡績株式会社が最初に雇った学卒者が、一九〇八年に東大法科を卒業したばかりで、敗戦後に同社の後身東洋紡績株式会社の会長となる関桂三であった[19]事実を想起すれば、関の大阪紡入社と同時期の日露戦後期に、多数の学卒者を地方企業に採用していた孫三郎の先見性は高く評価されよう。多くの若者に奨学金を気前よく出してきた大原家では現在でも、誰を支援したのかをいっさい公開していない。陰徳そのものであるが、この姿勢こそが卒業後の「大原奨学生」の多くを、倉紡に惹きつけたのではなかろうか。

一九〇七年後半から翌年に、孫三郎は「大抵午前中に家事を整理された様に窺われ、次いで紡績、銀行に出勤せられ夜間は林本家又は人島の私共の集団合宿所へ御出でになることが多かつた様に思います」と、京都帝大を卒業して入社し、のちに営業部長や取締役の重責を担うようになる柿原《かきばら》得一は回顧している。[20]

若手学卒者たちのために設けた人島寮で孫三郎は、彼らと毎晩のように議論を重ね、すでにふれたクルップ社のパンフレットは、そこで交流を深めていた若者たちによって翻訳された。孫三郎社長はしばしば独断専行といわれてきたが、筆者は、その評価には疑問を持つ。先述のように、社是として理念承継した「同心戮力」は何も形式上のものだったわけではなく、例えば彼は、ことあるごとに社内で「研究委員会」を組織させ、衆知を集めて対策を練る慎重さを持ち合わせており、[21]その期待に応えてくれる柿原のような優秀な部下をそろえていたのである。そしてその原点が、人島寮での語らいであったといえるのではないだろうか。

分散式家族的寄宿舎の創出

次に、孫三郎が社長就任前に着手していた倉敷工場の寄宿舎の改善が重要である。[22]当時の女性労働者は、大部屋式の寄宿舎で、隣接する工場における昼夜交代制の一二時間労働を実施するために、一つの万年床を昼・夜それぞれに働く二人が共有するという不衛生な状態で生活しており、結核などに伝染する者も多かった。

孫三郎は、従来の二階建寄宿舎を全廃して、石井十次の孤児院の建物からヒントを得てみずから設計した「分散式家族的寄宿舎」を、一部の幹部の反対を押し切り巨額の資金を投じ、既存の社宅の移転改築も含めて建設した。家族的規模の少人数が入る分室や裁縫室を設け、その間に畠や花壇を配置した寄宿舎の総面積は一万二四八〇坪に及び、一九〇八（明治四一）～一二年の間に計七六棟が完成し、食堂、物品購入所、学校、診療所、炊事場、浴場などの附属建物も一九一四年末までには完成した。当時「こうした福利施設への投資よりも、株主配当を優先させるべきであるという意見がだされたが、大原は断固としてこれを退けた。かれは、労働者の幸福を伴わないような経営は無意味であり、かれらを教育して品性を高め、かれらの健全な生活を確保することは企業経営者の当然の使命であると考えていた[23]」。

分散式家族的寄宿舎（倉敷紡績株式会社所蔵）。

この間に、孫三郎の意を受けた人事係の「人事研究会」では、職工の勤続年数の延長を進め、しかも人事関連の経費を節減する方策が検討される中で、職工の家族形成を進めて勤続年数を延ばすアイデアが登場し、それが「寄宿本位から労働者家族の形成による社宅通勤制度への転換[24]」という方針につながっていった。その過程では巨額に及ぶ女工の遠隔地募集経費及び寄宿舎経費を要し、しかも女工の定着率も低い寄宿舎よりも、倉敷工場でもすでに設置されていた職工家族のための社宅建設が、結果的には安くつくので望ましいことが、データにもとづき詳細に検討された上で主張された[25]。

こうした冷静な判断には、人道主義に流されないリアリストとしての経営者・孫三郎の姿がうかがわれる。この提案は、当時の日本の一部で注目されていたイギリス由来の田園都市構想の影響を受けた、孫三郎の「労働村の形成」という理想主義にも合致していたため、彼の強く支持するところとなり、後述の万寿工場で実施されることになった。

なお、一九一〇年末に文部大臣の認可を得て、青年男子職工の教育機関として二年制の倉紡工手学校が翌年七月開校され、修身・国語・英語・算術・理科の普通学科のほか製図と「工作法紡績一班」が教えられるようになったこと[26]、一九一五（大正四）年末に倉紡共済組合（二一年に組合員の「人格の向上」を図り、労働組合的要素を入れた倉紡共存組合に改組[27]）が結成されたことにもふれておきたい。共済組合に対し組合員は給与の三パーセントを会費として納め、倉紡が同額以上を補助して、病気、負傷、出産、退社などの際の相互扶助がなされるようになった。一九一二年には、各種の社内報も刊行されるようになった[28]。

吉備紡績所の買収

一九〇八（明治四一）年に倉紡は吉備紡績所を買収した。日本の綿紡績業は、日露戦後期には好況を享受したが、前年末には世界恐慌が波及して深刻な不況を経験した。孫三郎は、その中で倉紡が生き残るには、新工場建設か、既存工場の吸収合併（いわゆるM&A戦略）によって、当時の三万錘規模をさらに拡張すべきであると認識した。倉紡社長に就任してまもない一九〇六年末に、孫三郎は岡山紡績と備前紡績を合併することを決定したばかりの絹糸紡績社から、合併の打診を受けたが、それは一蹴した。[29]

さらに当時、岡山県の綿紡績企業には倉紡のほか、鉱山も経営する坂本金弥の坂本合資会社吉備紡績所[30]と、笠岡紡績とがあったが、一九〇八年夏、岡山の錦園旅館に孫三郎が宿泊していたところ、彼は下村紡績の渾大防埃二《こんだいぼうあいじ》の電話を偶然耳にして、浅口郡玉島の吉備紡績所が売りに出ていることを知った。倉紡の取締役会では資金面につき難色を示す向きもあったが、営業担当者が孫三郎を支持したため、三井物産大阪支店長藤野亀之助の斡旋により、坂本との交渉が進み四六万円で同工場は買収されることになり、一一月末に受け渡しが完了した。その結果、倉紡の規模は二万九五四八錘から五万八九二〇錘へと倍増し、四〇万円の資本金も六〇万円へと増資された。

この増資は木山精一取締役や林源十郎監査役らの反対を押し切って孫三郎が断行したのだが、吉備紡績所の設備は、その前身、玉島紡績所の時代に小林一二、その後継者荒川新一郎という優れた技術者が勤務していたこともあったため[31]倉紡の工場よりも優れており、吉備紡績所の買収は成功であった。

一九一二年四月に倉敷、玉島の両工場が上げた総収入は順に九八万五三九四円、五四万九九五九円であったが、利益は順に二万二八五四円、二万三二一五円であり、対総収入利益率を単純に算出すれば、倉敷工場二・三パーセントに対して、玉島工場は約二倍の四・二パーセントであった。[32] 吉備紡績所の工場は玉島工場と改称され、この買収によって倉紡は中国地方最大規模の綿紡績会社となった。

万寿工場の新設と「工場村」実現の試み

孫三郎は、吉備紡績所の買収以後も第一次世界大戦期（一九一四〜一八年）前後に倉紡の積極的な規模拡張を進めていった。

まず、一九一二（明治四五）年三月の臨時株主総会で資本金を一五〇万円に増資し、倉敷駅北側の都窪郡万寿《ます》村の三万五〇〇〇坪の敷地に精紡機三万錘規模の太糸製造用の万寿工場を新設した。後述のように孫三郎は倉敷電燈株式会社の経営にもかかわっていたので、電力の重要性と将来性をすでに十分認識していた。この工場には二〇〇〇キロワットの火力発電所が設置されて、多くの企業で世界大戦期以降普及していった機械の単独運転が、全台にドイツのジーメンス・シュッケルト社製のレバルション・モーター（変速機つき電動機）を備えつけた精紡機に関して開始された。

従来の工場では、蒸気機関などによって工場内の上方に高く設置された大きなシャフトを回転

万寿工場地鎮祭（右奥が孫三郎、1912年。倉敷紡績株式会社所蔵）。

させ、そこに多数の皮のベルトを掛けて、個々の機械を一斉に運転する集団運転が通常であった。それでは動かす必要のない機械まで稼働せざるをえず、また、ベルトに労働者が巻き込まれて大怪我をしたり、死亡したりすることも珍しくなかった。こうした集団運転に対して単独運転は、電力で小型モーターを動かすことによって個々の機械を稼働させることができたのであり、作業の安全性と効率を高め、さらにベルトだらけであった天井の高い工場空間を不要にした。これは、大阪合同紡績株式会社神崎工場とともに万寿工場が成し遂げたイノベーションであった[33]。

万寿工場の発電所で得られた電気は一九一五（大正四）年より倉敷、玉島の二工場にも送られるようになった。倉敷工場は、近隣で採取される国産棉花、及び製品の綿糸を倉敷の港を用いて運搬することを想定して建設されていたが[34]、万寿工場では海上輸送は従とされ、倉敷駅から設けた引き込み線による鉄道輸送が中心となった。なお、この頃、倉紡以外の紡績会社でも国産棉は原綿としては用いられなくなっており、ほぼすべて輸入棉花を使用するようになっていた。

孫三郎は万寿工場で、かねてから抱いていた社宅中心の理想的な「工場村」の実現を目指した。二万二二七六坪という広大な敷地に六〇〇戸の社宅を建設し、野菜畑を備え、日用品販売所、学校、保育所、診療所、浴場を完備した労働者の住まいの実現を図ったのである。

万寿工場は一九一四年の第一次世界大戦の勃発による不況などにより開業が予定よりも遅れたが、一五年五月には始業式を迎えることができた。大戦勃発の前後に倉紡が、既存の二工場の大改修も行なっていたこともあって、大戦による未曾有の好景気の中で当初はめざましい業績を上げたが、特に万寿工場の好成績は、先述の動力電化による生産能率の向上と生産コストの低下によるところが大きかった。[35]

ただし、社宅通勤制はうまくいかず、労働者の理想村の実現もできなかった。万寿工場では社宅通勤主義が徹底された反面、自宅通勤は従とされ、さらに女性用の寄宿舎が全廃された。詳しくいえば、男工が六〇〇人、うち社宅五〇〇人、自宅通勤一〇〇人、女工が一一〇〇人、うち社宅七〇〇人、倉敷工場から移転した自宅通勤工四〇〇人を予定し、家族職工を想定して六〇〇戸の社宅を建設したのであった。

当時の紡績工場の職工の男女比は男一八対女八二であったが、万寿工場では三七対六三と男工の比率を高く想定していた。[36]ところが、折からの好況に伴う増産第一主義の中で、男性に対して女性の住宅が恒常的に不足するようになり、寄宿舎の再開を余儀なくされることとなった。中糸と織物の生産のために新設された万寿第二工場では社宅が採用されず一九一九年末に分散式寄宿

1915年に完成した万寿工場の当時の外観（倉敷紡績株式会社所蔵）。

舎が竣工され、二二年に孫三郎は万寿第一工場での社宅通勤制の失敗を認めざるをえなくなっていた[37]。

それ以後の寄宿舎及び社宅の展開につき簡単に述べておけば、一九二〇年に操業を始めた高松工場では当初、社宅通勤主義が採られ寄宿舎は建設されなかったが、長期不況から脱出した一九三四（昭和九）年に薬師寺《やくしじ》主計《かずえ》（第二部II章参照）らが建設した「倉絹型集合寄宿舎」を採用した寄宿舎が、高松工場にも翌年設置された。

この例にみられるように、一九二〇年代後半にはのちにみるように経営が苦しかった倉紡と倉絹が一九三〇年代に活力を取り戻す中で、労働力不足が深刻となり、孫三郎が理想に描いた労働者家族が平和に暮らす田園都市風社宅、さらには家庭の味わいを持った分散式寄宿舎のいずれも定着せず、効率的に労務管理を行う「倉絹型集合寄宿舎」が倉紡では結局、基本型となった[38]。

日本で工業化が始まって以来、その柱となった繊維産業を支えていたのは、現在でいえば中学生か高校生くらいのティーンエイジャーの若年女子労働者であった。一九世紀中の創成期に紡績企業は、彼女たちを一年間も経たないうちに使い捨て、不足すれば他企業から平気で引き抜いていた。特に遠隔地からは募集人を介して多数の女子たちを寄宿舎に収容して働かせていた。そうした労働者の使い捨てという状態を改善するために、若き孫三郎は先輩格の鐘紡の武藤山治も試みた労働条件の改善に努めた。その表れが、これまでに述べてきた寄宿舎の改善であり、さらに、労働者の家族形成を図るための社宅政策であった。

しかしそうした孫三郎の期待は、日本の現実には結局合っていなかった。詳しくはジャネット・ハンターの研究[39]に譲るが、日本の繊維産業は戦前期を通じて、農村出身の若年未婚の女性たちを、各社が形成した募集の地盤に組み込まれていた募集人を介して、寄宿舎に収容し、巨額の採用費用を負担しつつ、その態勢を基本的に維持したのであった。後述のように、一九三〇年代に倉紡は、ハイドラフト化によって省力化・人減らしをドラスチックに進めはしたものの、孫三郎が万寿工場の社宅建設で夢みた労働者世帯の形成には失敗したと断定しても誤りなかろう。

従業員の住居に関しての若き孫三郎の改革の試みは、意欲的ではあったものの、結局実を結ばなかった。孫三郎は、しかしながら、第一次世界大戦による空前の好景気の果実を従業員に積極的に還元するよう努めた。

まず、倉紡創立三〇周年記念として、一九一六（大正五）年と一八年の増資の際、職工・職員に株式を分配して六九七人が新たな株主となった。その際、役員や上級社員にとどまらず、特に一〇年間以上、倉紡に精勤した者が重視された。また米騒動をもたらすほど諸物価が高騰した一九一八年からはインフレ対策として安米分配、賃率改正、三割の臨時手当の支給を実施し、翌一九年にはそのうちの臨時手当を本給に繰り入れた上で、特別分配金約一〇万円を支払った。さらに、一九二〇年三月には各労働者の給与に一割を上乗せした「労力配当」を支給し、物価が低落した二一年八月まで続けた。

株主への一〇割配当を実施した企業も存在したこの好況期に、倉紡の配当率は上限六割で抑えられたが、それは従業員への利益の還元を行うための措置であったという。[40]一九一九年には全社的組織として倉紡人事研究会が設置され、翌年まで、後述の大原社会問題研究所から米田庄太郎、高田慎吾等の学者が講師として派遣されて、それまで工場レベルで実施されていた従業員保護、教育、貯金、勤続などへの全社的取り組みがなされた。[41]

瀬戸内海沿岸に形成される紡織工場群

三〇歳代半ばに達した孫三郎は、世界大戦の好況の中、倉敷工場で一九一八（大正七）年四月にイギリスのプラット社製二七五二錘、万寿工場では戦後の一九年末に同じくプラット社製五三七六錘の増錘を終えたが、[42]大戦に先立つ一九一〇年には、児島半島南端の宇野に完成した港湾と岡山市を結ぶ宇野線が開通し、宇野・高松間の宇高連絡船の航海も始まっていた。

孫三郎はその頃から、瀬戸内海の海運を原綿や製品の輸送に活用しうる四国地方の工場に着目するようになった。まず、万寿工場の建設がほぼ終わった一九一六年二月、香川県下の二つの都市、丸亀と高松を視察の上、精紡機四万錘規模の高松工場の設置を決定し、同年七月の株主総会で資本金を一五〇〇万円から三〇〇〇万円に増資することとなった。高松工場については、鈴木幾次郎高松市長が林源十郎(二世)の岳父であるという縁もあった。[43]

高松工場は、太糸のみを製造してきた倉紡にとって初めての中糸製造工場で、建設工事費を節約し、工期を早めるために会社直属の施工とし、木材は宮崎県の山林立木を買い付け海路で輸送した。一九一七年末、建物自体の第一期工事は完成したものの、イギリスのハワード社に発注した紡機の約三分の一の到着は大戦後の一九年末になり、一九二〇年恐慌の頃から残りの紡機が続々と届き、スイス製の発電機も遅れて着いたため、本格的操業は翌二一年九月にずれ込んだ。

高松工場の建設と同じ頃、倉敷の東方にあり輸出向け花莚《はなむしろ》製造が盛んであった都窪郡早島町で、花莚の経糸に倉紡製綿糸が使われていたことを背景として、同地の素封家溝手保太郎らが紡績兼営織布会社の設立を計画し、一九一六年一月、倉紡に技術支援を求め、孫三郎がそれに応じて資本金六〇万円の早島紡績株式会社の設立が実現した。[44] 同年六月の創立総会で彼は推されて取締役社長に就任した。同社はハワード式精紡機約一万錘のほか豊田式力織機四〇〇台を設置する予定であったため、兼営織布への進出をいまだに果たしていなかった倉紡には有利な企業とみられていた。しかし、同社の場合にもイギリスから紡機が届かず、早島紡は、やむなくその発注を解約し、アメリカのサコ・ローエル式紡機九九八四錘の設置に計画を変更した。

他方、織機の納品も遅れたものの、一九一八〜一九年にはそれが据えつけられ、同社は万寿工場製の原糸を購入して金巾《かなきん》を織ることができて相当の利潤を上げた。[45] ようやく紡機の一部運転開始が一九二〇年二月となったが、翌月に勃発した恐慌で打撃を受けた同社は、翌二一年一月に倉紡に合併され、その早島工場となった。

また一九一六年、岡山県知事笠井信一の要請により、孫三郎は岡山市に近い御津《みつ》郡伊島村大字上伊福に約三万坪の土地を買収し、中糸製造用の四万錘規模の岡山上伊福工場の新設を準備して、翌一七年一月にその新築計画を披露したものの、高松工場、早島紡績と同じくイギリス製のプラット式精紡機が入手できないうちに一九二〇年恐慌が到来したため、岡山上伊福工場の設置は建設途上で放棄された。

このように世界大戦による好況という大きなビジネスチャンスを前にして孫三郎は、イギリス製紡機の入手難によって工場の新設がままならない状況に追い込まれていった。この問題には、元々多数の紡機を持っていた東洋紡、鐘紡、大日本紡などを除けば、倉紡以外の多数の紡績企業も悩まされたのであった(46)が、彼はそれにもひるまず、万寿工場でのアメリカ製紡機を導入した第二及び第三工場の新設に一九一六(大正五)年頃から取り組んだ。一九一七年には万寿工場の西側二万坪の土地に、岡山上伊福工場用の建築用材を流用し、アメリカから届いたハワード式精紡機二万錘を備えた第二工場を建てて、翌一八年一一月に操業を開始した。孫三郎はさらにアメリカ製ハワード式精紡機五〇〇〇錘、豊田式力織機五〇〇台を備えた万寿第三工場の建設を急いだものの、工場の完成は一九二〇年恐慌期になってしまった。

孫三郎はそのほか、早島紡績と同じく倉紡の傍系事業として、一九一八年二月に資本金一〇〇万円の岡山染織整理株式会社を設立した。岡山県には織物業が児島及び井原《いばら》（小田・後月《しつき》地方）の二産地に展開していた[47]ものの、染色・整理は未発達で、織物の生地を滋賀県や和歌山県に送って加工を依頼していたため、岡山上伊福工場の場合と同じく笠井知事が、加工工場の設立を孫三郎に要請したのである。

社長には孫三郎が就任し、一九二〇年には御津郡御野村大字北方に加工設備のほか豊田式織機一五四台を備え、中国向けポプリンの製造を目指した[48]工場が設けられたが、大戦終結に伴ってイギリス製紡機の輸入が可能となったため、ハワード式紡機二万錘も工場に設置されることになった。しかし岡山染織整理は、諸物価が最も高い時に紡機を発注し、加えて一九二〇年恐慌の襲来後に完成したため、一九二一年初めの営業開始後ほどなく経営が破綻して、二二年末に倉紡に吸収合併され、岡山北方工場と命名された。この工場は一九二三年以後、八〇万円の資金を投じて改良され、二七（昭和二）年一月に工事が完了したのち、万寿工場に次ぐ倉紡の新鋭工場として生まれ変わった[49]。

第一次世界大戦期の倉紡では以上にみた通り、好況にもかかわらず紡機の輸入が困難を極めたため、工場の新設が順調に進まなかった。そうして状況に対処するために、孫三郎は一九一七（大正六）年末から既存企業の買収計画を進めた結果、一八年三月に香川県綾歌郡坂出町の讃岐紡績株式会社（高松市の素封家たちにより一八九六年設立。日露戦後不況期に大阪綿糸商の岩田松之助の後援を受けたが、その後も不振[50]。英国ハワード社及びプラット社製精紡機一万八〇〇〇錘）、同年六月には愛媛県松山市の松山紡績株式会社（一八九三年設立。精紡機一万六五一二錘）を傘下に加え、それぞれ坂出工場、松山工場とした。[51]なお一八八三（明治一六）年に地元の素封家が設立し、日露戦後の不況を鐘紡の支援で乗り切った松山紡との合併は、鐘紡の武藤山治と三井物産棉花部の児玉一造が熱心に斡旋した結果、実現した。[52]

以上の大拡張に要した資金は、健全経営の趣旨に則り、増資による株主資本を主とし、社債による長期借入金を従として調達された。[53]

第一次世界大戦期に大阪に進出

図表2によれば、倉紡は、大戦前の一九一二（大正元）年末には有力綿紡績企業の全国団体大日本紡績連合会（一九〇二年に大日本綿糸紡績同業連合会が改組。現在は日本紡績協会）に加盟する全三三企業中の上位一〇以内には含まれておらず、福島紡、日清紡、和歌山紡織、内外綿（日本内地のみ）と同規模の第一三位にとどまる。四工場を擁し、所有するリング精紡機五万七六五六錘が全国錘数中に占める比率は二・六パーセントにすぎず、大手紡績企業が通常有していた力織機は備えていなかった。一万錘の半分の設備規模で出発した同社が、四半世紀間にここまで到達できたのは、六年前に社長に就任した若き孫三郎の貢献によるところが大きいとみるべきであろうが、それでも当時の倉紡は地方の中堅企業とでもいうべき存在にとどまっていた。

しかしながら、孫三郎が第一次世界大戦の好況期に万寿工場の建設をはじめとする設備投資に

図表２　大日本紡績連合会加盟上位10企業

1912（大正元）年末							
錘数順位	企業名	工場数	錘数				織機台数
			リング	ミュール	合計：企業合計に対するシェア(%)		
1	鐘淵紡績	21	378,764	0	378,764	(17.4)	4,139
2	三重紡績	20	273,484	0	273,484	(12.6)	5,312
3	富士瓦斯紡績	5	164,288	28,240	192,528	(8.8)	951
4	摂津紡績	10	156,552	0	156,552	(7.2)	0
5	大阪合同紡績	9	140,156	0	140,156	(6.4)	400
6	大阪紡績	9	134,340	0	134,340	(6.2)	4,610
7	日本紡績	3	103,564	16,848	120,412	(5.5)	0
8	東京紡績	4	101,672	0	101,672	(4.7)	884
9	岸和田紡績	6	96,840	0	96,840	(4.4)	0
10	尼崎紡績	4	89,776	0	89,776	(4.1)	1,231
	上位３企業計	46	816,536	28,240	844,776	(38.8)	10,402
	上位10企業計	91	1,639,436	45,088	1,684,524	(77.4)	17,527
	（参考）33企業合計	139	2,125,000	51,748	2,176,748		21,898
1924（大正13）年末							
1	大日本紡績	23	669,204	3,680	672,884	(13.8)	7,804
2	東洋紡績	29	632,664	0	632,664	(13.0)	13,135
3	鐘淵紡績	27	520,068	0	520,068	(10.7)	8,045
4	富士瓦斯紡績	7	369,424	19,160	388,584	(8.0)	2,849
5	大阪合同紡績	12	305,520	0	305,520	(6.3)	2,700
6	日清紡績	6	244,120	2,310	246,430	(5.1)	1,413
7	倉敷紡績	12	232,884	0	232,884	(4.8)	953
8	福島紡績	8	189,144	0	189,144	(3.9)	1,048
9	岸和田紡績	7	159,240	0	159,240	(3.3)	650
10	和歌山紡織	8	95,632	0	95,632	(2.0)	1,360
	上位３企業計	79	1,821,936	3,680	1,825,616	(37.5)	28,984
	上位10企業計	139	3,417,900	25,150	3,443,050	(70.7)	39,957
	（参考）56企業合計	232	4,845,082	25,150	4,870,232		64,225

［出典］　大日本紡績連合会『綿糸紡績事情参考書』大正元年下半期（1）、大正13年下半期（2）。（注）1912年の表数値は「紡機据付中」の8企業（計8工場）を除く。

積極的に取り組み、一九二〇年恐慌も乗り切った結果、戦後の二四年末に倉紡は世界的な規模にまで成長した[54]鐘紡、東洋紡、大日本紡の三大紡に比べれば大差はあるものの、それらに次ぐ富士瓦斯紡、大阪合同紡、日清紡と肩を並べる全国第七位の錘数（リング約二三万錘）に達し、九五三台の力織機も持つようになっていた。

この一九二四年末に、倉紡の従業員は計九三一〇人、その内訳は男性職工一九八八人、女性職工六七四〇人、職工計八七二八人、事務職員は男性四九三人、女性八九人、職員計五八二人を数えた[55]。世界大戦を経て倉紡は、全国有数の規模の大企業となったのである。

大戦好況期の「攻めの経営」の一環として、孫三郎は、本町周辺に「船場」という全国第一の綿糸布集散地を持つようになっていた[56]大阪市での営業を強化した。倉紡はすでに一八九三（明治二六）年二月に大阪の北浜に出張所を置き、棉花の大部分をそこから購入するようになった[57]が、一九一一年七月には営業部全体を大阪に移し、一七（大正六）年には西区江戸堀北通一丁目にビルを構え、孫三郎も毎月三分の一の時間を大阪で過ごすようになった。

しかし、一九二〇年恐慌以降には紡績業に限らず、日本の諸産業では不況が長期化した。倉紡では、一九二〇年上期六割であった配当率は下期三割二分に下がり、二二年下期には二割四分と減配していき、配当も収益からではなく過去の蓄積から支出された[58]。

倉紡の場合、大戦中にイギリスに発注した大量の精紡機が不況の最中に到着し、過剰設備と化してしまったそれらをいかに処理するかが深刻な問題になった。また、孫三郎が後述の「労働理想主義」にもとづき、倉紡内に設置した倉敷労働科学研究所や倉紡中央病院なども、本体の経営にとって次第に重荷になっていった。

倉敷の街づくりに尽力する孫三郎

第一次世界大戦の好況期には、全国的に都市化が進んだが[59]、倉敷は当時、倉紡を中核とする、いわゆる企業城下町としておおいに発展した。今日ある美しい倉敷の街並みは、孫三郎がその頃に意識的につくり上げた面が大きい。以下、この点を中野茂夫の研究によって説明しておきたい[60]。

倉紡は、いうまでもなく倉敷地域の振興策として設立された企業であった。当初は公共教育まで支援するほどの余裕はなかったものの、工場、寄宿舎や社宅、自社の展開に不可欠な発電所は自前で建設し、自社使用分以上の余剰電力は倉敷の電燈用に販売した。大原孝四郎が中心となって、倉銀も設立されたが、それも倉紡との取引関係からであった。

一九〇七(明治四〇)年には、孫三郎が倉敷特設電話加入者総代となって、倉敷郵便局に通話に要する一切の機械及び物品を寄附した結果、倉敷に電話が開通した。地元負担による一般道の整備には、日本が当時まだ発展途上国的状況にあったために地方財政に余裕が乏しく、地方名望家的資産家層の寄附行為(事業費負担と敷地提供)が大きな意味を持つのが通常だった。一九一三(大正二)年の発電所建設に関連して孫三郎が、竣工後完成した道路を倉敷町に寄附していた

［出典］　中野茂夫［2009］、「倉敷紡績株式会社の施設分布図（昭和３年）」『企業城下町の都市計画─野田・倉敷・日立の企業戦略』（筑波大学出版会）118ページ。

のはその好例である。

倉敷では日露戦後期から市街地が拡大し、郡道から駅前通りに新しい繁華街が形成された。西本町では大原家の寄附で道路が新設され、同家による借家の建設が始まった。また、一九一三年には倉紡が駅前に本店事務所を設置したため、周辺の市街地化が顕著になった。

第一次世界大戦期には万寿工場の展開が実現した。さらに、大戦後の一九二六年には倉絹が設立され、酒津高梁《たかはし》川廃川地にその工場が建設された。当然のことながら、工場と市街地をつなぐ道路の交通量は増え、道路網の拡充が必要となっていったが、道路建設の費用面で倉紡や倉絹の寄附行為は重要であった。

孫三郎の「労働理想主義」によって、第一次世界大戦期に倉紡は、「田園都市風社宅」、研究所、病院、図書館、二三会館（職員向け娯楽施設）、「若竹の園」（一九二五年開園の保育所）などの施設を建設していったが、その頃、同社は倉敷周辺の既成市街地ではまとまった土地の入手ができなくなっていたため、孫三郎は一九一九年一二月に倉敷住宅土地株式会社を設立した。配当の少ない公共的性格の強い不動産会社で、労働者階級以上を対象とする住宅地開発を目指した。

孫三郎はその頃には、倉敷の市街計画の策定にも深い関心を持っていた。倉敷住宅土地の開発地は、倉敷、万寿の両工場の中間で、倉紡の本店事務所を一九二二年一〇月に移転した旭町となり、それに伴う道路工事は一九二一年度に始まり、会社がその費用全額を負担して、完成された道路は、町村道として認定された。翌二二年度には五つの路線の新設が計画され、この場合にも用地費と工事費は全額会社負担で、倉敷町の指示・監督下で道路工事が行われた。五つの路線も町村道として認定された。

一九二四年度以降、旭町の東西に走る三つの路線は駅前方向に延長され、旭町は「倉紡の町」になった。同年に大原奨農会農業研究所園芸部の果樹園を住宅地に転換したことから開発が始まった高砂町でも道路が整備された。大原家と原家の家産管理のため設立された(61)奨農土地株式会社が一九二七（昭和二）年、高砂町に溝渠を新設し、市街南部の住宅地が形成された。西栄町は、倉紡が買収した倉敷織布株式会社の土地を、倉敷町の要望に応えて譲渡したことからその開発が始まった。

一九一八（大正七）年二月から二四年五月まで孫三郎の親族の原澄治が倉敷町長を務め、在任期間中に町財政を再建したが、彼は一九二〇年から計画的な道路整備も開始した。孫三郎自身も道路調査委員に就任し、道路計画の策定にかかわった。そもそも倉敷町での計画的道路建設自体が倉紡の発案だった可能性が高く、倉敷住宅土地の設立時から孫三郎は、原を町長にして、それを実施させていたのかもしれない。

一九二二年度の道路新設・改修の審議の際、孫三郎は、関一《せきはじめ》助役のもとで大阪市大改造の陣頭指揮をとっていた大阪市都市計画部長（港湾部長兼任）で、関東大震災後の帝都復興院でも活躍していた直木倫太郎を倉敷に招き、都市計画の策定を依頼した。翌二三年よりそれが結実し、幹線道路（県道、郡道、主要道路線）の改修・拡幅、郊外道路（旭町、高砂町、西栄町）の新設、循環道路の整備が進められていった。第一次世界大戦期から戦後にかけては道路事業を中心に中央・地方の都市行政はおおいに進歩し、様々な規程が制定されていった。特に一九一九年四月には都市計画法（一九六八年廃止の旧法）が公布され、翌年一月より施行された。

当初その対象は、東京・横浜・名古屋・京都・大阪・神戸のいわゆる六大都市に限られていたものの、その後、県庁所在地や工業地帯の中心的都市へと順次拡大されていき、特に一九三三（昭和八）年三月の改正で、すべての「市」と、内務大臣が指定する「町村」に、都市計画法が適用されることになった。倉敷では、市制施行直後の一九二八年九月に同法が適用されていた。また、都市計画法と同じく一九一九（大正八）年四月には、道路法（一九五三年廃止の旧法）が公布され、地域間を結ぶ国道や県道が全国的規模で整備されるようになった。

その少し前の倉敷町に話を戻せば、一九二五年に「倉敷町道路及下水道計画調査規程」が制定され、都市全体にわたる本格的道路計画の策定が始まった。一九二七（昭和二）年には「倉敷町道路計画案」が町議会で審議されたが、これは、旧市街地で主な在来道路の拡張と各路線の相互連絡を図り、郊外地では市街道路を建設するという、世界大戦期に倉敷で進められてきた道路行政と一致していた。原町長は、小学校の増設（旭町校舎）と上水道敷設を町の二大事業とした。原は、「文化は衛生から」と主張して、水道建設を推進した。一九二二（大正一一）年一月着工、翌二三年一一月竣工で、総工費三三万円は、町債、補助金、繰入金の総動員で完済された。原のほか倉紡の監査役木村和吉も倉敷町長を務め、その他役員層も町会議員に就任した。「倉紡は町政そのものを動かせる立場にあった[62]」。

孫三郎は、原を助けて倉敷町の事業に協力を惜しまなかったものの、寄附金などで公共事業費を直接負担するのではなく、個人的事業として公益的施設を設置した。例えば一九二二年には、別邸の庭園（新渓園）と建物（敬倹堂）を準備金一万円とともに倉敷町に寄附している。原自身も、第二部Ⅱ章で紹介するように、倉敷職業紹介所、倉敷人事相談所を設け、倉敷天文台を設置した。中野は、大原や原が、「単に生産という機能に特化した工業都市ではなく、企業を中心とした文化的な都市[63]」を目指していたのではないかとみている。

一九二八（昭和三）年には倉敷市が成立した。人口は増えていったが、無秩序な市街地拡大は進まず、孫三郎が計画した郊外開発は、良好な効果を上げたと中野は評価している[64]。市制施行の頃、旭町、西栄町は商店街、高砂町は住宅街として発展し、業種も多様化して地元資本の会社も設立されるようになっていた。

一九三一年三月に倉敷市で都市計画展覧会が開催された際、石川栄耀《ひであき》（名古屋市都市計画技師。のち東京戦災復興計画策定）が、倉敷をイギリスの田園都市レッチワースと比較し、倉敷が同じ「放射循環式」の道路網であることにふれて、その循環の明快な点を評価した。これこそ孫三郎が（イギリスのことを彼がどの程度意識していたのかは不明ながら）第一次世界大戦期に行政を強力に支援して道路網を整えた成果であった。

孫三郎は、一九二八年以降における倉敷市への都市計画法の適用以前に道路網を十分整備し、そこに倉紡本社、研究所、病院、社宅、文化施設を配置していった。彼は、こうした試みが長期的にみて倉紡の発展にフィードバックされることを冷徹に計算し、それに成功したのである。

ただし、その後の倉敷市道路計画は、長期不況下の市財政では実行不可能となり、しかも行政が寄附を期待した倉紡からは、経営難のため支援がほとんど得られず、成果は乏しかった。もっとも、倉敷市の都市計画街路は旧市街の優れた建造物をできるだけ保存し、都市の美観を維持するように計画され、一九三七年に内務大臣により、この都市計画街路が決定されて、今日の倉敷の美観地区の基礎が固められたのであったから、倉敷にとってこの「消極策」の採用は幸いだったのかもしれない。孫三郎は都市計画岡山地方委員会委員に就任していたから、国や県レベルでの都市計画行政に参画できたものの、第一回の会議に出席しただけで、その後の倉敷市の都市計画にはかかわらなくなっていた。この時期、同社は経営難打開のため、既存施設を切り離して大幅な整理を進めていたのであった。

以上、話がやや拡散したが、重要なのは孫三郎が、倉紡の倉敷及び万寿の二工場、本社、「労働理想主義」にもとづく、寄宿舎・社宅・研究所・病院・図書館など様々な施設、そして不況期に建てられた倉絹の新工場などを第一次世界大戦の好況の前後に旺盛に創出し、それらを取り結ぶ道路網を行政に委ねるのではなく、みずから積極的に投資したことが、倉敷のインフラを強化したのはもちろんのこと、現在まで続く倉敷の美しい街並みをつくり上げた事実である。

長期不況下での経営合理化

孫三郎は第一次世界大戦後、特に一九二七（昭和二）年金融恐慌以後、三〇年代初頭まで、かつてない長期不況に苦しめられるようになった。彼は、すでに一九二二（大正一一）年末頃から、その予兆を感じていたのであろう。会議の訓示で必ず経費節減と能率増進の二大目標を指令するようになっていた。

そこで孫三郎は調査課に命じて原価計算を実施して、それらの目標の達成を図ったのである

1921年に完成した倉敷労働科学研究所の外観（倉敷紡績株式会社所蔵）。

が、それらの効果には限界があったため、再検討の結果、工場における生産原価ではなく、大戦期の積極方針のもとで増えた借入金の利子が多額に上ること、そして、孫三郎の「労働理想主義」に関連した倉紡特有の施設に要する経費が大きいこと、という根本問題が確認された。

しかしながら、これらの経費を直ちに削減することは不可能であった。当時、孫三郎が倉敷労働科学研究所所長の暉峻《てるおか》義等《ぎとう》から耳にしたフレデリック・W・テイラーの科学的管理法に深く関心を抱いていたことは第二部Ⅲ章でも述べるが、孫三郎は、この方針とは利益相反の関係になる「労働理想主義」の実現を、倉紡を巻き込んで真剣に開始したばかりだったのであり、その費用の圧迫が肥大化し、テイラーの唱える「標準工費」の算出どころではなくなったのである。

試行錯誤の後に、事態が明らかに改善されるようになったのは、一九二六（大正一五）年四月に倉紡で、綿糸二〇番手標準梱当工場費三二円六〇銭を基準として各工場の製品番手に応じて算出した標準額を求め、それと実績を比較する作業を通じ、工場成績順位が決定できるようになり、[65]さらに翌年、倉紡からの図書館と病院の切り離しが、始められたのちのことであった。

ただし、一九二〇年代前半における能率増進に関しては、端緒的ながら、いくつかの改善が実現した。まず生産能率に関しては、①機械の保全用品の標準化を前提に保全が向上し、また、②従来の七馬力半精紡レバルション・モーターよりも馬力、効率とも優秀な九馬力の小型インダクション・モーターが、一九二七(昭和二)年頃から三菱電機や日立製作所によってつくられるようになり、[66]それらのおかげで、従来精紡機に限られていた単独運転が混打棉・梳棉・練篠・粗紡の諸工程にまで及ぶようになった。加えて、③当時の電力業界で熾烈な競争(「電力戦」)を反映した電力料金の引き下げ交渉が進み、以上を前提にして、④紡機の高速度運転が行われるようになった。

労働能率については、優秀な職工の確保が重要であるため、一九二〇年三月制定の「工手体格検査ノ標準規程」にもとづき職工採用の厳選化が図られたものの、所期の効果は上がらなかったため、孫三郎は労研に命じて開発させた適性検査法を二三年二月から実施した。さらに、職工の栄養の摂取をはじめとする健康の保持・増進についても本店保健課及び労研が改善に努めた。

もう一つ注目されるのは一九二二年七月から内地向けと輸出向けでそれまで混綿の点で差があった綿糸(倉紡が中国向け綿糸として一八九五年に設けた商標の三馬《みつうま》)を塵埃の多い割安の原棉を買って同品質にすることにし、その実施過程で、孫三郎は「低原棉良製品」(他社で買わないような、インドのバラテンやマチャのような「ゴミ棉」や、アメリカのローミッド以下の下級棉を敢えて混綿して良質の綿糸をつくる）政策を打ち出した。当時、東洋紡も類似の政策をとっていたというが、鐘紡は高級な棉花を買う方針をとったという。[67]

過剰紡機対策としての在華紡構想とその中断

一九二〇年代初頭の孫三郎を悩ませていた別の大問題は、世界大戦期にイギリスに発注した計約一〇万錘の紡機の処分であった。その半分は解約されたものの、一九二二（大正一一）年五月時点では残る五万二八八〇錘の処理が課題であり、高松工場に九九八四錘、早島工場に四九九二錘、後述する新設の本店実験所に五三七六錘が割り当てられることとされたが、[68]元々岡山上伊福工場に据えつける予定であった三万二五二八錘の引き取り先は見つからなかった。そこで孫三郎は、中国大陸に紡績工場を新設し、そこに過剰な紡機を集約することを考案した。[69]

中国大陸、特に上海での日本資本による紡績工場（在華紡）の建設は一九〇二（明治三五）年に三井物産が中国民族資本の興泰紡績を買収して、それを基礎に上海紡績会社を設立したことに始まる。その後も第一次世界大戦期まで貿易商社による在華紡の設立がみられたが、特筆されるのは棉花輸入商社であった内外綿会社が日本国内で二つの紡績工場を買収したのち、大戦前の一九一一年に上海にも二万錘規模の紡績工場を設置して、商社から完全なメーカーとなり、しかも上海を中心とする巨大な在華紡へと成長していったことである。

第一次世界大戦期に日本綿業は、倉紡の例からもうかがわれる通り、めざましい発展を遂げたが、それは同時に国内の賃金水準を引き上げ、また労働運動の興隆ももたらした。しかし、それ以上に重要なのは中国で上海を中心とする工業化が始まり、中国民族紡績がめざましい勢いで発展して、戦前に日本で生産される綿糸の約三割を占めていた中国向け綿糸を大戦中に自国市場から駆逐してしまった事実である。さらに国民党南京政府は綿糸を含む輸入関税を引き上げるようになった。こうした中国企業の成長に対する危機感から大戦後の一九一九年より、鐘紡、東洋紡、大日本紡、富士瓦斯紡、日清紡などの日本の紡績会社が上海のほか青島、華北、さらには満洲（中国東北地方）に在華紡を次々と建設していったのである。[70]

倉紡は、こうした他社の動向に比べて遅ればせながら、一九二一（大正一〇）年五月頃から対中国投資に適した土地の調査を、東洋棉花（現豊田通商）や日本綿花（現双日）などの商社に依頼した結果、翌年末には青島滄口工場の用地確保の目途がついたものの、同地での排日運動の激化に遭遇したため、事態の静観を余儀なくされた。そうした中、一九二三年三月下旬から五月初めまで孫三郎は、上海、杭州、南京、漢口、北京、天津、青島、大連、旅順、奉天、撫順などを視察し、在華紡建設の可能性を探った。なおこの旅は、彼の生涯唯一の外国旅行となった。

帰国後、孫三郎は、すでにふれた中国民族紡のめざましい発展に対する深い認識を表明したのち、上海にはすでに進出の余地がなく、青島は治安と輸送の観点から上海よりも不利であって、そこでは棉花も足らず輸入が必要であり、よって青島も適地ではない。他方、棉花が得られない難点はあるものの、満洲のほうが青島よりも工場建設に向いている、とした。しかし一九二三年九月に勃発した関東大震災による紡績業界の動揺の中で倉紡の在華紡建設の話も立ち消えとなった。同社が在華紡の経営に進出したのは後述するように、日中戦争期のことであった。

一九二〇年代初期に孫三郎が、大戦期に発注した過剰な紡機の重圧が増していくにもかかわらず、在華紡への進出という絶好のビジネスチャンスを見送ったために、その後の長期不況下で倉紡が苦境に陥ったという見方もできなくはなかろう。(71) 当時の倉紡を取り巻く市場環境には陰りが見え始めてはいた。例えば、日清戦後期から倉紡の商標「三馬」は、摂津紡績の「立馬」や福島紡績の「舟美人」などと並び称される対中国向け輸出綿糸の代表格であったが、倉紡以外の綿糸も第一次世界大戦期に興隆した中国民族紡に押されて、全く振るわなくなってしまった。(72)

ただし一九二〇年代前半には、倉紡の主力製品であった太・中番手の綿糸は、大戦好況の余燼で農村の賃金水準が低下しなかったため、西日本の伝統的な内地向けの着尺織物を織る綿織物産地への売れ行きは好調であった。

第一次世界大戦以前に倉紡は、児島や井原という織物産地を持つ岡山県、及び隣接する広島県東部のいわゆる備後産地、そして四国（香川、徳島、愛媛の諸県）に綿糸を盛んに販売していたが、(73) それらの織物産地は大戦期にも健在で、特に四国方面での絣やネル用の綿糸販売の好調も、倉紡の強気に拍車をかけたものと推測される。しかしながら岡山県に隣接する備後地方の事例からみて、一九二七年金融恐慌以降の昭和初期には、織物の消費不況は著しく深刻化していった。備後の新市《しんいち》で絣・紺反・縞反の製造を兼営していた佐々木商店では、それらの内地向け織物が全く売れなくなったため、製造工場を廃止した反面、当時備後地方で生産がようやく盛んになりつつあった農村向け縫製品を周辺から集荷し、第一次世界大戦以前から掌握していた全国的な織物販売網を活かした行商活動を通じて、それらを販売する戦略に転じ、ようやく生き残れた。(74)

この時期に限らず、例えば日清戦争後の一九〇〇(明治三三)年前後の不況期にも和装着尺物の売れ行きが激減し、綿糸の販路を一挙に失った当時の紡績企業で破綻が相次いだ事実はよく知られている。のちの一九三〇年代に倉紡が販売するようになる流行の変遷が激しい輸出向け綿布や、あるいは使い捨て商品と化している現在の衣料品とは異なって、その頃の着尺物が、代表的な耐久消費財であったため、そうした現象が生じたのである。農村の好況期に人々は綿布を喜んで購入していたものの、ひとたび不況が到来すると、新品購入をただちにやめて、ストックされている衣料品を大切に使っていたのである。そのため、紡績を含む繊維は、三井や三菱でも商社を除けば容易に手出しができない極めてリスキーな製品となった。

こうした戦前期日本の内需向けの織物あるいは衣料品に特有な伝統的消費パターンに支えられて倉紡は昭和初期まで発展を続けられたのであったが、後述する孫三郎の銀行経営の失策と相まって、一九二七(昭和二)年金融恐慌以降の数年間、市場状況が悪化する中で、同社は深刻な経営危機に苦しむことになる。

様々な不況打開策

一九二三（大正一二）年頃、大陸進出をひとまず断念した孫三郎は、のちに遭遇する危機までは予想していなかったのだろうが、いくつかの苦境打開策を打ち出した。

第一に、日本メリヤス株式会社枚方《ひらかた》工場の買収である。孫三郎は、すでにふれた通り、世界大戦期から綿業の全国センターである大阪への倉紡の進出を図り、一九二一年末に大阪市東区上本《うえほん》町《まち》に別邸を設けてほぼ隔週で来阪するようになっていた。同年一月には岡山県出身の近江銀行頭取、池田経三郎の要請を受けて、(75)同行の重役に就任し、のちに説明する通り倉銀の後身である第一合同銀行と同行との金融提携も受け入れた。なお孫三郎は、同じく一九二一年に電気事業で世話になった坂野鐵次郎に京阪電鉄（一九〇六年創立）社長岡崎邦輔と、坂野の東大での同級生で同社常務取締役の太田光熙に紹介され、京阪の株式五〇〇〇株を購入し、同年一〇月その取締役にも選任された。(76)

そこに近江銀行の監査役で、既述の青島滄口工場敷地の権利者でもあった日本メリヤス株式会社社長の北川与平が、一九二三年末に同社の大阪府枚方にある工場の売却を持ちかけてきた。紡機二万錘のこの工場を安く入手できるのに孫三郎は魅力を感じ、翌年二月にそれを一三〇万円で買収したが、期待はずれに終わり、この枚方工場は一〇年後の一九三三（昭和八）年に休止となり、その設備は翌年新設の又新《ゆうしん》紡績株式会社に売却された。同社は、大日本紡績連合会に敢えて加入させずに、紡連の決議操短にかかわりなく、後に述べるように一九三〇年代に倉紡のドル箱となっていた大阪府泉南・泉北の機屋が求める緯糸を供給することが目的とされたが、三六年には紡連に加入したのち、再び倉紡枚方工場に戻った[77]。

第二に、一九二二（大正一一）～二四年の海外出張を終えて技術課長に就任した高橋雄吉が、①最新鋭技術のカサブランカス式ハイドラフト精紡機が、フランスで六〇万錘にも普及してきたことのほか、②精紡機のドッフィングの改良、③精紡の際、ウエフトリングに代えて経糸リングで経糸を紡出し、緯糸木管に巻き直して織機に渡して実現する経費の削減法など、先端技術の戦略的意義を説いた。

日本紡績業へのハイドラフト紡機の導入に関して筆者は以前に、大日本紡績の技師今村奇男《くすお》が一九二〇年代半ばに、工業化初期以来同社に君臨してきた菊池恭三社長の支配下で自由な行動を取れない中、ボランティア的に愛知織物笹津工場、呉羽紡績井波工場などの意欲に富むパイオニアを手厚く指導し、一九三〇年代に菊池の重圧から解放されるや、岐阜県関ヶ原や大阪府貝塚などで新鋭工場の建設を一瀉千里に進めていったことを解明した[78]が、倉紡の社史には、そうした流れが一九三二（昭和七）～三五年に東洋紡の三本松と淵崎、さらには内外綿の有名なパイロット・プラントの安城工場などに波及していった事実が示されている[79]。倉紡のハイドラフト化はむしろ、こうした潮流とは別個の、最先端技術の独自の導入例として注目されよう。

孫三郎は、高橋の進言を積極的に受け入れて、一九二五（大正一四）～二六年に倉敷駅前の本店内に予算二五万円を投じ、試験室、及び五〇〇〇錘のほか電気毛焼機、各種織物の製織設備、消塵装置などの設備を持つ木造二階建ての本店実験所を設立した。なお、高橋はその前に、当時、東洋紡山田工場と並び称された新鋭の試験研究施設であった鐘紡洲本工場を視察している。実験所は、精紡機のハイドラフト化のほか、孫三郎が強い関心を持った科学的管理法をはじめ混棉、去塵、ガス焼き、一〇〇番手までの細糸紡出、生産能率増進、動力や機械の試験、スフ紡出などの研究を行い、労働科学研究所と提携し一九二〇年代後半から三〇年代初頭にかけて長期不況下における倉紡の経営合理化に大きく貢献することになった。(80)

倉紡のハイドラフト化については一九二二年以降、三〇年代にかけて玉島、岡山北方、万寿第二、早島の各工場で試行がなされたものの、成果は上がらなかった。そうした中で、昭和恐慌前後に孫三郎は、ハイドラフト化により経営危機を乗り越えようとし、技術者の原田昌平を一九三〇(昭和五)年三月から一年間欧米に出張させた。

この時期にも倉紡は、本店実験所に研究を強化させただけではなく、一九三一年五月頃、豊田式ハイドラフト精紡機六〇〇〇錘の導入を図ったが、これは結局中止された。当時、同社ではハイドラフト化に代わって精紡・粗紡のロングリフト(木管一本あたりの管糸量の増大)改修が、精紡と仕上げの能率を大きく改善していた。(81) なお原田は(82)帰国後、技術課長に就任し、紡機のハイドラフト化を初めとする技術革新を一九三〇年代の好況期に本格的に推進する。

第三に、一九二六(大正一五)年六月二一日に倉紡の傍系企業、三豊紡績株式会社を設立した。これは、熱心な誘致を行なった地元の香川県観音寺町側と、先述の在華紡に向けられる予定であった過剰紡機の処理という倉紡側との利害が一致したために実現した。資本金三〇〇万円は地元と倉紡が折半で出資し、寄宿舎も社宅も設けず通勤主義によって運営されることになった。[83]翌一九二七（昭和二）年三月に精紡機一万九九六八錘の工場が本格的操業に入ったところ、同年度下期には早くも配当が出せるようになり、二八年には増設がなされて精紡機三万一四八八錘となった。その後、三豊紡は丸亀市からの分工場誘致の依頼に応じ、一九三〇年三月に精紡機二万一〇〇八錘を備えた新工場が全運転を行なった。三豊紡は、設備は旧式であり技術的に新しい点はなかったものの、その後の不況下でも好成績を上げ続け、一九三三年一二月に倉紡に合併されて観音寺工場及び丸亀工場となった。[84]

倉敷絹織の設立

最後に、おそらく最も重要な施策が人絹製造業への進出である。[85]植物の繊維を化学的に処理し絹糸の代替品を製造する人造絹糸（人絹またはレーヨン）は、フランスのシャルドンネ伯爵が一八八四～五年に公表して以来その工業化が進み、二〇世紀になると世界の絹織物市場を蚕食しつつ、急速な発展を遂げた。日本でも日露戦後期に国産人絹が登場したが、商社の鈴木商店が第一次世界大戦中の一九一八（大正七）年に設立した帝国人造絹糸株式会社（現帝人）と、日本窒素肥料株式会社社長の野口遵《したごう》が日本綿花株式会社の喜多又蔵と共同で二二年に設立した旭絹織株式会社（現旭化成）がパイオニア的存在となった。

その後、日本政府が幼稚産業保護の観点から実施した一九二六年における人絹も含む重化学工業製品の輸入関税の引き上げを見越して、同年前後に一斉に東洋紡の昭和レーヨン（一九三四年に東洋紡に合併吸収）、大日本紡績の日本レイヨン（現ユニチカ）、三井物産の東洋レーヨン（現東レ）が設立され、倉紡もこの潮流の中で子会社の倉絹を立ち上げたのである。(86)

一九二二年一〇月、孫三郎は倉紡で繊維製品多角化の推進を指示し、それを受けて大阪出張所で営業を担当していた山内顕取締役のもとには、関連情報が集まっていた。一つの有力な選択肢は羊毛であったが、それは未決定に終わった。

他方、大原奨学生で、若き日より大原家建築顧問とでもいうべき地位にあった陸軍建築技師の薬師寺主計が一九二三年初頭にドイツから帰国し、同国の技術者からその有望性を聞かされていた人絹工業の事業化を帰国後、孫三郎に推奨したものの、その時点では一笑に付されたという。(87)

しかしながら、孫三郎はまもなく、長引く不況の中で人絹にも着目するようになり、一九二四年三月、倉紡の菊地寅七調査課長に人絹に関する資料調査を命じた。企業化した場合、三割の利益が見込まれる有望な事業とする彼の報告に対して、倉紡の重役中で賛成したのは、藤田組出身の中途採用者で、孫三郎の多角化への関心を理解した山内常務のみであり、他の役員たちは、人絹製造に伴う巨額の特許料、社内における化学技術者の不在からみて時期尚早と判断した。

一年間滞っていたこの問題を一九二五年二月に変えたのは神社《かんじゃ》柳吉常務取締役であった。当時、京都帝大工学部工業化学科で福島郁三教授らが人絹を研究していたが、神社は、福島の講義を聴いたことがある部下の上羽豊三郎を通して福島と、人絹の製造方法と技術者をともに確保する話を密かに取りまとめ、取締役会の賛同を得た。福島は、京大教授兼任で倉紡の技術指導をしてくれることになった。同年五月、上羽は技術研究生として京大に派遣され、福島研究室を卒業しても間もない根来謙三、高城茂一郎、中村道雄という後年の倉絹の技術リーダーたちが、まず倉紡に入社し、一〇月には京都市下京区に、福島を中心として人絹製造を研究するための京化研究所が倉紡によって新設された。

その頃、孫三郎の人絹熱が一時冷め、神社が、「京化研究所の人絹技術を（台湾総督府勤務の時代から旧知の鈴木商店の金子直吉に—引用者注）売ろう。そうすれば、二〇～三〇万円にはなろう」と孫三郎に訴えたというエピソードもあった。[88] だが、孫三郎はまもなく翻意し、一九二五年八月の取締役会で人絹事業のため重役陣の役割分担を決め、人絹技術担当に指名した藤岡郊二取締役を技術導入のために一一月に欧州に派遣した。この時、上羽もフランスに向かった（一九三一年死去）[89]。

翌一九二六年一月、倉紡取締役会は倉絹の設立を決定し、六月二四日、資本金一〇〇〇万円（四分の一払込）の子会社として設立され、株式の半分は倉紡引受、残りは株主優先一般募集とされた。孫三郎が社長、藤岡と山内が常務取締役、神社のほか、孫三郎から急遽入社するよう命じられた[90]薬師寺が取締役、そして原澄治と柿原得一が監査役に各々就任し、京化研究所は同社に移された。会社設立と同時に、倉紡大阪出張所内に倉絹大阪出張所を開設し、倉紡とは独自に営業関係の業務を行うこととした。

人絹製造には大量の良質な水源が必要であるため、倉紡は、一九二五年一一月より先発メーカーがすでに進出している琵琶湖西岸をはじめ、西日本各地に適切な工場建設予定地を求めたが、二六年四月、倉敷町外酒津・高梁川廃川地の伏流水の利用と決まり、以後、用地買収が神社を中心に進められていった。

渡欧した藤岡と上羽は、現地で調査を進める中で三菱商事の仲介により、一九二六年八月にフランスのランポーズ式ビスコース法の採用を決めた。発明者は、当時フランスのストラスブールに人絹工場を建設中であったエミール・ブロンネル博士であった。彼は、人絹の発明者シャルドンネのもとで研鑽を積み、イギリスのコートールズと並び称されたドイツの人絹メーカーのグランツシュトッフ社に勤務した経歴を持っていた。

倉絹は、そのブロンネルから製造プラント一式（一五〇デニール六割、九〇デニール四割標準で、日産一二五〇キロ）と製造技術とを、特許使用料二万英ポンド（邦貨換算二〇万円）と権利使用料（原案では総額二五万七一〇〇米ドル、邦貨換算五二万五〇〇〇円であったが、後述の事情から実際にはほとんど支払わずに済んだ）をもって買い受けることになった。[91]

ランポーズ式の特長は、ポットモーターの回転数が、通常の人絹製造企業別では毎分六〇〇〇回ほどにとどまっていたのに対して七二〇〇回と高速回転を保証していた点にあり、それは、孫三郎が倉紡の経営改善策中でも重要視していたスピードアップにもふさわしかった。京化研究所が一九二七（昭和二）年八月に建設された倉絹本社工場へ吸収されたことによって新研究所に移籍した技術者たちも、同社との契約によりストラスブール人絹工場とランポーズ研究所に派遣され、研修を受けられることになり、主任格の上羽のほか根来や高城が渡仏し、操業に備えた。

工場用地の払い下げをめぐって近隣の地主たちとの係争が生じたため、工場建設は難航したものの、薬師寺の設計により一九二八年五月に完成した新鋭の本社工場でほどなく人絹糸のブライト一五〇デニールが一台の紡糸機から紡出され、年内には二六台すべてを用いた普通営業が始められた。倉絹の当初の紡糸機据付台数は七〇錘建二六基、一八二〇台。日産二・一トン、従業員は約五〇〇人規模であり、業界団体の日本人絹連合会にも加盟した。多くの人絹メーカーが外国人技術者に工場の立ち上げの指導を受けていた当時、倉絹は京化研究所で培った技術をもとに、機械の据えつけから運転開始まですべて自力で行えた。

もっとも初期の製品の見栄えは悪かったようで、孫三郎は、「固い細い棒のやうな人絹が出て来た。金板の穴を特別に明ける工夫を考へてやると云ふやうなわけでかなり幼稚なもの（中略）。それが約二年ばかり続いた」[92]と回顧している。

一九二八年五月に本社工場で操業が始まったことに伴い大阪出張所では、京都の蝶理商店（現蝶理株式会社）と丸紅株式会社京都支店を特約店にして、製品の試験販売を行い、同年一一月、両社の助言を受けて製品に社標を貼付し、本格的販売を開始した。特約店にはその後、上記二社以外に、倉紡の取引先の綿糸関係の商社などが加わっていった。人絹糸の販売先は栃木・群馬にまたがり、桐生・足利・佐野・伊勢崎といった絹綿の大産地を含む両毛と、明治期には輸出羽二重の産地として知られた福井・石川を中心とする北陸であったが、これらの織物産地には帝人などの先発企業がすでに進出していたため、倉絹の製品販売は容易ではなかったが、「誠意と価格」をモットーに奮闘し、後述のように技術開発に努めて、低価格製品の生産を実現していく。

大不況下での倉絹の苦闘

倉紡の不況対策の一環として設立された倉絹は、一九二九（昭和四）年六月、定時株主総会で配当五分を初めて決定した。

操業開始後本社工場で昼間のみ一〇時間勤務とし、夕刻には紡糸機の稼働を止めていた。その後、運転台数が増えていく中で、夜間停止によるビスコースの損失や品質の不同を防ぐために、一二時間ごとの二交替制として紡糸機の昼夜運転を行なっていたが、一九二七年金融恐慌後の不況の深刻化に対して、さらに効率を追求するため、孫三郎の指示により一九三〇年六月、本社工場に三交替制を導入したところ、紡糸の品質、効率性はともに飛躍的に向上した。ただし、三交替制は当初、紡糸部門のみで、工場全体で三交替制度を導入したのは一九三三年一一月に操業を開始した新居浜工場（当初の名称は日本化学製糸株式会社）からであった。

しかしながら、一九三〇年代初めの倉絹はいくつもの新たな難問に直面した。まず、二硫化水素などの悪ガスの発生に悩まされたが、同業他社と同じく、抜本的解決には紡糸機密閉装置の完成まで長時間を要した。次に、高速回転を期待されたポットモーターを操作してみると、不具合が続出し、正常な稼働ができなかった。さらに、多量の排水の処理がうまくいかず、周辺の住民からの苦情が増加した。そうした中で、技術面での最高責任者であった藤岡常務が、困難を極める業務の続行に耐えかね、最終的には一九三〇年五月に病気のため退職した[93]。

一九二九年七月に薬師寺が藤岡の代わりに常務取締役に昇任したが、建築家の彼には工場経営の経験はなく、意気消沈している従業員の鼓舞から始めるほかになすすべもなかった[94]。しかしながら、彼は経営者・技術者としてほどなく急激な成長を遂げて、倉絹の危機を救う功労者の一人となる。

当時、中國銀行には、孫三郎の多額の預金があったが、そのほとんどが回収不能の貸し付けだったようで、薬師寺などは、中國銀行がその不良債権が原因で潰れたら岡山県下の零細な預金者に申し訳ないと思って、あらゆる努力を払ったという。しかし当時倉絹では廃液問題、飲料水混濁問題があり、その上にこの金融問題まで加わり[95]、こうした諸問題の解決の目途は容易につくはずもなかった。品質レベルにおいても、薬師寺によれば、当初、工場では糸切れが多く、製品は二等品ばかりで合格品が出ず、福井に屑糸整理の機屋をつくって処理している始末であった。それはランポーズ社の設計が、ポットモーター一二〇サイクル七二〇〇回転に対して実際には五〇〇〇回転くらいしか出せず、振動が激しくて故障頻発だったからだ。ちなみに日本の人絹メーカーに馴染みが深かったオスカーコーホン社の場合、ポットモーターは八〇サイクルで四八〇〇回転、九〇サイクルで五四〇〇回転であった。東大工学部機械科を卒業し京化研究所入社組の一人で、のちに倉絹岡山工場長となる水野金雄が[96]振動の原因がポットのアンバランスにあることを発見し、よい製品ができ始めた。[97]

人絹不況が深化しつつある中で積極的設備投資によってコストを下げる以外に抜本策はないと判断した倉絹経営陣は、一九三〇年初頭に現在の日産二・五万トンに加えて六万トンを増設し、ポットモーター回転数を毎分一万回まで引き上げる等の拡張計画を立て、そのための所要資金三〇〇万円も日本興業銀行の特別融資で調達することに成功した。

ランポーズ式ポットモーターの改善を目指した倉絹は、技術者中村道雄が欧州に出張して購入してきたドイツのジーメンス社製の新型も併用する方針を固めた。その際、帝人がジーメンス社製と並んで神戸製鋼所鳥羽電機部の六〇〇〇回転のポットモーターも使っていることを知ったが、同電機部の技師である小田嶋修三取締役が元大原奨学生で孫三郎と親しかった関係から、神戸製鋼所と倉絹は一万回転のポットモーター完成のために共同研究を行うことになった。

当時のポットは金属製で、植木鉢のような形をした下口ポットだったが、これを人造樹脂製で円錐形の上口ポットに改善することによって安定性が非常に高まり、一九三〇年に待望の七二〇〇回転がついに実現した。[98]コストは大幅に下がり、三〇パーセント以上の大増産が他社に先駆けて実現し、業界を約半年リードできた。[99]同年五月に正式決定された拡張計画ではヨーロッパに派遣された友成《ともなり》九十九《つくも》（東北帝大工学部機械科卒）技術員を通じて新ランポーズ型及びジーメンス新型のポットモーターが各々二〇〇〇台発注された。

倉絹はその後も前記の排水問題などに苦慮したが、一九三一年六月に拡張工事は完了し、同年度下期には五〇万円の利益が上がり一割配当が実施された。[100] 三交替制作業や、孫三郎の提案による無休日運転も定着し、倉絹の生産コストは全国の人絹メーカー中、最も低廉となった。

倉絹は、フランスからの技術導入を行なった後は、京化研究所で養成した技術者と倉紡の機械技術者の力のみによって製造を行う方針を貫いた。それが創業期の苦難をもたらしもしたのだが、生産が軌道に乗ったのちには今日のクラレに継承されている独自技術の確立につながった。[101]

なお、不幸中の幸いだったとでもいうべきなのであろうか、倉絹はランポーズ社に対して、技術面で生じた多数のトラブルを設計違反として厳重な抗議を続けていたところ、一九二八年一〇月にブロンネル博士が死去したため、同社は破綻し、博士の未亡人との間に交渉が成立して、特許料中の一万英ポンドと毎年の権利使用料を倉絹が支払う必要がなくなり、一時金として五〇〇〇英ポンドを支払うことで金銭的問題は解決された。当時、同業他社が巨額の特許料の支払いに苦慮していた時、倉絹は、この一時金及び、すでに支払った一万英ポンドの合計、一万五〇〇〇英ポンドのみで新技術を導入できたのであった。[102]

倉紡中央病院

大戦後に孫三郎が倉紡の一部門として近代的な病院を設立した事実も特筆に値する。一九一八

1923年6月、倉紡中央病院の開院式に来賓として出席した子爵後藤新平（左）と孫三郎。大原孫三郎傳刊行会編［1983］、『大原孫三郎傳』より。

（大正七）年における万寿第二工場の操業開始時に三工場を持つに至っていたため、倉紡では約一万人の従業員を擁するようになっていたため、孫三郎は総合病院の設立を決意した。折から有名なスペイン風邪の流行があったことに配慮し、また、「わが社が、職工を人として、平等の人格を認めて待遇してゐることを示す[103]」ために同病院の一般への開放も目指した。孫三郎は京都帝国大学総長荒木寅三郎と同大医学部教授島薗《しまぞの》順次郎の指導を受け、荒木の推薦により一九一九年に辻緑が倉紡に入社したのちには、京大系の医師たちを倉紡に勤務医として迎え、病院設立の準備を進めた。病院は倉紡中央病院と命名されて万寿村に建設され、一九二三年六月に開所式が挙行された。その施設に関しては北京のロックフェラー病院やドイツのバルムベック熱帯病院など[104]一流病院の事例を参照して、患者が心地よく静養するため二カ所の熱帯性植物室を設け、おおむね一階建てだったが、唯一の二階建ての棟には当時は珍しかったエレベータが設置された。

　また、研究が主目的ではなく治療本位の病院ではあったものの、孫三郎は、優秀な医師たちを研究や機器購入のため、しばしば海外に派遣した。倉紡中央病院は当時の日本には稀な近代的医療機関ではあったが、その運営には巨額の資金を要した。加えて一九二七（昭和二）年金融恐慌以降における倉紡の業績悪化のため、同年、病院は倉敷中央病院と改称して同社から分離され、独立採算制に移行した。

ただし、土地・建物等は以後も倉紡の資産であった。創立一〇周年の翌年にあたる一九三四年一〇月、その資産約一二〇万円を銷却し、一一月に財団法人倉敷中央病院が成立して、病院は孫三郎から完全に独立した。

一九二〇年代の倉敷紡績の工場の姿

一九二三（大正一二）年末に倉紡は岡山北方工場を傘下に加えた。同工場人事係に一九二四～二六年に勤めていた一職員が社内文書用の草稿を束ねた綴りに含まれ、前後の資料の作成年からみて二四年頃の執筆と推測される文章[105]を以下に掲げる。「倉敷紡績株式会社岡山北方工場就業案内」という題名から判断して人員募集用に書かれたのであろうこの文章が、実際に使用されたのか否かは不明ながら、そこには、これまで記述が手薄であった従業員の日常生活など、大正末期における倉紡の工場の実態が活写されている。

「倉敷紡績株式会社は明治二十一（一八八八）年の創立で現在資本金壹千七百弐拾万円。本店を岡山県都窪郡倉敷町に置き、九個所の工場と設備の完全な中央病院とを有する日本屈指の会社であります。当会社は社長大原孫三郎氏を始め従業員全部が互に協同和合して健康に愉快に働くことを理想として努力して居ります。即ち会社を従業員の愉快な共同作業場とすることが当会社の目的とする所であります。これが為めに従業者の人格の向上に工場諸設備の改善に収入の増加に将又《はたまた》傷病其他の場合の相互扶助に非常な力を尽してゐることは当社の誇りとする所であります。

本店及工場所在地

倉敷紡績株式会社本店	岡山県都窪郡倉敷町六百五十一番地
出張所	大阪市西区江戸堀町北通一丁目
倉敷発電所	岡山県都窪郡倉敷町
高松発電所	香川県高松市松島町
中央病院	岡山県都窪郡万寿村
倉敷工場	岡山県都窪郡倉敷町
万寿工場	岡山県都窪郡万寿村
玉島工場	岡山県浅口郡玉島町
早島工場	岡山県都窪郡早島町
岡山北方工場	岡山県岡山市北方
坂出工場	香川県綾歌郡坂出町

高松工場　　香川県高松市松島町
松山工場　　愛媛県松山市三津口町
枚方工場　　大阪府北河内郡枚方町

当工場の位置及現状

当岡山北方工場は日本三公園の一つである後楽園の所在地として有名な岡山市の北方（キタガタ）にあります。鉄道は山陽線、中国線、宇野線、西大寺線、三蟠線等の集合してゐる交通最も便利な地で、近く旭川を隔てゝ対岸には後楽園あり、北には半田山あり、工場内には広々とした庭園があつて春は花、秋は紅葉の眺めよく、水は清く健康の上からも交通の上からも真に理想的の工場であります。当工場の工手さんたちは誠に真面目でみんな晴々した気分で愉快に勤めて居られます。之《こ》れはたしかに岡山北方工場の一大美風として一般に認めらるゝ所であります。

仕事及給料

紡績の仕事は機械の力で綿糸を紡ぐ手助をするので婦人には最も適当な仕事であります。勤務の時間は一昼夜を昼夜に分け、各々十一時間で其間《その》に一時間の休憩があります。一ヶ月に四回の休日がありまして、昼業と夜業と交代します。其他、新年、盂蘭盆、敷地祭、雛祭は休日であります。始めて入社した人は普通の勤務時間よりも短く昼業のみで養成係の人が親切に丁寧に仕事を教へます。賃金は最初見習中は一日六拾銭から七拾銭までありますが、見習は普通一ヶ月か遅くとも四十日位で請負工（出来高給で作業を請け負うグループに属す職工—引用者注）になれます。請負工になれば本人の働き次第で日に一円から二円位は楽に取れる様になります。尚給料の外に半期末には期末賞与もあり、其上二ヶ年以上勤めて居る人には賃金の高に応じて割増金即ち年功加給金を支給しますから仕事の上から言つても収入の上から言つても婦人の仕事場としては結構な所であります。尚満二ヶ年以上勤めた人が退社する時には夫々《それぞれ》規則通りの退職手当金を支給します。

寄宿舎の設備

遠方から入社せらるゝ女工手さんのために婦人寄宿舎を設けてゐます。寄宿舎は数十室を有する最新式の二階建が四棟あります。其他食堂、浴場、洗濯場、割烹室などの設備が完全で衛生に適してゐます。碩儒熊澤蕃山公の御学問所も近くにあつて四囲は静かで、自然の眺めは絵の如く実に住心地がよい所です。この内には高等の教育を受けた女子の世話係がゐて女工手の相談相手になり凡て教育的にお世話をいたします。寝具、電燈、入浴、などは一切無料ですから一日の食費は朝食夕食二度で九銭とし昼食は簡易食堂の設けがあつて各自の希望の食事をすることになつてゐます。其他の生活費はいりません。賄は会社の直営で炊事専門の人が居て衛生に適した滋養物を調理いたします。又面会とか又は用事のため来社せらるゝ父兄或は近親のお方の便利を図るために寄宿舎内に客室を設け何日でも無料でおとめします。

教育

工手さんの教化については最も意を用ふる所でありまして工場内には広大な庭園を設け其間に各所に教訓的歌詩を掲示し真に自然美による教化手段をとつてゐます。尚会社の内に倉紡実科女学校を設け、普通科と専修科を置いてゐます。普通科は尋常小学校を卒業した人に対し普通教育を施し、専修科は裁縫、手芸、割烹、生花、茶湯等を教へてゐます。何れも専門の教師がゐますから親切丁寧で金儲けしながら何でも習へますから大へん好都合です。

送金及貯金

工手さんは遠く親許を離れて金儲けにきておられるのですから会社では成るべく無駄遣をさせず国許へ送金される様に奨励してゐます。送金についてのお世話は総て会社の方でするのみならず送金料も一切会社から支払いたします。又不時の用に備へ且《か》つは勤倹の美風涵養に資するため貯金をおすゝめして居ります。貯金は会社にお預りして相当の利子を付けることになつてゐますから便利です。

慰安娯楽

毎月四日づゝ休日がありまして近郊に遠足したり又は内で娯楽会を開きます。

お正月や盆やお節句などには二三日間休業して学芸会、音楽会、園遊会、活動写真会、演劇など種々の催しをして慰みます。寄宿舎にはテニスコート、ピンポン其他の運動具があり、蓄音機、オルガン、歌留多等の遊戯道具が備へてあります。

中央病院及分院

従業者の福利増進に関しては当社の最も力を尽せる所でありますが、保健衛生上の設備の一として完全な中央病院を有する事は当社に最も誇りとする処であります。この病院の組織は内科、外科、婦人科、耳鼻咽喉科、眼科、小児科、物理療法科、歯科と八科に分れて院長は勿論各科医長の殆ど全部専門の博士であります。設備は建築の上にも機械其他の諸設備の上にも欧米各国最新の研究の結果を悉く採用したもので現在我国の病院でこの病院の如く完全な病院はない程であります。各工場には中央病院の分院がありまして設備も整ふて居りますから万一不幸にして病気に罹つた人はこの中央病院なり分院で行届いた治療を受けることが出来ます。其上会社や共存組合から充分の補助を受けて治療するのです。

扶助救済

会社は業務上で負傷又は疾病に罹つた人に対しては中央病院なり分院で無料で手厚い治療を致します上に休業中は休業手当金を、又身体に故障が残つておる時は傷害手当金を支給します。万一不幸にして死亡せられた時には遺族扶助料等夫々規程によりまして支給致します。業務上以外の原因で病気に罹つた時には会社から入院料や診療費を補助する外、共存組合からも補助金を支給しますから御金の心配なく安心して静養することが出来ます。

共存組合

当社従業員相互の幸福を図る為の組合でありまして従業員は毎月収入の百分の二を拠金し会社からは毎月従業員総拠出金額の倍額以上を出して組合員の病気や負傷又は死亡した時に沢山の見舞金をこの組合から受けられます。尚ほ従業員の家庭に変災のあつた場合にも厄災見舞金を支給して不幸の場合には相互に助け合ふ組合であります。入社せられた人は必ずこの組合に入ることになつて居ります。

入社希望

入社希望の御方は以上述べました事柄は勿論、次の事柄を御承知の上で直接当工場人事係か又は地方の工場募集員の手許に申し込まれたら一切のお世話を致します。

一、二ヶ年間工場に勤務する堅い決心のある人。

二、年齢満十二歳以上三十五歳未満の人にして尋常小学校を卒業した人。但し年齢満十四歳以上で尋常小学校四年修業の人はこの限りにあらず。
三、身体強壮で身長四尺弐寸三分以上の人。
四、親権者（父兄）の承諾ある人。
五、年齢を証明する戸籍抄本又は学校手牒を持参せらるゝこと。
六、入社旅費は工場から全部支弁します。但し勤続が一ヶ年未満で自分の都合で退社する時は返さねばなりません。

会社は最初の契約年限を二ヶ年としてゐますが、若《も》し国元に病人がある時、本人の縁談の時、本人の病気の時、其他止むを得ぬ理由がある時には、本人の申出によりて休業又は解雇致します。そして病気で帰る以外は其旅費は本人の負担であります。以上は唯会社の概略を述へたのですから解らぬ事がありましたら工場の人事係宛に照会して下されば何時でも詳細に御返事致します。

岡山県岡山北方　倉敷紡績株式会社岡山北方工場　人事係」

この文章から、明治期には地方の小規模な紡績会社にすぎなかった倉紡がその後、倉敷を中心に中国・四国地方へと工場網を拡大してゆき、福利厚生を充実させて、力強く成長していった姿が確認されよう。しかし、ほどなく同社は空前の経営危機に見舞われることになる。

昭和初期の経営危機

昭和の到来とともに勃発した一九二七（昭和二）年金融恐慌と三〇〜三一年の昭和恐慌は、倉紡に経営危機をもたらした。次章でみるように当時、孫三郎は綿業以外にも電力、銀行、新聞社などの多角化を進め、大原家は地方財閥化していた。

ところが、それらの事業の多くが第一次世界大戦後の不況下での競争激化に苦しみ、わけても、全国の経済界での地位を高めつつあった孫三郎が出資要請に応じていた近江銀行が金融恐慌で破綻したために、彼はその重役一〇人中、第五位にあたる五五万円（総額五一〇万円の一〇・八パーセント）という巨額の負債を引き受けなければならなくなり、上本町別邸二三万六〇〇〇円と中国合同電気株三一万四〇〇〇円も手放した[106]。

昭和恐慌期には、孫三郎は倉紡のほか新設の倉絹の経営不振にも直面した。昭和恐慌は、一九二九年七月に成立した浜口雄幸民政党内閣の井上準之助大蔵大臣によって推進された金解禁政策（第一次世界大戦中より続いていた日本からの金輸出禁止を解き、日本を国際金本位制に復帰させる政策。一九三〇年一月実施）による円高不況に、二九年一〇月にアメリカで始まった世界大不況の影響が複合して生じたものである。

この恐慌は、一九三一年末に成立した犬養毅政友会内閣の高橋是清大蔵大臣によるリフレーション政策によって終わり、社会主義国ソビエト連邦を除く多くの諸国が長期不況に苦しみ続けたのに対して、日本はドイツとともに短期間でそれからいち早く脱出できたとされている。しかし、この昭和恐慌は農村を中心に日本社会に多くの傷跡を残し、倉紡も含む多数の企業に甚大な打撃を与えた[107]。

綿紡績の経営者には、大量の原棉をインドやアメリカなどの外国から輸入していたため、金解禁がもたらす円高効果によって、それを低廉な価格で安定的に購入できる利点があったため、金解禁の実施以前には浜口首相や井上蔵相を支持する者が多かったといわれる[108]が、孫三郎は、金解禁以前だけでなく、その後も民政党、及び金融の専門家としての井上に一貫して信頼を寄せていた。しかし、孫三郎の期待に反して景況は悪化の一途を辿った。不況対策として倉紡は、配当率を一九二九年下期一割四分、三〇年上期八分に下げた。また、孫三郎は社長報酬を全額辞退し、役員報酬の減額、職員俸給の一割減額と約四分の一の休職処分、工員の整理と賃金切り下げを断行したが、万寿工場では三〇年一〇月末に労働争議が始まった。

こうした苦境から倉紡を救ったのは一九三〇年九月に成立した日本興業銀行（興銀）との六〇〇万円の長期融資契約であった。倉紡は赤字に加えて、第一合同銀行（次章参照）から五〇〇万円の短期資金の返済を迫られ、資金繰りが困難になっていたところ、孫三郎は興銀による救済融資に熱心な井上蔵相に働きかけ、倉絹の山内常務取締役と東大で同期であった宝来市松興銀理事、そして大原奨学生であった公森《きみもり》太郎興銀理事の助けもあって、上記の融資が実現したのである。

その際、興銀は倉紡の徹底的経営合理化と、第一合同銀行と山陽銀行の合併（次章参照）を強く求め、双方とも実現をみた。今述べた合理化の第一着手は一九三〇年下期に断行された一三九万円もの営業損の公表と無配であり、後者は五期にわたって続けられた。孫三郎が第一次世界大戦期から手掛けるようになった様々な社会貢献事業のうち、実用的観点から孫三郎が最後まで残した労研も一九三〇（昭和五）年にはついに倉紡から離されて、彼の個人経営となった。

「同心戮力」の理念が危機を救う

以上の記述からうかがわれるように、一九二七（昭和二）年の金融恐慌による近江銀行の経営破綻以降、孫三郎がそれまで積み上げてきた第一合同銀行、倉紡、倉絹などの諸事業の業績悪化が続き、孫三郎の経営意欲は大きく削がれることになった。それを救ってくれたのは「同心戮力」の理念で結ばれた優秀な部下たちであった。

孫三郎が失意のもとにある中でも、倉紡と倉絹は、彼が育ててきたスタッフが中心となって、血のにじむような経営合理化を進めたが、高橋財政下での好況期には両社とも、以前の苦境を償ってなお余りある、めざましい発展を遂げることになった。

まず倉紡が、勢いを急速に取り戻した。同社が一九二二（大正一一）年以降、孫三郎の方針により「低原棉良製品」戦略を採用していたことは、すでに述べたが、繊維の長く細い良質の棉花が安価に入手できれば、そうした無理を重ねる必要は全くなくなる。

当時、日本製綿糸のコストの実に八割余りは、原棉代金が占めていたが、世界恐慌期には良質なアメリカ棉の価格が暴落したため、従来一般に米棉一対インド棉四であった日本の二〇番手混綿の比率は、米棉四対インド棉一へと大逆転したのである。これは倉紡に限った現象ではなく、一九三〇年代半ばに突如到来した、日本綿業の空前の「黄金時代」の一つの基礎となった僥倖であった[109]。

加えて、高橋蔵相が一九三一（昭和六）年末に断行した金輸出再禁止に伴う円為替の暴落に支えられ日本の綿布輸出は、大恐慌によって世界市場が激しく縮小していく中で、突出して伸び続けた。

倉紡と輸出綿織物産地との共存共栄

その綿布輸出を大きく牽引したが、主に関西や中京の周辺でめざましい発展を遂げつつあった少数の輸出綿織物産地であった。

徳川期以来、在来的な色彩が強かった織物産地も日露戦後期から第一次世界大戦期にかけて、小規模ながら機械を備えた近代的工業へと変貌していった。伝統的な問屋の支配下で農家が手織機に依拠して絣のような内地向け製品を織っていた福岡県の久留米や愛媛県の伊予（松山）などの伝統的産地が長期不況下で衰退傾向を辿った反面、鉄製広幅力織機を導入した工場を思い切って建設し、大戦期までは簡単につくれなかった輸出向け広幅綿布などに生産の主力を移した少数の産地が躍進していった。そのうち、大阪府の泉南と泉北、愛知県の知多などの白綿布産地では、後述の帯谷《おびたに》商店のように、大規模な紡績兼営織布工場に匹敵もしくはそれらを凌ぐ織布専業の企業が台頭した。

それらとは対照的に、機屋の企業規模の拡大があまり顕著ではなかった静岡県浜松周辺の遠州、兵庫県の西脇を中心とした播州などの産地でも、多数の中小規模の機屋が、商工省が制度化した工業組合を結成して、金融、原料の購入、製品の加工・販売などの共同事業を行い、府県立の工業試験場にも支援されて、新技術の摂取はもちろんのこと、内外向け、とりわけ輸出向けの有望な製品開発にも積極的に取り組むようになった(110)。

倉紡の一九二〇年代における主な業務は、中国地方や四国地方などの伝統的な和装着尺物用の内地向け綿織物産地へ太糸ないし中糸を売ることであったが、一九二七(昭和二)年金融恐慌以降の不況の深刻化は、同社の製品市場を急速に狭めていった。ところが、内地向け織物の販売不振を打開する動きが、上記の先端的な輸出産地から急速に生じた。

まず、オランダ領東インド(現インドネシア共和国)向けの縞三綾《しまみつあや》が、播州と遠州のほか、愛媛県の今治、そして泉南部の泉佐野で昭和恐慌期に活況を呈し、官民の注目を浴びた。観音寺、松山の二工場を持つ倉紡は、今治で優位を占め、また倉敷、万寿の両工場も播州産地に対して荷造費や運賃の便宜を図りつつ、勢力を伸ばした。

ただし倉紡は、日ノ出紡績姫路工場と大阪の明正紡績の勢力が強かった播州への無理な割り込みを避けて、縞三綾以外の加工度の高い輸出縞綿布に力を入れていた泉佐野の泉南郡輸出縞綿布工業組合に対する綿糸の共同販売に成功した[111]。

この泉南の工業組合への綿糸の売り込みで注目されるのは、「糸の番手を最初は二〇・三手、後には二二手までとし（中略）販路拡張に努めた[112]」と倉紡の社史に明記されている事実である。

番手とは綿糸の太さの単位のことで、一ポンドの重さの綿糸八四〇ヤードを一番手とし、同じ重さで二倍の長さのものを二番手と称する。したがって、番手が高くなれば綿糸は細く長くなる。この細番手化は、綿糸の高級化を意味すると一応考えてよいが、それはしっかりした規格にもとづくべき話であり、例えば二〇番手と称しながら、実際には二二番手であるとすれば、それは太さが足らない粗悪品にほかならない。そして、細めの綿糸を確保できた機屋は、本来例えば二〇メートルの綿糸を二メートル、つまり一割余分に受け取れるのだから、それは実質一割の値引きを意味する。両大戦間期には綿布のコストの約九割が綿糸代であったゆえに、紡績企業によるそうした細めの綿糸の供給は、「粗製濫造」を伴いつつ、一部の産地機屋を飛躍的に成長させたに違いない。

戦前の日本の中小企業製品は、海外では粗悪品の代名詞であったというが、この場合、まさにその通りであった。ただ、そうした下級品でも、オランダのような宗主国の圧政に苦しんでいた植民地の原住民にとって、極めて安価で、十分な満足感を与えてくれる製品であったろうし、粗悪品ゆえに使い捨てにされてどんどん売れていったことも忘れるべきであるまい[113]。倉紡は輸出向け縞綿布を織る中小機屋とこうして共存を図るようになったのである。

第一次世界大戦前後から大阪市に販売拠点を確保していた倉紡は、大阪府の泉南・泉北で、大戦後に、付加価値が高くない輸出向け白綿布生産の量産によって経営規模を急激に拡大していった少数の大手機屋たちにも同じように、細めの綿糸を大量に販売していき、一九三三（昭和八）年二月に他の紡績会社との協定によって、綿糸の実質的細番手化が終焉するまで、機屋たちと共存共栄を実現し続けた。

倉紡は、まず泉南の帯谷商店、次いで泉北の久保惣《くぼそう》織布を大口顧客にすることに成功し[114]、慶事の折には両社を上座に招待していたという[115]。また、日中戦争開始後、政府は限られた輸入棉花を綿製品輸出向けに有効に使用するため、専業機屋を紡績会社の賃織《ちんおり》（下請け）網に編入したが、帯谷も久保惣も倉紡傘下に当然のように結集した[116]。

帯谷は、一九三八年に専業の機屋としては空前の力織機五四〇七台という規模を誇るまでに成長し[117]たが、それに先立つ三三年に休業中の枚方工場の譲渡を倉紡に希望し、原糸を紡出することによる兼営織布への上昇転化を図っていた[118]。この計画は実現しなかったものの、一九三〇年代には紡績企業と連携して急激な発展を遂げるこうした専業機屋が少なからず成長していた。帯谷商店は戦後も結局、兼営織布への上昇転化を果たしえなかったものの、敗戦後の日本に定着した、いわゆる「新紡」（一九四七年に占領軍により二五社が設立）、「新々紡」（朝鮮戦争勃発後の新規参入の自由化の中で登場）の先駆者としてみると興味深い。戦後の高度経済成長期以降、都築紡績、近藤紡績、オーミケンシなどの「新紡」「新々紡」が、倉紡も含む大手紡績企業が繊維不況で苦しい中、めざましい成長を遂げていった[119]が、それらのうちかなりの企業が、帯谷のような専業機屋を母体としていたのである。

久保惣も、一九五〇年代初頭の朝鮮戦争景気の際、新紡に続いて台頭した「新々紡」の一員として兼営織布となった。久保惣織布も、帯谷商店と同じく、もはや現存しないものの、残された素晴らしい東洋美術コレクションは大阪府和泉市によって大切に保存されている[120]。

倉紡は、一九三〇年代に、帯谷商店と久保惣という活力に富む綿糸の大口顧客の確保に成功し、それらの企業もまた、倉紡との取り引きを通じて大きく成長できたのである。

倉紡における技術の躍進

以上で述べたように倉紡が、世界恐慌下で急激に拡大していった輸出向け織物産地への綿糸の大量販売に成功したのは、輸出綿布市場の好転という幸運を、柿原得一らの営業担当者の多年の努力があって手に入れられたことは確かではあるものの、それのみからは説明できまい。孫三郎の指示によって長期不況下で進められてきた技術面・経営面での血のにじむような合理化の成果が開花した事情も無視できない。

以下、話がやや細かくなるが、工業化の開始以来、漸進的に進歩を重ねてきた日本の紡績技術を倉紡の技術者たちが、飛躍的に高めた好例なのであるから、説明を省くわけにはいかない[121]。

一九三一（昭和六）年六月、ハイドラフト研究のため欧米に派遣されていた原田昌平が帰国し、技術課長に就任したのち、彼は従来の方針を転換し、まず、それまで倉紡が進めてきた太番ハイドラフト改造試験を暫く中止する代わりに、株式会社大阪機械工作所（ＯＫＫ）製三線式ハイドラフト精紡機を高松、玉島の両工場にそれぞれ六〇六〇台、四九九二台据えつけ、翌三二年上半期から中糸と太糸のハイドラフト紡出試験を実施することを提唱して会社の承認を得た。そして、社内の技術陣を結集した新設の「倉紡技術研究会」が三一年一〇月から三三年末まで研究を続けることになった。

一九三一年六月の二〇番手綿糸梱あたり生産工費中、各工場平均実績工費は一九円であったが、そのほか倉紡の金利負担が大きかったため、総生産費三六円は同業他社に比べて約五円割高であった。ただ、当時すでに金利負担が軽かった子会社三豊紡績の生産工費約二五円は各社の驚異の的となっていた。工場費引き下げの努力は以後も続けられ、二年後の一九三三年六月に二〇番手標準梱あたり工場費は一三円五〇銭と、三分の一近くまで下がった(122)。

こののち昭和恐慌からの景気好転過程で倉紡の技術陣が進めてきた革新の要点は、①高速度精紡機の導入、②新鋭機の購入を避けた、従来の精紡機のハイドラフトへの改良、③不況と技術進歩との相乗作用で価格が下がってきた国産機械を活用した割安の八万～一〇万錘規模新鋭工場の実現、にほかならなかった。その中で原田が着手した松山工場では一九三三年末、間紡（始紡・間紡・練紡という粗紡全体を構成する三工程中の一つ）をスキップしてしまう一〇倍ドラフト紡出による二〇番手及び一六番手綿糸の製造に成功した。折からのアメリカ棉を中心にした混棉の改善も追い風となって、錘量も糸量も低下しなかったばかりか、工費の低下すら実現できたので、旧式設備にもかかわらず工場成績は第一位となった。こうした実績にもとづき、松山工場に対して直ちに以下の増錘改善が実施された。①豊田三線式ハイドラフト機四四〇〇錘の増設、②在来精紡機の三線式ハイドラフト機一万一五二〇台の改造、③精紡室一七五坪の増築、④綛場改修。ハイドラフト化により間紡のスペースを減らした余地に精紡機を増やせるだけではなく、一錘あたりわずかの増設費で容易に増産までできることが、これらの試みによって実証された。

原田は、ここで全社的なハイドラフト実施方針を決定し、翌一九三三年一月、間紡抜きハイドラフト紡出標準を測定して、三二年一一月に万寿第一工場、三三年四月に倉敷、丸亀の両工場、同年八月に岡山、枚方の両工場の順にハイドラフト化を進めていった。さらに三三年五月には、各工場に対する増設改修総合計画の実施が確定した。一九二〇年代半ばになされた深夜業撤廃対策改修工事以来のこの大事業と並行して、精紡機、織機単独運転化、粗紡ロングリフト改造などが遅れている工場は、それらを一挙に実施し、工場設備の整理と標準化とが図られたのである。

この間に小林益郎技術課員によってカサブランカス式を改造した倉紡独自のエプロン式ハイドラフト装置も開発され、一九三三年後半に、すでに発注されていた増設用三線式ハイドラフト精紡機も、そのローラーまわりをエプロン式に急遽変更し、翌三四年初頭からエプロン式ハイドラフト・システムによる増錘が倉紡で確立した。ハイドラフト装置の製作は大阪機械工作所に依頼された。

ここで倉紡の織布技術に関しても付言しておこう。同社ではすでに示唆した通り、一九二〇年代には国内の伝統的な内地向け和装用着尺織物産地への中・太番手綿糸が主力製品であり、自社製のいわゆる兼営織布には力を注いでこなかった。一九二八〜二九年には自動織機が部分的に導入され、以後、高速度整経機やワードタイイングマシンの採用なども行われたものの、紡績部門に比べて合理化は立ち遅れ、早島、岡山、万寿（第二及び第三）の各織布工場とも各種の織機が雑然と整備されている状態であった。

前記のように一九三〇年代の景気好転の中で、輸出向け織物産地への綿糸の販売を強化したことをきっかけに、三三年一〇月には遅ればせながら織布工場の改修整備計画が決定し、早島工場の織機を岡山と万寿の二工場に集約する措置が講じられた。

倉紡は一九三〇年度下期以来、五期連続で続いた無配をようやく終えて、三三年度上期に五分配当を復活できた。ただし、社債と借入金が多く、固定資産と原料仕掛品も過多であるなど資産内容にはまだ多くの問題が残されていた。その改善のために孫三郎は、倉紡が所有する倉絹の株を二度にわたって売却し、また、前記の通り、業績好調であった三豊紡を合併した。特に倉絹株の売却によって一九三四年に倉紡は不良資産のすべてを清算できた。

孫三郎は、たびたびふれたように強気の設備投資を進める経営者であったが、昭和恐慌から脱出する頃には、満洲事変以来、軍服の素材として羊毛の需要が増加していることに着目し、一九三三〜三四年頃から大日本紡績、鐘紡、東洋紡といった巨大綿紡績企業が羊毛工業へ本格的に進出し始めていた事情も睨みながら、三四年七月の株主総会で倉紡と倉絹との共同出資による、将来の合併を前提とする紡毛会社の設立を公表した。

　翌一九三五年五月に資本金五〇〇万円の倉敷毛織株式会社が設立され、三重県津市の海岸埋立地に工場の建設が始められた。翌年一月に操業が開始されてまもない三月、予定通り合併されて倉紡津毛織工場となり、軍需工業が活況を呈していた当時、同工場も好成績を上げていった。一九三七年には創立五〇周年記念事業の一環として津梳毛工場の増設も計画され、翌年操業が始められた[123]。

　一九三三年に決定されて概算七〇〇万円が投じられた、既述の増設改修総合計画の結果、倉紡は、三五年末にはハイドラフト精紡機をはじめ新鋭設備を整えた五〇万錘規模の巨大企業となった[124]。しかしながら、孫三郎はその頃には日本綿業がすでに成熟期を迎え、生産技術面でも改良の余地がほとんどないまでに発達し、今後の発展が困難になってきたと認識していた。

　イギリス産業革命期以来、世界の綿布輸出市場はイギリス・ランカシャー地方の綿業の支配下に置かれていたが、一九三三年には綿布輸出量で日本がイギリスを凌駕し、世界貿易が世界大不況下で縮小を続ける中で、日本綿業の世界制覇は深刻な貿易摩擦問題を引き起こし、大日本紡績連合会の業界指導にも困難が生じがちになってきた。

　そうした矛盾をはらんだ「日本綿業の黄金時代」にあって孫三郎は、第二次世界大戦後に顕在化する綿業の衰退を見通す先見性を持っていたものと思える。そして、彼は、綿業よりもむしろ人絹や羊毛などの新分野に積極的に投資するようになった。

「人絹黄金時代」の倉絹

増産によるコスト低下を唯一の切り札として昭和恐慌前後の苦難を乗り切ろうとしてきた倉絹も、倉紡と同じく一九三一（昭和六）年末以降の為替下落による輸出急増を背景として待望の好況を迎えた。この間、日本の人絹産業は、人絹糸の輸出額が一九三〇年にまず輸入額を超えて、三二年には絹織物輸出額を上回り、当時、アメリカでの大不況の影響によって凋落し始めていた絹業に代わる有望な輸出産業となりつつあった。

倉絹は、景気回復と歩調を合わせて積極的な設備投資を実施し、一九三二年九月には社債四〇〇万円を起債して日産五トンの増設工事を行い、本社工場は日産一五トン規模になった。孫三郎は、一九三一年半ば頃には新工場の建設を計画しており、当時特定地域に大規模工場を集中していた通常の人絹メーカーからみれば異色であった「工場分散主義」を唱えて、日産一〇トン規模の新鋭工場の建設を目指したが、本社工場での排水問題がいまだに解決せず、県当局も反対したため、この構想はただちには実現しなかった。

しかし、ほどなく住友合資会社から、住友別子銅山及び住友化学工業の工場がある愛媛県新居浜町の湾岸埋立地への工場誘致の申し出を受け、倉絹側は積極的にこれに応じて一九三二年八月に、資本金一〇〇〇万円のうち住友側が二五パーセント、残りを倉絹が出資して、日本化学製糸株式会社が新設された。山内顕が社長、取締役には薬師寺主計、竜野昌之、高橋雄吉がそれぞれ就任し、孫三郎は相談役となった。

孫三郎は、当初住友財閥に倉絹が呑み込まれることを恐れていたが、倉紡の神社柳吉と中國銀行の中村純一郎が、住友の資本参加は大原家の事業を金融面でむしろ強化してくれるという観点から倉絹の判断を支持し、木村清四郎元日銀副総裁もそれに賛意を示したので、孫三郎も乗り気になった(125)。

人絹紡糸機七二台、日産九・二トン規模の工場が同年順調に建設される中で、孫三郎は前年三月に東大経済学部を卒業した嫡子總一郎を倉絹に一社員として入社させた。一九三三年一一月に操業を開始して期待以上の好成績を上げた日化製糸は、三四年三月に倉絹に吸収合併され、同社新居浜工場となった。

なお、一九三三年九月、倉絹は、それまで倉敷の本社工場で行なっていた本店事務業務を大阪出張所に移したが、これは日化製糸の設立を受けた事務業務の集中化であり、この際に大阪出張所は、大阪市東区今橋四丁目の三菱信託ビルに移された。また同年末に本社工場は倉敷工場と改称された。

全国的に「人絹黄金時代」と称された一九三二年末以降三五年半ば頃までの空前の繁栄期を倉絹は十二分に享受した。一九三三年九月には資本金一〇〇〇万円を倍額増資して二〇〇〇万円とすると発表し、大幅な増配(三三年度、普通一割二分、特別三割三分強、三四年上半期、普通・特別・合併記念とも三割）も実施した。

倉絹は一九三三年五月にスフの研究に着手し、八月に本社工場内に試験工場を建設し、翌三四年九月の完成を待って本格的研究に入った。スフとはstaple fiberの略称で、紡績用に短く切断した人絹の繊維に撚りをかけたものであり、第一次世界大戦期のドイツで開発され、綿糸や羊毛糸の代用品として一九三〇年頃からヨーロッパ各地で盛んに生産されるようになった。

1919年４月築の倉紡の大阪出張所（倉敷紡績株式会社所蔵）。

日本でも一九三三年日東紡績株式会社福島工場をパイオニアとして、三四年新興人絹（のち三菱レイヨン）、三五年大日本紡績と東邦人造織維（のち東邦レーヨン）と参入が相次いだ。一九三三年三月に日本が国際連盟を脱退して以降、経済自立、原料自給が国策となる中でスフは綿や羊毛の代替品として脚光を浴びるようになったのである。

一九三三年七月に孫三郎が、スフ生産用の新工場建設を公表したところ、各地から工場誘致の運動が起こり、最終的には愛媛県西条町での建設が決まった。倉絹の西条スフ工場は、まず八〇〇万円を投じて日産一五トンの工場の設置を進め、将来は日産三〇トン規模に拡張する予定であり、敷地も当初の七万九〇〇〇坪が一九三四年八月には一一万五〇〇〇坪に増やされたものの、品質面では確信が持たれず、採算や販売の面でも批判が出されたため、同工場の敷地造成が完成した三四年一一月に工事は中断された。西条工場と並行して、新居浜工場でもスフの生産が試みられ、一九三六年八月、人絹糸の休錘台を利用してスフ生産が開始された。

大原家との縁を深めることを希望していた岡山市も人絹工場の誘致に熱心であったので、薬師寺が孫三郎に進言した結果、倉絹がそれに応えたかたちとなり[126]、一九三四年九月に市との間に工場敷地一二万坪の買収計画が結ばれた。この工場は当初は高級人絹糸日産二〇トンの計画であったが、やがて三〇トンとされ、一九三五年五月には六〇トンへと短期間に大幅な増加をみたため、敷地も同年一二月には二〇万坪に拡張された。

岡山工場の地鎮祭は一九三五年六月になされ、西条工場の工場建設も同年再開されて、以後岡山工場と並行して工事が進められることになった。岡山工場は一九三五年一月にひとまず、倉絹が発起設立のかたちを採った別会社である中国レーヨン株式会社として、資本金二〇〇〇万円（払込五〇〇万円）、孫三郎を社長として設立された。当初から倉絹の工場としての合併が予定されていた同社は倉絹岡山工場となり、完成前の一九三六年八月より一部操業を開始した[127]。

一九三三年四月には、本社工場の機構改革の一環として研究課が新設された。それまで倉絹の研究領域は人絹糸に限られていたが、高付加価値化を目指して一般化学繊維にまで拡大され、アセテートや蛋白繊維も対象に加えられた。

一九三四年一〇月、研究課を工場から分離して研究所として独立させた。同研究所は、旧研究課の業務を継承し、一九三八年四月には戦後、倉絹の後身、倉敷レイヨンの基軸製品となるビニロンへつながる、カーバイドを原料とする合成繊維の研究に着手している。一九三五年に人絹相場は暴落し、倉絹も同年度上期には五分減配の二割配当を余儀なくされたが、業界の悲観的空気に対して、「人絹万能主義」[128]を唱えてやまなかった山内顕や、彼に引きずられていた孫三郎も次第に消極的となる中で、従来からくすぶっていた社内トップ間の確執が表面化し、山内が一一月に、常務取締役となっていた菊池寅七も翌年一一月に、相次いで倉絹を去った。

「国士的風格がある」[129]と孫三郎が評価していた山内は、型破りな経営者であった。すでにふれたように、一九三〇年に倉紡は日本興業銀行と六〇〇万円の長期融資契約を結ぶことによって金融危機から救われたが、それは山内と宝来興銀理事とが東大で同期であった事情によるところが大きい。山内は同じく東大卒業生の人脈を活用して川田順住友合資会社理事らと渡りをつけて、一九三二年に日本化学製糸の設立を実現した[130]。薬師寺は、この企業で大原家と住友財閥なかんずく住友銀行との融資関係ができたことが、後述の中國銀行の苦境を緩和する上で有益であったと高く評価している[131]。

しかし他方で山内は、一九三三〜三四年の人絹黄金時代には、「紡績はもはや潰れてしまう産業なのだから、倉紡は鐘紡に売り飛ばしてしまえ」と主張し、物議をかもした[132]。その頃、山内と孫三郎は「米国式に儲けた時は三割でも四割でも配当して、儲からぬやうになつたら無配に落とす方針を取るべきだ[133]」と主張していたともいう。山内は、スフや毛織への進出にも否定的であり、彼がいなければ倉絹はさらに発展できたかもしれないという意見もしばしば残されている[134]。その山内も、「経営妙味を失つた事業には居らぬ[135]」と豪語して、一九三四年三月に就任していた副社長職を翌年一一月に辞し、激務により健康を損ねた薬師寺も三六年八月、高橋雄吉に技術を任せて倉絹を退社した。

そして孫三郎は、倉絹の再興を期して、一九三四年三月に取締役を終えていた神社柳吉を三六年一二月、常務取締役に復帰させ、三七年六月には副社長に就任させた。神社は一九四一年一一月まで同職を務めた[136]。なお、一九三八年一二月に大原總一郎が常務取締役となり、三九年五月には社長に就任し、創立以来、社長を務めていた孫三郎は、相談役となった。

皮肉なことながら、「人絹黄金時代」が去ったあとの長引く人絹不況下で、倉絹の新鋭工場が次々と完成していった。西条人絹工場（人絹紡糸機四二台、日産五・九トン、一九三六年七月操業開始。以下同様）、西条スフ工場（一四・六トン、三七年四月）、岡山人絹工場（人絹紡糸機一〇八台、一五・一トン、三七年六月）、新居浜スフ工場（一三・四トン、三七年一一月）。製品安や原料パルプの不足や人絹連合会の第二次操短によって、新工場のフル稼働はできず収益率が低下したため、配当率も一九三六年度上期一割四分、同下期一割の減配を余儀なくされた。

一九三六年には二・二六事件が起こり、その後、軍国主義への道に大きく踏み出した政府は経済面に様々な制約を設けるようになり、人絹連合会は、その意向を受け入れて同年四月末に新設増錘一年間の加重操短を課した。この措置は、人絹各社中でも設備拡張を旺盛に進めてきた倉絹の西条、岡山両工場の開業には大打撃となった。

同じ一九三六年には日豪通商問題が深刻化し、五月にオーストラリア政府が日本製綿布に対して従価一〇〇～一四〇パーセントの禁止的高関税を課したのに対して、日本政府は六月以降オーストラリア産の羊毛の輸入を制限するようになった。

そのため羊毛代用品であるスフの重要度が高まった。倉絹はすでにふれたように一九三六～三七年に西条、新居浜の両工場にスフ工場を増設したが、三七年一一月には倉敷、岡山の両工場でスフの設備を設置し、倉絹のスフ生産は、規模、品質の両面で同業他社を凌ぐようになった。倉紡でも早島、[137]松山、岡山の各工場の綿紡機を改造してスフ糸の紡出を開始し、岡山工場ではスフ・モスリンの製織にも着手した。

最後に、創立一五周年にあたる一九四〇年の倉絹の全国的地位を確認しておこう。日本が一九三七年に人絹年間生産高・輸出高で世界第一位に達したことはよく知られているが、三年後においても世界最大の人絹（全世界生産量の三割。第二位はアメリカ）とスフ（同じく五割）の生産国であり、その中で倉絹の全国的地位は、人絹生産登録設備で第一位の帝人一二・一パーセントに次ぐ一一・八パーセント、スフでも東洋紡七パーセントをわずかに下回る第二位であった。短期間に同業者との激しい競争に打ち勝った倉絹の経営力・技術力は高く評価されるべきだろう。

倉紡の創立五〇年と在華紡の実現

一九三七（昭和一二）年三月に倉紡は創立五〇年を迎えた。資本金二〇〇〇万円。工場総数一三（うち綿糸布一一、毛織一、スフ一）、精紡機五二万七二二八錘、撚糸機四万八七〇八台、織機二一三〇台、紡毛機六四三〇錘、毛織機九〇台。紆余曲折を経ながらも過去半世紀間に孫三郎と従業員たちがつくり上げてきた同社の成長には驚くべきものがあった。

このイベントのシンボルとして孫三郎は、倉紡ではすでにふれた津梳毛工場増設のほか、愛媛県温泉郡北條町に理想工場、そして中国華北地方の天津に新工場をそれぞれ新設する計画を立てた。ハイドラフトや自動織機を備えた最新鋭の北條工場は一九三八年九月に竣工したが、それに加えて、孫三郎が関東大震災で断念した在華紡の経営が戦時下に至ってようやく実現した。

凍結していた天津工場の建設構想は、梅津・何應欽協定が一九三五年に締結されて以来、日本軍の華北分離工作が進み、鐘紡をはじめ紡績各社が、同地の棉花に関心を深めていくが、倉紡もその例外ではなく、三六年四月以来、慎重に検討を重ねた結果、日本国内で進んできた紡績操短強化を回避する目的もあって、三七年六月には、大阪機械工作所に精紡機四万六四五六錘、遠州織機に四四インチ幅阪本式自動織機一〇五〇台の発注を済ませ、資本金一〇〇〇万円の現地子会社中興紡績株式会社の設立を、孫三郎、林桂二郎ほか一名の代表取締役から在天津日本総領事館に提出した。翌月にその許可はおりたものの、七月七日に勃発した日中戦争によって、この話は一九三八年六月、政府によって中止させられた(138)。

しかしながら、一九三九年に倉紡は、それに代わって上海の日華紡織株式会社を傘下に収めることができた。同社は、第一次世界大戦中の一九一八（大正七）年に日本綿花社長の喜多又蔵及び富士瓦斯紡績社長の和田豊治らが資本金一〇〇〇万円で設立し、一九四二（昭和一七）年頃、上海を中心に四工場（精紡機二二万四六四〇錘、力織機一四九三台）を擁し、内外綿（精紡機五四万五五六四錘、力織機七二六四台）や東洋紡系の裕豊紡績株式会社（精紡機二九万三七八四錘、力織機五〇二八台）に続く規模を誇っていたが、天津進出に挫折した三八年から翌年にかけて「倉敷紡績が在支紡績の活況に鑑み、ひそかに日華紡に着目し、その株式の買集めにかゝり、遂に総株数の過半数を獲得するに至り、資本的実権を握ってしまった」。一九三九年一二月に日華紡織社長は田邊輝雄から倉紡常務取締役を兼任する林桂二郎に代わった。また、遅くとも一九四二年頃までに、倉紡は以前から建設が問題となっていた青島にも紡機三万三〇〇〇錘、織機一〇〇〇台の工場を持っていた[139]。

倉紡がこのように発展を再開した中で孫三郎は、一

創立50年を記念する式典で挨拶をする孫三郎社長（枚方工場にて。倉敷紡績株式会社所蔵）。

九三六年三月に狭心症の発作で倒れたのち、体調不良が続き、外遊から帰国した直後の嗣子總一郎を、三八年一二月に倉絹の常務取締役、翌三九年一月には倉紡の取締役に任じた。その上で、孫三郎は三九年五月に両社の取締役社長を辞任し、後任社長には倉紡では神社柳吉が、倉絹では總一郎がそれぞれ就任して、孫三郎は両社の相談役となった。

その後、孫三郎は両社の経営には口をはさまなかった。ただ、国策により一九四〇年末に綿紡績企業が五〇万錘単位で整備統合しなければならなくなった際、神社社長が、倉紡の規模の半ばにも達さない新設の国光紡績（一九一二年創立の旧長崎紡織が前身）と対等合併し、倉敷紡績の社名を残すことにもこだわらない方針を出した際には、強く反対した。その結果、神社は社長を辞任し、取締役であった總一郎が同職を継ぐことになった。翌一九四一年六月、両社は合併し、資本金五七〇〇万円、精紡機台数約八〇万錘の新会社が成立したが、倉敷紡績の名は残された。

（1）この段落については以下を参照。高村直助［一九七一］、『日本紡績業史序説』上・下巻（塙書房）。阿部武司［一九九〇］、「綿工業」西川俊作・阿部武司編『日本経済史第四巻・産業化の時代』上巻（岩波書店）第二章（三）。

（2）倉敷紡績株式会社［一九五三］、『回顧六十五年』（同社）九五ページ。

（3）倉紡社長就任後、孫三郎は、倉敷日曜講演を林源十郎に、倉敷商業補習学校を板谷節太郎にそれぞれ一任して、経営活動に専念していった。

（4）前掲『回顧六十五年』九八ページ。

(5) 大原孫三郎傳刊行会編［一九八三］、『大原孫三郎傳』（同会）三一六ページ。

(6) 倉敷紡績株式会社［一九八八］、『倉敷紡績百年史』（同社）七〇ページ。前掲『大原孫三郎傳』三一五ページでは、孫三郎自身が一九〇六年に入社したと語った旨が記されている。

(7) 前掲『回顧六十五年』八四ページ及び巻末の「各期末決算要項一覧表」。東京大学社会科学研究所編［一九七〇］、『倉敷紡績の資本蓄積と大原家の土地所有・第一部』（同所）一二ページ。

(8) 大津寄勝典［二〇〇四］、『大原孫三郎の経営展開と社会貢献』（日本図書センター）八九ページ。同書によれば、原田は岡山県出身で、東京遊学中の孫三郎の世話をした。高田商会はクルップ社の代理店であった。

(9) クルップ社に関する最新の研究書として次の文献がある。田中洋子［二〇〇一］、『ドイツ企業社会の形成と変容―クルップ社における労働・生活・統治―』（ミネルヴァ書房）。

(10) 武藤山治［一九三四］、「私の身の上話」『武藤山治全集』第一巻（新樹社）一五一～一五三ページ。同全集は一九六三年刊。

(11) Kuznets, Simon［1955］, 'Economic Growth and Income Inequality', *American Economic Review*, vol.45, No.1. なお「逆U字仮説」という言葉はこの論文には記されていない。

(12) 安場保吉［二〇〇五］、「産業革命の時代の日本の実質賃金―比較経済史的アプローチ―」社会経済史学会編『社会経済史学』第七〇巻第一号（同会）。産業革命期のイギリス綿業でもすでにふれたオーウェンのような開明的資本家が工場法成立運動を推進し、労働者の悲惨な状況の改善を図っていた。戸塚秀夫［一九六六］、『イギリス工場法成立史論―社会政策論の歴史的再構成―』（未来社）を参照。

(13) 兼田麗子［二〇一二］、『大原孫三郎―善意と戦略の経営者―』（中公新書）四一ページ。

(14) 前掲『大原孫三郎の経営展開と社会貢献』五四ページ。

(15) 前掲『回顧六十五年』一〇一～一〇三ページ。

(16) 前掲『大原孫三郎傳』三一五ページ。

(17)西沢保［一九九八］、「大正期の労使関係思想―武藤山治（鐘淵紡績）と大原孫三郎（倉敷紡績）―」伊丹敬之・加護野忠男・宮本又郎・米倉誠一郎編『日本的経営の生成と発展』（有斐閣）二〇八ページ。前掲『回顧六十五年』二七四ページも参照。

(18)前掲『倉敷紡績の資本蓄積と大原家の土地所有・第一部』八ページ。

(19)東洋紡績株式会社関桂三氏追懐録刊行会編［一九六五］、『関桂三氏追懐録』（同社）。

(20)「柿原得一稿」『大原孫三郎伝執筆資料』（大原家文書）No.8-2-38。

(21)前掲『回顧六十五年』一三〇ページ。本書第二部も参照。

(22)倉紡や倉絹の寄宿舎と社宅に関して詳しくは、中野茂夫・平井直樹・藤谷陽悦［二〇一二］、「倉敷紡績株式会社の寄宿舎・職工社宅の推移と大原孫三郎の住宅政策―近代日本における紡績業の労働者住宅―」日本建築学会編『日本建築学会計画系論文集』第七六巻第六五九号（同会）を参照。

(23)桑原哲也［二〇〇三］、「武藤山治と大原孫三郎―紡績業の発展と労務管理の革新―」佐々木聡編『日本の企業家群像II―革新と社会貢献―』（丸善）二三～二四ページ。

(24)前掲『倉敷紡績の資本蓄積と大原家の土地所有・第一部』一八ページ。

(25)同前一九～二一ページに収録されている小松繁太「通勤部拡張ニ関スル意見書」（一九〇九年一二月四日）。

(26)大津寄勝典氏のご教示による。

(27)前掲『回顧六十五年』二六五～二六六ページ。倉紡共存組合は健康保険法の施行に伴い、一九二六年末に解散し、代わって従業員の福利増進を目的とする倉紡交友会が発足。なお、当時、大企業に普及していった工場委員会制度を倉紡は採用しなかった（同二六六～二六七ページ）。

(28)前掲『大原孫三郎の経営展開と社会貢献』五五ページ。

(29)同前三一、四〇ページ。前掲『回顧六十五年』一一七ページ。

(30)一八八一年創立、翌年開業のミュール精紡機二〇〇〇錘紡を備えた玉島紡績所が第一次企業勃興期にリング精紡機を導入して一万錘規模を超える玉島紡績会社に成長。この企業を坂本が一八九九年に買収（前掲『大原孫三郎の経営展開と社会貢献』四一ページ）。
（31）同前四三ページ。
（32）大原家文書による。
（33）前掲『大原孫三郎の経営展開と社会貢献』一五三ページ。南亮進［一九七六］、『動力革命と技術進歩──戦前期製造業の分析──』（東洋経済新報社）も参照。
（34）当初、国産棉のほか内外綿会社から購入した中国棉が使用されていたが、国産棉は一八九七年を最後に使われなくなり、九六年にはインド棉の購入量が中国棉のそれを凌ぐようになった（前掲『倉敷紡績の資本蓄積と大原家の土地所有・第一部』三三ページ）。
（35）前掲『回顧六十五年』一五五～一五九ページ。
（36）同前一五八～一五九ページ。
（37）同前一九六～一九九ページ。前掲『倉敷紡績の資本蓄積と大原家の土地所有・第一部』二四ページ。
（38）前掲「倉敷紡績株式会社の寄宿舎・職工社宅の推移と大原孫三郎の住宅政策」。
（39）ジャネット・ハンター著、阿部武司・谷本雅之監訳［二〇〇八］、『日本の工業化と女性労働──戦前期の繊維産業──』（有斐閣）。
（40）前掲『回顧六十五年』二一三～二一四ページ。
（41）この段落の記述は、以下による。前掲『回顧六十五年』二一三～二一六ページ。前掲『大原孫三郎の経営展開と社会貢献』六〇～六二ページ。
（42）同前『回顧六十五年』一七一ページ。
（43）大津寄勝典氏のご教示による。
（44）同前。神立春樹［二〇〇〇］、『近代藺莚業の展開』（御茶の水書房）第六章。

(45) 前掲『回顧六十五年』一八二～一八三ページ。ただし、同書一八三ページによれば、工場建設費は当初予定を上回り、一九一九年一月、資本金一二〇万円へと倍額増資がなされた。
(46) 橋本寿朗［一九八四］、『大恐慌期の日本資本主義』（東京大学出版会）五二～五四ページ。
(47) 阿部武司［一九八九］、『日本における産地綿織物業の展開』（東京大学出版会）第一章。
(48) 大津寄勝典氏のご教示による。
(49) 前掲『回顧六十五年』一八九～一九三、三〇四～三〇八ページ。一九三二年一月に岡山工場と改称。
(50) 大津寄勝典氏のご教示による。
(51) 前掲『回顧六十五年』一九九～二〇八ページ。
(52) 大津寄勝典氏のご教示による。
(53) 大津寄勝典氏のご教示による。
(54) Farnie, Douglas A. and Shin'ichi Yonekawa［1988］, 'The Emergence of the Large Firm in the Cotton Spinning Industries of the World, 1883-1938', *Textile History*, vol.19, no.2.
(55) 前掲「武藤山治と大原孫三郎」二五ページ。
(56) 阿部武司［二〇〇六］、『近代大阪経済史』（大阪大学出版会）第九章。
(57) 前掲『倉敷紡績の資本蓄積と大原家の土地所有・第一部』一一一ページ。
(58) この間に早島紡績と岡山染織整理の二社が倉紡に合併されたことはすでに述べたが、そのほか一九二一年一月には倉敷織布株式会社の設備が倉紡に買収された。
(59) 中村隆英［一九七一］、『戦前期日本経済成長の分析』（岩波書店）。
(60) 中野茂夫［二〇〇九］、『企業城下町の都市計画―野田・倉敷・日立の企業戦略―』（筑波大学出版会）第II部参照。
(61) 水島博氏のご教示による。

(62) 前掲『企業城下町の都市計画―野田・倉敷・日立の企業戦略―』一五〇ページ。
(63) 同前一五一ページ。
(64) 同前一五二ページ。
(65) 前掲『回顧六十五年』三七五〜三七六ページ。
(66) 大津寄勝典氏のご教示による。
(67) 同前。
(68) 前掲『回顧六十五年』二九四ページ。本店実験所用の紡機はその後、三豊紡績観音寺工場での使用に変更された(同二五九ページ)。
(69) 同前二九四〜二九五ページ。
(70) 以下を参照。高村直助［一九八二］、『近代日本綿業と中国』(東京大学出版会)。桑原哲也［一九九〇］、『企業国際化の史的分析―戦前期日本紡績企業の中国投資―』(森山書店)。久保亨［二〇〇五］、『戦間期中国の綿業と企業経営』(汲古書院)。
(71) 例えば、前掲『企業国際化の史的分析―戦前期日本紡績企業の中国投資―』二五七ページ。
(72) 前掲『近代日本綿業と中国』。
(73) 前掲『倉敷紡績の資本蓄積と大原家の土地所有・第一部』三五〜三八、五一〜五三ページ。
(74) 山崎広明・阿部武司［二〇一二］、『織物からアパレルへ―備後織物業と佐々木商店―』(大阪大学出版会)第一部第一章。
(75) 二年後に池田は死去した。
(76) 大津寄勝典氏のご教示による。
(77) 前掲『回顧六十五年』四五八〜四六一ページ。
(78) 阿部武司［一九九五］、「綿業―戦間期における紡績企業の動向を中心に―」武田晴人編『日本産業発展のダイナミズム』（東京大学出版会）。
(79) 前掲『回顧六十五年』四二七〜四二八ページ。
(80) 同前二五三〜二六〇ページ。試験室は一九三二年七月に移転した大阪本店事務室に移動され、三六年五月末に閉鎖（同四二九、四八〇ページ）。
(81) 同前四〇八〜四一〇ページ。
(82) 同前四〇八、四三〇ページ。
(83) ただし、高松工場と同様に、一九三五年に倉絹型集合式寄宿舎が建てられた（前掲「倉敷紡績株式会社の寄宿舎・職工社宅の推移と大原孫三郎の住宅政策」二〇〇ページ）。
(84) 前掲『回顧六十五年』三五七〜三六六、四三九〜四四二ページ。そのほか岡山県和気郡日生《ひなせ》町から紡績工場の誘致があり、孫三郎も積極的に対応したものの、出資比率をめぐり町と会社の意見が合わない中で、一九二七年金融恐慌が起こり、倉紡の子会社の設立は中止となった。
(85) 倉絹の沿革については以下を参照。前掲『大原孫三郎の経営展開と社会貢献』第六章。矢野勝編［一九四〇］、『創立拾五年記念　倉敷絹織株式会社沿革史抄』（倉敷絹織株式会社大阪出張所）。「クラレ物語（一）〜（一〇）」『クラレ時報』第一六巻第三号〜第一二号（倉敷レイヨン株式会社、一九六七年）。山崎広明［一九七五］、『日本化繊産業発達史論』（東京大学出版会）。株式会社クラレ［二〇〇六］、『創新―クラレ80年の軌跡　1926―2006』（同社）。株式会社クラレ［二〇一六］、『続創新―クラレ90年の軌跡　1926―2016』（同社）。
(86) 前掲『日本化繊産業発達史論』一四五〜一八一ページ。
(87) 「一九五五年一一月七日　薬師寺主計氏談」前掲『大原孫三郎伝執筆資料』No.29-54。
(88) 「倉絹　神社柳吉談」同前No.11-34。
(89) 同前。

(90)「一九五五年一一月七日　薬師寺主計氏談」同前No.29-54。
(91)前掲『大原孫三郎伝執筆資料』に含まれている倉絹の沿革に関するガリ版刷の内部資料。
(92)大原孫三郎［一九四〇］、「倉絹十三年の回顧」『倉絹産業報国会職員連絡月報』第一二号四〜五ページ。
(93)「神社柳吉・林桂二郎談」前掲『大原孫三郎伝執筆資料』No.11-38。
(94)同前。
(95)「一九五七年三月三一日　薬師寺主計氏談」同前『大原孫三郎伝執筆資料』No.30-34。
(96)前掲『創立拾五年記念　倉敷絹織株式会社沿革史抄』。
(97)「薬師寺主計氏談話筆記　一九五〇年一二月一二日」前掲『大原孫三郎伝執筆資料』No.24-43。
(98)前掲「クラレ物語（三）」一〇ページ。
(99)「薬師寺主計氏談話筆記　一九五〇年一二月一二日」前掲『大原孫三郎伝執筆資料』No.24-43。
(100)同前。
(101)倉絹の技術進歩の実態に関しては次の文献を参照。平野恭平［二〇一四］、「戦間期日本企業の研究開発能力の構築—レーヨン工業を中心として—」神戸大学経済経営学会編『国民経済雑誌』第二〇九巻第二号（同会）。
(102)前掲『創立拾五年記念　倉敷絹織株式会社沿革史抄』。
(103)前掲『回顧六十五年』二四一ページにある開院式での孫三郎の発言。
(104)犬飼亀三郎［一九七三］、『大原孫三郎父子と原澄治』（倉敷新聞社）七八〜八〇ページ。
(105)倉紡の一職員が一九二〇年代半ばに整理した、倉紡岡山北方工場関連書類の草稿集より（本資料は草稿であるため、誤字はいちいち注記せず、訂正した）。なおこれ以降、各資料からの引用文には句読点等を適宜補った。
(106)石井寛治［二〇〇一］、「近江銀行の救済と破綻」石井寛治・杉山和雄編『金融危機と地方銀行—戦間期の分析』第一七章（東京大学出版会）。日本銀行調査局［一九六九］、『日本金融史資料　昭和編』第二四巻四三五～四三六ページに収録された日本銀行調査局［一九二九］、「近江銀行ノ破綻原因及其整理」。

(107) 前掲『大恐慌期の日本資本主義』。中村隆英［一九九四］、『昭和恐慌と経済政策』（講談社学術文庫）。

(108) 三和良一［二〇〇三］、『戦間期日本の経済政策史的研究』（東京大学出版会）第七章。同章「金解禁政策決定過程における利害意識」によれば、紡績経営者の態度は一般に、金解禁以前には旧平価解禁がもたらす円高効果により原棉を低廉に入手できるようになることを期待して浜口や井上を支持していたが、金解禁後に不況が深刻化する中で、彼らを批判する方向へと変化していった。

(109) 前掲『回顧六十五年』四一九～四二二ページ。

(110) 前掲『日本における産地綿織物業の展開』。

(111) 同前第五章及び補論三。前掲『回顧六十五年』四三四ページ。

(112) 同前『回顧六十五年』四三四ページ。

(113) 前掲『日本における産地綿織物業の展開』二六〇～二六七ページ。

(114) 前掲『回顧六十五年』四三四ページ。

(115) 元帯谷織布株式会社社長、帯谷正次郎氏のご教示による。

(116) 大津寄勝典氏のご教示による。

(117) 中沢米太郎編［一九五六］、『泉州産業界の人々―その手腕と商魂―』第一巻八三ページ。

(118) 前掲『回顧六十五年』四五八～四五九ページ。

(119) 「新紡」「新々紡」に関しては下記の文献を参照。米川伸一［一九九一］、「綿紡績」米川伸一・下川浩一・山崎広明編『戦後日本経営史』第一巻（東洋経済新報社）。Takeshi Abe [2005], 'The Restructuring of Cotton Spinning Companies in Postwar Japan' *Discussion Papers in Economics and Business 05-19*, Graduate School of Economics and Osaka School of Public Policy (OSIPP), Osaka University.

(120) 脇村春夫［二〇〇一］、「久保惣（株式会社）―久保惣美術館に至る久保家五代の経営者の足跡―」大阪大学経済学会編『大阪大学経済学』第五一巻第二号（同会）。
(121) 前掲『回顧六十五年』四〇三、四四九～四六六ページ。
(122) 同前四三一～四三二ページ。
(123) この段落につき詳しくは、前掲『大原孫三郎の経営展開と社会貢献』第一部第七章を参照。大津寄が倉紡技術者の原田昌平の活動に着目しているのは秀逸である（同前二二〇ページ）。
(124) 前掲『回顧六十五年』四六六～四六七ページ。
(125) 「薬師寺主計氏談話筆記　一九五〇年一二月一二日」前掲『大原孫三郎伝執筆資料』No.24‐43。
(126) 「一九五七年三月三一日　薬師寺主計氏談」同前No.30‐34。
(127) 「倉敷絹織会社の発展と倉紡及び大原氏との関係」同前No.31‐16。前掲クラレ『創新』一二ページ。
(128) 前掲『大原孫三郎伝執筆資料』No.11‐38。
(129) 「一九五三年一〇月二八日 林桂二郎氏訪問談話筆記」同前No.24‐5。
(130) 「一九五七年三月三一日　薬師寺主計氏談」同前No.30‐34。
(131) 同前。
(132) 同前No.11‐38。
(133) 「一九五四年二月一二日　神社柳吉氏談」同前No.25‐09。
(134) 同前No.11‐38及びNo.24‐5。
(135) 「神社柳吉氏談話筆記」同前No.24‐07。
(136) 「倉敷絹織会社の発展と倉紡及び大原氏との関係」同前No.31‐16。
(137) 早島工場では一九二〇年代後半に他工場に先駆けて精紡機のハイドラフト化や織機の自動化が進められたにもかかわらず、その後は枚方工場と並んで業績不良に悩まされ、一九三四年三月以来同工場は閉鎖されていたが、三六年四月にスフ糸紡出のために再開された（前掲『回顧六十五年』三一六〜三一八、四七九ページ）。

（138）同前五〇〇〜五〇一、五〇九〜五一六ページ。

（139）中外産業調査会編（松下伝吉執筆）［一九四二］、『人的事業大系・繊維工業篇』（同会）一一九〜一二〇、一二四、一九五〜二〇〇ページ。引用文は一九五ページより。安達春洋［一九三八］、『大原孫三郎氏等の日華紡横奪の陰謀が果して成功するか？』（早稲田大学中央図書館所蔵）は、一九三八年七月頃から倉紡が日華紡の株の買い占めを進めていると述べている。前掲『回顧六十五年』五二三〜五二五ページも参照。

III　地域創生に向けて——銀行・電力・新聞社の経営

模範的な地方銀行合同——倉敷銀行から第一合同銀行へ

孫三郎は、前章で詳述した紡績・絹織業を基軸としながらも、岡山県を中心に銀行・電力・新聞事業という多角的な経営を展開していった。当時、地方名望家と呼ばれる名家が、各地でそうした事業に取り組むことはしばしばみられたが、孫三郎は、類いまれな近代的経営能力と旺盛な事業意欲を発揮していった。前章でみたように、一九二七（昭和二）年の金融恐慌以降の不況は、順調に進んでいた銀行・電力・新聞社の経営の展開も妨げてしまったため、それらの事業への孫三郎の貢献は忘れられがちではあるものの、中国銀行、中国電力、山陽新聞社は今日でも中国地方の経済発展に大きく寄与している。

孫三郎が、第一次世界大戦以降、倉紡や倉絹の工場・寄宿舎・社宅などの建物を道路で結び、さらには倉敷の街並みをつくっていったことも前章で述べたが、それも併せて、近年の日本の一つの課題となっている「地域創生」に戦前から積極的に取り組んでいた点からも孫三郎の活動は、再評価されるに値しよう。

倉紡社長に就任した一九〇六（明治三九）年に孫三郎は同じく父孝四郎の後継者として倉銀の頭取に就任した。

同行の資本金は二〇万円にすぎず、孫三郎自身が、「金利を稼いでボツ〳〵高利貸をやる風な銀行業」[1]は、自分の性に合わない旨を語り、当初は旧態然とした経営を続けていたが、第一次世界大戦期に倉紡が設備拡張を繰り広げるようになると、それまで倉紡の所要資金を三井銀行などの都市銀行から調達してきた孫三郎も、資金調達の問題に当面するようになった。

岡山県下において大原家をはじめ各地の素封家を中心に設立された銀行が乱立する中で、孫三郎は一九一七（大正六）年末に諸銀行の合併を開始した。まず、一二月に倉銀の資本金二〇万円を一〇〇万円に増資した上で、翌年、岡山の撫川《なつかわ》銀行及び早島の中備銀行の合併を図った。撫川銀行は一九一八年八月に合併され、それとともに倉銀は資本金二〇〇万円となった。

ただし、中備銀行の合併はこの時には実現せず、戦時期の一九四〇（昭和一五）年に岡山県下唯一の普通銀行として残っていた同行を、倉銀（さらにいえば後述の第一合同銀行）の後身である中國銀行が吸収して、同県の一県一行体制が完成することになった。[2]

第一次世界大戦が一九一八（大正七）年一一月に休戦となったのち、しばらく景気は沈静していたものの、翌年春以降、大戦中を上回る投機的な、いわゆる戦後ブームが始まった。この頃から大蔵省が推奨するようになっていた府県レベルの銀行合同奨励策[3]に孫三郎は積極的に応じた[4]。それには笠井信一岡山県知事[5]の斡旋もあったが、倉敷に近い岡山県小田郡矢掛の出身で大原奨学会評議員でもあった日本銀行副総裁木村清四郎（一八六一～一九三四）の指導によるところも大きかった。慶應義塾で学び、入社した商況社で『中外商業新報』（現『日本経済新聞』）の主幹となった木村は、岩崎弥之助日銀総裁の勧誘によって一八九七（明治三〇）年日銀に入り、営業局長、理事を経て一九一九（大正八）年に副総裁に就任して、二六年まで同職にあった。

木村は銀行家として卓越した力量を持ち、しばしば総裁候補となり、また事実上の総裁ともいわれた。一九二二年四月の日銀岡山支店開設も木村が誘致を推進した結果だという。一九二七（昭和二）年には貴族院議員に就任した[6]。

木村の実力を示すエピソードを挙げておこう[7]。第一次世界大戦末期の一九一九（大正八）年六月、アメリカが大戦により停止されていた金の輸出を解禁した当時、正貨が潤沢で、円為替相場も高いなど良好な日本経済の状況を考慮し、アメリカに続き日本も金解禁を断行して金本位制に戻り、物価を引き下げ、入超を防ぎ、大戦で膨張した経済の再建に踏み切るべきだと進言した。しかしながら、当時はともに積極政策を続けていた高橋是清大蔵大臣と井上準之助日銀総裁は、情勢不安定ゆえ万一の事態に備えて正貨を保有しておくべきだとして、それを退けた。

私たちは、井上が、大戦好況期に好景気をあおったにもかかわらず、浜口内閣の大蔵大臣として、世界恐慌の最中の一九三〇年一月に金解禁を実施し、不況の被害を拡大した、というその後の展開を知っている。それらを振り返れば、木村の進言は有益であったように思われる。

一九一九年二月には笠井信一（一九一四〜一九）岡山県知事の斡旋により、県下各銀行の首脳が一堂に会して合同問題を協議した結果、鴨方倉庫銀行（高戸郁三。以下括弧内は代表者）、倉銀（大原孫三郎）、倉敷商業銀行（尾崎生三）、日笠銀行（日笠祐太郎）、茶屋町銀行（中村純一郎）、天満屋銀行（伊原木藻平）、玉島銀行（小野暎太郎）の七行が合同に賛同した。三月に知事は七行の首脳を招集して新銀行の設立委員長には孫三郎が選ばれた。

新銀行の設立過程で玉島銀行は脱落したが、六月、倉銀を筆頭に六行が新設銀行の計一三万株を旧株と交換した(8)。こうして孫三郎の主導のもとで一九一九年九月三〇日、第一合同銀行の創立大会が開催され、孫三郎が頭取に就任した。岡山県下初の銀行大合同であった(9)。本店を岡山市下之町に置き、支店数一三、資本金六五〇万円の第一合同銀行は、翌一〇月一日開業した。

田中生夫によれば、第一合同銀行の成立の背後には、笠井や木村の支援もさることながら、当時の県下では一八七七（明治一〇）年に設立された第二国立銀行を起源とする老舗の二十二銀行がすでに安田銀行の傘下に入っており、一九二三（大正一二）年には安田銀行岡山支店になった。

また、大阪市に本店を持つ加島、鴻池、山口の三銀行の岡山支店も、県内の銀行をすでに支配していた。第一次世界大戦期の倉紡の展開が示唆するように、当時、地方企業家の域を脱しつつあった孫三郎は、倉銀を中核とした岡山県のための新銀行の創出を目指したのである。[10]

一九一七年一二月、義兄の石井貞之助が頭取を務めていた福山貯蓄銀行が破綻した際、救済を求められた孫三郎はみずからその頭取となるとともに、石井家同族の政治家守屋松之助を常務取締役に任じて善後措置を命じ、倉銀がその債権・債務一切を無条件で引き受けることで翌一八年九月に業務を再建させた。その後、孫三郎は、貯蓄銀行の合同も目指し、倉銀の貯蓄部を独立させ、それに福山貯蓄銀行を合併して、一九一九年六月に合同貯蓄銀行を設立し、頭取に就任した。さらに同年一一月には第一合同銀行となった旧銀行の貯蓄部をこの合同貯蓄銀行に合併して増資し、資本金五〇万円にし、守屋を取締役に就任させた。一九二〇年二月には二十二貯蓄銀行を合併し、資本金一〇〇万円となった。[11]

一九二〇年代における第一合同銀行

一九二〇（大正九）年三月の恐慌以降、不況が長期化する中で第一合同銀行は、図表3が示すように岡山県下の多数の弱小銀行を吸収合併していった。その際、合併や不良債権や債務の整理は、常務取締役日笠祐太郎と営業部長大原五一が行い、弁護士の資格を持つ前県会副議長の榎昌も、営業部長として入社して法律問題の処理にあたった。

他方、岡山県下の二人の素封家が所有する二銀行、すなわち苫田郡田邑村《たのむらそん》（現津山市）の土居通博（一八六八〜一九三九）[12]が経営する苫田郡津山町（現津山市）の株式会社作備銀行（一九二三年、日本銀行、岡山県、及び津山出身の大蔵省主税局長・黒田英雄らの要請を受けて、土居家が所有する株式会社土居銀行が中核となり、津山中央、久世、加茂、武藤、勝間田の五行を合併して設立）と、苅田善治郎を頭取とする同じく津山町の株式会社津山銀行（一八七九年に県下初の私立銀行として設立）が有力であったが、両行は土居家の主導で一九二四年に合同して資本金一二〇〇万円で県北に五五店舗を持つ株式会社山陽銀行を新設し、土居が頭取に就任した[13]。

山陽銀行は、第一合同銀行の勢いには及ばないものの、弱小銀行を以下のように合併吸収していった。一九二四年に阿哲銀行（阿哲郡新見町）、二六年に足守銀行（吉備郡足守町）、桑田銀行

図表３　第一合同銀行が吸収合併した銀行

年	銀行（所在地）
1920	甕江銀行（玉島）、庭瀬銀行（庭瀬）、八十六銀行（高梁）
1922	妹尾銀行（津山）、高信銀行（勝山）
1923	高梁銀行（高梁）、東児銀行（児島）、下道銀行（矢掛）、成羽銀行（成羽）、玉島銀行（玉島）
1924	総社銀行（総社）、和気銀行（和気）
1925	坂出銀行（香川県坂出）
1926	西原銀行（広島県尾道）、山陽商業銀行（岡山）
1927	福山銀行（広島県福山）、姫路倉庫銀行（兵庫県姫路）、小田銀行（小田）、松永実業銀行（広島市松永）
1928	加島銀行（大阪府大阪）の岡山県下４支店、西江原銀行（井原）

［出典］中國銀行行務研究会編［1940］、『中國銀行十年史』25ページ。大原孫三郎傳刊行会編［1983］、『大原孫三郎傳』225 ～ 226ページ。
（注）（　）内に府県名が示されていない所在地は、すべて岡山県下。

(広島県深安郡福山町)、鞆銀行(広島県沼隈郡鞆町)、二七(昭和二)年には丸亀銀行(香川県丸亀市)、琴平銀行(香川県仲多度郡琴平町)、そして二八年に古町銀行(英田《あいだ》郡大原町)、倉敷大橋銀行(倉敷)がその対象となった。こうして世界大戦後の長期不況下で岡山県下の地方銀行は大原系の第一合同銀行と土居系の山陽銀行に二分されるに至った。

他方、合同貯蓄銀行では一九二三(大正一二)年に孫三郎が、伊原木藻平に頭取を譲り、取締役として彼を補佐することになった。同行は同年に高梁八十六銀行貯蓄部と下道貯蓄銀行を、一九二六年には岡山貯蓄銀行と真庭貯蓄銀行を、それぞれ合併した。なお一九二六年に頭取は小野暎太郎に代わった。しかしこの場合にも、土居通博が頭取を務める吉備貯蓄銀行が合同貯蓄銀行のライバルとして残った。

ところで、一九二三年一月に信託業法が施行された約二年後に、孫三郎は中国信託株式会社の新設を申請したものの、土居系も山陽信託株式会社の設立を申請し、決着が容易につかなかったが、二六年八月に佐上信一岡山県知事や木村元日銀副総裁の調停により、山陽信託系の苅田善次郎と安黒一枝を役員とすることを条件に、中国信託の新設は内認可を得た。同年一二月に同社は資本金五〇〇万円で設立され、会長には孫三郎、社長には原澄治が就任した。

一週間しかなかった昭和元年の翌年、つまり一九二七(昭和二)年の三〜四月には金融恐慌が日本経済を揺るがせた。この恐慌は岡山県では案外穏やかに進み、第一合同銀行と合同貯蓄銀行も四月半ばに連日ゆっくりとした預金の引き出しが続くにとどまっていたところ、孫三郎が取締役を務め、両行ともに提携していた近江銀行が四月一八日に休業した。同行は、大阪に本店を持ち、一八九四(明治二七)年の創業以来、関西の繊維関連企業との取り引きで著名だったが、近江銀行休業の翌日、第一合同銀行が取り付けに見舞われた。

孫三郎は、第一合同銀行設立に備えて一九一九(大正八)年に倉紡の若手職員の大原五一を倉銀に転勤させた上で、大阪の近江銀行に派遣して一年間、銀行実務を学ばせたりしていたが[14]、孫三郎が倉紡を経営していた事情もあって近江銀行への第一合同銀行の依存は、次第に深みにはまっていったものとみられる[15]。第一合同銀行は、四月二一日に預金支払いを停止し、翌日、成立後間もない田中義一政友会内閣の高橋是清大蔵大臣により三週間、全国銀行の支払猶予令が発せられて、恐慌はようやく沈静化した。しかし、孫三郎の苦難はさらに続き、一二月に近江銀行預金者擁護団が孫三郎に同行重役として私財を提供せよと求め、彼はそれに応えて大阪での活動のために有していた上本町の別邸を手放すことになった。その際、三土忠造蔵相と井上準之助日銀総裁に、この私財供出により孫三郎の近江銀行に対する責任は解除され、第一合同銀行に累が及ばないよう陳情したところ、承認された。こうして、孫三郎と近江銀行との関係は清算され、第一合同銀行の経営もようやく安定した。

金融恐慌後、孫三郎は以前から考えていた第一合同銀行と山陽銀行の合併を、中村純一郎第一合同銀行常務や中国信託の役員就任以来懇意となった安黒一枝とともに図り、大蔵省も両行の合併を指示したものの、すぐには実現しなかった。しかし、第一合同銀行の経営は苦しく、一九二九（昭和四）年に業績が悪化した倉紡に対して五〇〇万円の短期資金の返済を求めた。
大津寄勝典によれば、一九三〇年九月末における第一合同銀行の総貸付金に占める倉紡の借入金は一〇・三パーセントに上っていたという。[16] この事態に対して、孫三郎は同月、興銀からの六〇〇万円の融資によって倉紡、第一合同銀行の双方の危機をようやく切り抜けることができた。
神社柳吉が倉紡に中途採用されて重役に就任した一九二〇年代初め頃でも、オーナー経営者であった孫三郎は、倉紡や、第一合同銀行から個人的な資金の融通を受けることに抵抗が少なかったようであり、第一合同銀行もしばしば返済整理を迫るようになっていた。[17]
一九二七年の金融恐慌時には近江銀行だけではなく、第一合同銀行でも取り付け騒ぎが起こり、一時休業となった。倉絹役員の薬師寺に孫三郎は「自分さへ死ねばよい」と語ったほど、[18] この事件は孫三郎に深い傷を残した。その後、孫三郎は、「公私共に積極策を採つた。会社（倉紡―引用者注）の事業上では、深夜業撤廃対策として事業拡張を強行し、私的には今橋、美術館、東邸（有隣荘―引用者注）等の新築工事を起こし、又は書画骨董を購入し」た。[19] 有名な雪舟の絵なども この頃に入手されたものであり、上記の事業の経費や美術品の購入代金は、倉紡、さらには第一銀行やその後身の中國銀行からの借り入れで支払われたという。そして昭和恐慌下の一九三〇年における倉紡の正味資産は、わずか二〇〇万円にすぎなくなっていたようで、[20] 同年末に倉紡の神社柳吉と第一合同銀行（のちに中國銀行）の中村純一郎は、倉絹の薬師寺に「どうもこの節季は越されそうにない、頼みの綱は倉絹だけだから、人絹がシツカリやつて呉れと云つてゐた」という。だがその人絹も、いまだ業績が上がらず四苦八苦していて、倉絹株はついには九円五〇銭にまで落ち込んだが、一九三三年頃、人絹株が一三〇円くらいになって、倉絹は救われた。そして前章でみた通り、昭和恐慌を脱出できた倉絹、さらに倉紡の蘇生のおかげで情勢は一変し、倉絹では一九三三年から功労株は出る、配当金は増える、株価は高騰するという変化が生じるようになり、金融問題はひとまず大幅に緩和された[21]。

以上を振り返れば、一九二七年の金融恐慌の頃から三〇年初めの昭和恐慌期頃まで、孫三郎は倉紡、倉絹、第一合同銀行または中國銀行など、数年前まで取り組んできた事業活動への強い意欲を、一時大きく削がれることになった。三つの研究所や中央病院への援助は守りつつも、以前ほどの勢いを失ってきた反面、書画骨董の購入、有隣荘や大原美術館の建設を進めるために、銀行からの借り入れを繰り返さざるをえず、中國銀行には、敗戦後まで残された不良債権を累積させることになった。

とはいえ、知命（五〇歳）を迎えた孫三郎が、倉紡などの事業不振により、真剣に進めてきた「労働理想主義」の未来に苦慮する中で、追い打ちをかけるように、一九二七年実姉の原卯野が、二九年三月に児島虎次郎が、そして三〇年四月には、二八年以来闘病生活を続けていた寿恵子夫人が、と最愛の人々を次々と失ってしまう。そうして失意のどん底にあった彼が、その苦悩や煩悶を癒やしてくれる美術品や美しい建築物への愛着を抑えられなくなっていったと考えるならば、おおいに同情すべきではなかろうか。

ただ、この昭和初期に、孫三郎の社会事業への傾倒に抵抗する勢力が社内に増すことになり、彼の労働理想主義や芸術への保護を妨害したという評価が、企業経営に明るくない評者から今でもしばしば下されているように思われるが、筆者はそれに与するわけではない。逆にこれまでにふれた神社柳吉、薬師寺主計、柿原得一、中村純一郎、あるいは癖の強い人物ではあったものの、山内顕といった、孫三郎の行動を制御する人々がいなければ、大原家で承継される優れた社会事業の多くを、後世に残すことができなかったかもしれないというのが筆者の認識である。しかも彼らの行動は、まさに大原家に受け継がれた「同心戮力」という理念の実践の姿だといえまいか。そう考えれば、大原家の経営危機を救った彼らの功績は、改めて高く評価されなければならない。

中國銀行成立へ

第一合同銀行と並び、後述の中國銀行の母体行となる山陽銀行は、県下の弱小銀行を集めてできたのだから経営状態がよいはずもなく、そのうえ傘下の多数の銀行のオーナーたちを辞めさせることも難しかったようだ（この時期の両行の経営概況は**図表4‐1**を参照）。

山陽銀行が抱えていた大口不良債権では、大原家のライバル大橋家から継承した金額が際立って大きかった。政友会の政治家として、『山陽新報』の発行に力を入れていた大橋平右衛門は、原敬内閣期に北海道室蘭の築港計画に飛びつき、一九一七（大正六）年に自己が開業した倉敷大

図表4－1　第一合同銀行と山陽銀行の経営概況

金額単位は千円

	年末	営業所数			資本金		預金B	貸金C	有価証券D	現金・預け金	純益金E	預貸率C/B（%）	預証率D/B（%）	ROE E/A（%）
			支店	出張所	公称	払込A								
第一合同銀行	1919	25	13	11	6,500	1,625	16,627	18,395	1,169	1,750	709	110.6	7.0	43.6
	1924	59	33	25	11,200	3,025	46,529	39,435	6,185	5,688	271	84.8	13.3	9.0
	1925	59	34	24	11,360	3,065	52,270	41,702	9,257	7,255	255	79.8	17.7	8.3
	1926	77	37	39	11,800	3,344	61,769	50,053	13,034	7,694	280	81.0	21.1	8.4
	1927	80	41	38	14,820	6,555	56,934	54,776	10,353	3,517	401	96.2	18.2	6.1
	1928	76	41	34	……	……	66,302	50,287	18,136	6,871	395	75.8	27.4	6.0
	1929	74	41	32	……	……	66,263	50,192	15,486	10,905	275	75.7	23.4	4.2
山陽銀行	1924	26	25	0	10,020	2,505	16,331	14,594	1,209	2,320	181	89.4	7.4	7.2
	1925	101	29	41	……	……	23,179	19,023	2,164	3,970	161	82.1	9.3	6.4
	1926	123	34	55	10,350	2,813	30,835	26,266	3,498	3,500	175	85.2	11.3	6.2
	1927	120	37	64	10,800	2,991	37,934	31,983	5,245	3,390	171	84.3	13.8	5.7
	1928	84	40	39	11,350	3,291	48,382	35,406	10,647	3,896	162	73.2	22.0	4.9
	1929	81	39	37	……	……	44,138	33,804	9,481	3,015	136	76.6	21.5	4.1

［出典］　中國銀行行務研究会編［1940］、『中國銀行十年史』12、17、23～24、30、34、40～41の各ページ。（注）山陽銀行の営業所は第一合同銀行にはなかった代理店を含む。第一合同銀行と山陽銀行の払込資本金は推計。

橋銀行から三十余万円を投じたものの、原首相の暗殺の翌二二年末に平右衛門は死去し、室蘭築港も翌年の関東大震災で立ち消えとなってしまった。

　大橋家は番頭の守屋石次郎が主人を抑えて越権行為に走っていた問題も抱えており、倉敷大橋銀行は結局、一九二八（昭和三）年五月に山陽銀行に買収されたが、その合併条項第九条に、倉敷大橋銀行から引き継いだ負債中、旧山陽銀行で回収不能なものがあれば、旧山陽銀行の取締役は連帯責任をもって、合併から二年以内に返済するものと明記された。債権の元利合計三〇〇万円はその後も大橋との関係が深かった政治家望月圭介の名まで出る政治問題となり、篠原英太郎岡山県知事

図表4－2　中國銀行の経営概況

金額単位は千円

年度末	営業所数			資本金	預金 B	貸金 C	有価証券 D	現金・預け金	銷却前利益金 E	預貸率 C/B (%)	預証率 D/B (%)	ROE E/A (%)
		支店	出張所	払込A								
1930	132	62	70	6,703	92,001	75,464	17,753	7,193	466	82.0	19.3	7.0
1931	112	58	54	6,703	89,414	76,640	13,912	5,743	652	85.7	15.6	9.7
1932	114	58	56	6,703	87,947	74,621	11,582	5,838	1,095	87.1	13.2	16.3
1933	112	55	57	6,703	96,191	76,003	21,636	4,411	794	79.0	22.5	11.8
1934	110	55	55	6,703	97,901	74,639	25,261	4,466	930	76.2	25.8	13.9
1935	108	54	54	6,703	101,132	73,856	27,350	3,804	1,383	73.0	27.0	20.6
1936	106	54	52	6,703	103,870	74,582	29,755	3,585	1,205	71.8	28.6	18.0
1937	107	54	53	6,703	111,225	77,277	35,073	3,839	1,687	69.5	31.5	25.2
1938	107	54	53	6,703	132,471	82,969	50,254	3,910	1,255	62.6	37.9	18.7
1939	108	54	54	6,703	170,096	86,536	86,610	4,661	1,471	50.9	50.9	21.9

［出典］　中國銀行行務研究会編［1940］、『中國銀行十年史』138、164～167、176～177の各ページ。（注）中國銀行のEは下期のみの数値がある1930年度はそれを2倍にした数値。その他は上期と下期の合計値。該当期間の資本金（公称）はすべて1500万円。

と大蔵省銀行局が動き、一九三五年に一二〇万円で和解が成立した[23]。

こうした惨状にもかかわらず、山陽銀行側は第一合同銀行との対等合併を求め、交渉は難航したものの、孫三郎は木村清四郎元日銀副総裁と公森太郎興銀理事を通じて大蔵省に働きかけ、山陽銀行に対する合併勧告を出させて、同行を強制的に合併させるという手段を採った。

金融当局も両行の共倒れが金融恐慌の再来をもたらしかねないと恐れていたからか、この奇策は功を奏して、先述の興銀融資六〇〇万円が実現した翌月の一九三〇年一〇月一四日、両行の合併契約が成立した。対等合併のかたちを採っていたものの、事実上、第一合同銀行による山陽銀行の吸収であった。新銀行の名称は株式会社中國銀行となり、同年一二月二一日に創立総会が開かれて、資本金一五〇〇万円、孫三郎が頭取、中村純一郎が常務取締役に就任した。土居通博は副頭取の座に就き、一九三八年までその地位にあったものの、経営上の実権がほとんどなかった[24]（この時期の同行の経営概況は図表4-2を参照）。

このように鬼気迫る綱渡りの交渉によって、孫三郎は、銀行のみならず倉紡の破綻を免れることができた。これは彼が卓越した企業家だからなしえたともいいうるが、木村清四郎、公森太郎、中村純一郎といった優秀なサポーターたちがいなければ、成し遂げるのは難しかったように思われる。ちなみに一九三一年から翌三二年前半まで、中國銀行は、三一年に岡山県下の後月銀行と香川県高松市の香川銀行[25]を吸収したものの、不良債権の処理は進まず、業績不振が続き、三一年末から翌年にかけて緩慢ながら取り付けにあっている[26]が、それに第一合同銀行時代以来の孫三郎への貸し付けの影響があることも否定できないだろう。

政治的には民政党に肩入れしていた孫三郎にとって、この間に生じた犬養毅政友会内閣の成立や井上準之助の暗殺（一九三二年二月）という政治的事件は、倉絹のストライキ（同年一月）などとともに大きな打撃ではあったが、木村元日銀副総裁、篠原岡山県知事、大沢菊太郎日銀岡山支店長らの支援により、中國銀行自体は、日銀の特別融資を得られてようやく当座の危機を乗り越えた。

孫三郎は、一九三二年末に美作《みまさか》勝山銀行を買収した反面、中國銀行の創立時に一三三カ所あった営業所を一年後に一一三カ所に減らすなど経営合理化を図るとともに、三二年七月頃からの物価上昇を好機として、不動産の資金化を積極的に実施した。すなわち、従来はその八割までを普通銀行が行なっていた不動産金融を特殊銀行に委譲すべきだとする政府の方針にもとづき、中國銀行は岡山農工銀行に不動産金融の引き受けを促し、それによって、不良債権の重圧からかなり解放された。

孫三郎は、体調不良のため一九三九年五月以降、長年かかわってきた倉紡や倉絹などの経営から離れたが、中國銀行では翌四〇年一月まで頭取を務め、その後平取締役となった。孫三郎は次期頭取として中村純一郎を期待していたが、彼も一九三九年五月、病のために専務取締役を辞して、その任を果たせなかった。中國銀行第二代頭取に就任したのは公森太郎（一八八二年岡山県生まれ。一九〇八年東大法科政治学科卒）であり、大原奨学生でもあった。大蔵省に二〇年間余り在職して一九三〇年に退官したが、その間に海外駐箚《ちゅうさつ》財務官として長らく中国に駐在し、在華紡の設置にかかわる孫三郎の同国視察も世話した。のちに日本興業銀行理事に就任した際、たび述べたように六〇〇万円を同行から融資してくれ、孫三郎を救った。一九三七年以降は朝鮮銀行副総裁を務めていた。一九五三年に没している。(27)

大原合資会社

孫三郎は幸いなことに、一九三三（昭和八）～三四年の人絹事業の好転により、増資合併で所有株が増加し、株価も上がったので、その株式を処分して中國銀行への負債以外はすべて整理できた。しかしながら中國銀行内では、日本銀行の会計検査のたびに孫三郎への多額の貸付金整理が問題視され、中村純一郎専務取締役の心労は絶えなかった。一九三七年にはついにその負債の整理を断行しなければならない情勢となり、九月一四日付で大阪市に持株会社の大原合資会社が設立された[28]。同社の「定款」を要約すれば、(一)目的は、「不動産・有価証券ノ取得管理及利用並ニ之ニ附属スル業務ヲ営ム」こと。(二)社員はすべて倉敷市在住者で、孫三郎(出資額七五万円、無限責任。以下同様)、原澄治(一四万五〇〇〇円、有限責任)、大原總一郎(五万円、有限責任)、原長(五千円、有限責任)、石井熊夫(五万円、無限責任)の五人。出資金の払込期限は一九三七年九月一五日。(三)無限責任社員中から一人、社を代表する業務執行社員を選出し、その人物が毎年度、財産目録、貸借対照表、営業報告書、損益計算書、利益配当に関する提案を社員に提出し、彼らの承認を得ること、であった[29]。

大原合資が具体的に、いかなる業務を行なっていたのかは定かでないが、柿原得一は、孫三郎の負債を二分して株式担保と見合う六〇〇万円を同社が引き継いだとしている[30]。他方で神社柳吉は、孫三郎の負債が中國銀行その他で計約一四〇〇万円、それに見合う担保(主に株式)が時価で約七〇〇万円であったから、銀行から整理を迫られる防止策として、担保七〇〇万円と負債七〇〇万円とを分けて、大原合資を設立したという[31]。

大原合資については後日談がある。大原總一郎は「昭和五年《ママ》に不況打開の為に作った大原合資会社が進駐軍の命で、突如、地方財閥に指定され、解散された[33]」と述べている。孫三郎の社会事業に関係する多額の借り入れへの対策を講ずる目的で設立されたとみなしうる大原合資会社は、皮肉にも占領軍に「大原財閥」の根拠としての持株会社とみなされることになったのである。

電気の活用(34)

工業化と都市化が進展した日露戦後に孫三郎は、有志とともに倉敷電鉄株式会社と倉敷電燈株式会社(以下、倉電と略記)の設立を発起した。岡山、倉敷、金光の三カ所を結ぼうとした前者は、既設の山陽鉄道と並行線になるという理由で却下されたものの、後者は一九〇九(明治四二)年に認可され、同年一〇月、資本金四万円、ガス発動機四三キロワットの発電設備をもって創立された。

孫三郎はすぐには役員にならず、大原家の家業の一つであった呉服業を譲り受けていた岡田義平が社長に就任したが、孫三郎の支配力は当初から強く、技術一切を倉紡の原動係が担当した。翌一九一〇年八月には、点灯数六四一灯にすぎなかったものの、倉敷に初めて電灯が灯った。一九一二年四月に倉電では、資本金二〇万円を提供して、後述するガス力二〇〇キロワットの発電所の新設に投じたとみられる孫三郎が社長に就任した。まもなく倉電は、中国電気の事業権を買収した。本社を岡山に置いていた中国電気は、倉敷と同じ都窪郡の早島・妹尾地区を供給区域としていたが、孫三郎が中心となって一九〇七年に倉敷特設電話局が開設されたことをきっかけに孫三郎と懇意になった逓信省事務官の坂野鐵次郎が、当時関西で勤務していたことも(35)、この合併の助けとなった。

坂野（一八七三年岡山県津高郡菅野村生まれ）は、岡山中学校、第三高等学校及び第二高等学校を経て、一八九八年に東京帝大法科政治学科を卒業後、逓信省に入省し、以後、主に郵便行政にかかわり、郵便の父前島密《ひそか》以来といわれる郵政事業の改革を断行した。[36]「郵便物を速く正確に届けるための区分規定の制定、配達区域が一目でわかる通信地図の作成、年賀郵便の特別取り扱い[37]」などが坂野の功績である。

孫三郎は、倉電の経営にかかわったことによって当時始まっていた「動力革命」（蒸気力から電力への動力エネルギーの転換[38]）の意義を鋭く認識し、坂野に意見を求めて、一九〇九年に倉紡の倉敷、玉島の両工場の老朽化していた蒸気機関を自家発電に改め、さらに両工場の電化改修を決意した。一九一二年には万寿工場の設立とともに、すでにふれた発電設備を倉敷に新設することが決定した。同発電所の建設をめぐって騒音・振動・煙害などを危惧する近隣住民からの反対があったが、ここでも坂野の斡旋により問題は解決し、一九一三（大正二）年に設置が認可され、一五年一月の始業式ののち、三月に玉島工場、四月には新設の万寿工場への送電が開始された。二〇〇〇キロワットという大規模な発電設備を備えた火力発電所は、大阪を除けば関西にはまだ存在しなかった。

備作電気の設立

第一次世界大戦中の一九一六（大正五）年に早島紡績が設立されたことは、すでに述べたが、同工場の電力を確保する目途はついていなかった。倉紡の倉敷発電所の出力は三二五〇キロワットに増強されていたものの、倉紡の三工場と倉電への電力供給で手一杯であった。

水力発電の有望性を説く坂野の話をかねがね傾聴していた孫三郎は、この状況を打破するため、水力に恵まれた美作の津山電気株式会社（一九〇八年設立。資本金五〇万円）と倉電（同三〇万円）との合併を企画し、津山電気と折衝を続けた。西部逓信局長に昇任していた坂野の支援も与って一九一六年五月に備作電気株式会社の設立が認可され、同年六月一六日、両社は解散して、資本金八〇万円で岡山市に本社を置く備作電気株式会社が新設された。社長は土居通憲、常務取締役は大原系の林徹太郎、孫三郎は取締役となり、たびたび彼を支援してくれた坂野鐡次郎が相談役に就任した。

しかし、この合併によっても電力不足は解消できなかったため、備作電気は一九一六年一二月に資本金を二〇〇万円に増資して、県北吉井川上流に六〇〇〇キロワットの発電能力を持つ久田水力発電所の新設を決定した。さらに、一九一七年一〇月からは倉紡倉敷発電所の余剰電力一〇〇〇キロワットを備作電気が買電することとし、また、倉紡と備作電気との間で、久田発電所の完成時に、電気を倉紡に供給する代わりに、倉紡は同社の火力発電所を備作電気の予備設備として無償で貸与するという互恵協定が結ばれた（発効は二一年末）。そして、備作電気に倉紡から武内潔真《きよみ》、及び古家野高野の二人の技術者を派遣して、一九一七年に着工した新発電所の建設を支援することになった。

備作電気の重役陣は、旧津山電気と旧倉電から同数選任されていたが、両者は経営方針をめぐってしばしば見解を異にし、久田発電所の建設時にも意見の対立が生じた。一つは、津山から備前に張られた送電線にピン碍子と懸垂碍子のいずれを採用するかという問題であったが、津山側が技術面から後者を推したのに対して、経済面からピン碍子を推した倉敷側の意見が通った。いま一つは、発電所の水路中の導水管を鉄管にするか、鉄筋コンクリート管にするかという問題であり、これは当時鉄相場が高騰していた事情もあって津山側の意見が通り、前例のない鉄筋コンクリート管が採用された。ただし、これは後述のように、竣工後に大失敗だったことが判明する。

一九一八年に辞任した林常務の後任には、孫三郎の閑谷黌以来の親友である中村純一郎が就任した。中村は以後、津山側を抑えつつ、大戦による好況下で経営刷新と業務拡張を推進していった。備作電気は、一九二〇年恐慌で打撃を受けた児島電気株式会社と東児島電気株式会社を合併し、綿織物産地である児島地方に電力を供給するようになったが、その直後の九月に竣工した久田発電所を試運転したところ、鉄筋コンクリート製耐圧隧道約一二〇メートルのところどころに亀裂が入り、使用に堪えないことが判明した。そのために約七〇万円を投じて鉄管への改造工事をせざるをえなくなり、さらに稼働開始が二一年一二月まで延期され、この失態は孫三郎の紡績事業にも大きな影響を与えた。

その中で技師長兼支配人の土居脩治以下旧津山電気側重役が引責辞職し、一九二〇年九月に社長孫三郎、常務取締役中村純一郎以下の新重役陣が整い、孫三郎が会社の実権を掌握した。

孫三郎は一九二一年一二月に常務取締役に退き、社長職を相談役であった坂野鐵次郎に譲った。坂野は逓信省に在職した一八年間に電力行政には副次的にかかわったにすぎなかったけれども、一五年末に退官するとともに大阪電灯株式会社常務取締役に就任した。一九一九年には同社を辞して藤田組理事に就任した。坂野は備作電気社長も兼任することになったが、二二年には藤田組を辞して電力経営に専念した。(39)

電気事業からの撤退

孫三郎は、逓信省と密接な連携を保ちつつ、ライバル岡山水力電気株式会社(資本金三三〇万円)を合併して県下電力事業の統合に乗り出した。同社のオーナー社長であった櫻内幸雄は、一九二〇年以来衆議院議員で、のちに商工、農林、大蔵の各大臣に就任する。島根県の大地主であり、岡山県内にも大きな水利権を持ち、勝山町上流の旭川水系に水力発電所を建設中であった。孫三郎は、この岡山水電の水利権を得るために中村純一郎常務を櫻内との折衝にあたらせ、代議士守屋松之助と柿原《かきばる》政一郎(以上三人について第二部II章を参照)も使って櫻内を説得し、彼の持つすべての持ち株を買収して、岡山水電の備作電気への合併を計画した。

備作電気で勢力を著しく弱めた土居派も櫻内の持ち株の入手を図り、両派は熾烈に争ったが、結局、孫三郎が勝利を収め、備作電気が岡山水電を合併し、中国水力電気株式会社（以下、中国水電）が一九二二（大正一一）年一月一五日に新設された。資本金は八二五万円、旧備作電気と同じく社長は坂野、常務取締役は孫三郎と中村がそれぞれ務めた。岡山水電から引き継いだ勝山第一発電所（三二〇〇キロワット）は同年八月に完成したが、その前の六月に中国水電は、浅口電気株式会社（資本金二〇万円）を合併している。

中国水電はその後も、倉紡や第一合同銀行でみられた集中合併戦略を遂行し、岡山県内外の小規模電力会社を買収していった。一九二四年に備中電気株式会社、吉野川水力電気株式会社、播磨電力株式会社、二五年には勝田水力電気株式会社と、孫三郎の旺盛な事業拡大意欲は電気事業でも見出せるのである。それに伴い、資本金も一九二四年には一〇五三万円に及んでいたが、二五年二月の臨時株主総会では、児島半島の宇野港に火力発電所を新設するためにそれを二〇〇〇万円とすることが決定された。

この増資に際し、孫三郎は旧岡山水電のオーナーであった櫻内幸雄取締役が株式を引き受けまいとみていたところ、櫻内はいわゆる五大電力の一つ宇治川電気と組んでその策に打って出ただけでなく、中国水電に残留していた土居系が、櫻内の得た株式を有利に肩代わりするのではないかと懸念されるようになった。中村常務は、これを阻止するため櫻内に懸命に働きかけ、孫三郎には不利な条件ながら、櫻内は持ち株すべてを孫三郎に譲渡して一九二五年一〇月に退陣した。

こうして孫三郎は中国水電を傘下に収めたが、当時、近隣の広島県備後地方には速水《はやみ》太郎を社長とする山陽中央水電株式会社（一九二一年設立）、兵庫県播磨地方には牛尾梅吉社長が率いる姫路水力電気株式会社（一九〇七年設立）がそれぞれ勢力を増していた。

その中で姫路水電は前記の宇治川電気との競争に苦慮し、中国水電との合併を希望するようになり、一九二五年一二月に中国水電一〇株に対し姫路水電は一四・五株の交換比率、つまり中国水電が優位に立った合併契約を結び、翌二六年三月二一日に資本金二九四〇万円の中国合同電気株式会社が設立された。社長は坂野、副社長は牛尾、一七人の取締役中、孫三郎、中村、守屋松之助をはじめ一〇人が大原系であった。

中国合同電気は、一九二七（昭和二）年に岡山電気軌道、金川電気、新見電気、鳥取電気、大江電燈の各社を合併した。孫三郎が一九〇九（明治四二）年以来願ってきた岡山県下の電気事業の統一は、ここに実現したのであるが、当時、倉紡や第一合同銀行の存亡の危機に忙殺されていた孫三郎は、この目標の達成を機に電力界から引退する決意を固めた。彼は、牛尾副社長と中村常務に対して取締役辞任を告げ、また、役員数を半減して経営の合理化を進めることを進言した。そして、一九二八（昭和三）年六月の株主総会で、孫三郎、中村、守屋ら大原系の役員の大半が退任し、同社の経営は長年世話になった坂野社長、牛尾副社長らに譲られた。

孫三郎は、総発行株六二万株中の約三割に相当する持ち株一八万株を、第一合同銀行での苦境からの脱却を図るためもあって、前記の山陽中央水電に対し一株七五円という当時としては相当高い相場で売り抜けた(40)。一九四一年、電力国家管理体制下で中国合同電気と山陽中央水電はようやく合同し、山陽配電株式会社が成立した。同社は、今日ある中国電力株式会社[41]の母体となった。

『中国民報』の入手

明治期の岡山県下では『山陽新報』と『中国民報』が新聞業界を支配していた。前者は、一八七九（明治一二）年に西尾吉太郎が、後者は、坂本金弥（一八六五〜一九二三）が、みずから組織する中国進歩党の機関誌として九二年に、それぞれ創刊した。

坂本は、岡山藩士の家に生まれ、孫三郎の義兄原邦三郎と閑谷黌の同窓で、その後同志社で学んだ。一八九一年に倉敷に近い帯江銅山の経営に成功し、また、旧藩主池田家主導の第二十二国立銀行及び岡山紡績と張り合った、御野銀行と備前紡績の創立者の一人でもあった。

一八九八年には衆議院議員に当選し、『中国民報』は弟に譲った。日露戦中・後の好況期には銅山成り金として知られ、玉島紡績所を買収して坂本合資会社吉備紡績所と改称した。しかし、日露戦後の不況期に事業が振るわなくなり、一九〇八年にはすでに述べたように吉備紡績所が倉紡に買収され、帯江銅山も一九一三（大正二）年に桂太郎の斡旋によって藤田組に譲渡された。

政治面でも、県下で勢力を二分していた犬養毅とともに憲政本党に属していたが、犬養が立憲国民党を組織した際、与党の立憲同志会に入り、犬養の恨みを買ったのみならず、選挙民の不評も招き、一九二〇年に政界を引退した。[42]

孫三郎が倉紡や倉銀の経営を父孝四郎から継いで以来、反対派は『山陽新報』を用いて、倉紡腸チフス事件（第一部Ⅱ章参照）をはじめ、倉敷への師団誘致への孫三郎の反対、農学校や万寿工場の敷地をめぐる紛争など、事あるごとに孫三郎を攻撃した。他方、『中国民報』は経営難に陥り、一九〇九（明治四二）年から孫三郎は、毎年二四〇〇円を提供して密かに中国民報社を支援していた[43]。そうした事情もあってか、一九一三（大正二）年に坂本金弥が、孫三郎に同社の引き受けを懇請した結果、同社は同年三月、大原家の傘下に入り、原澄治が社主となった。その時、孫三郎は社員一同を招待し、『中国民報』の使命が、県下の産業振興の勧奨、都市と農村に生じつつある社会問題の究明、社会教育の指導の三点であることを強調した。

原は新聞社に勤務した経験を活かして、中国民報社の基礎を固めた（第二部Ⅱ章参照）。私設秘書の柿原《かきばる》政一郎が、一九一四年に孤児院の仕事のため岡山に移ってきた際、孫三郎は、労働問題や社会問題に関心を持っていた柿原に、新聞事業も手伝うことを命じ、彼は『中国民報』の県政記者として活躍することになった。中国民報社では一九二一年一一月、辞任した筒井継男に代わって原澄治が社長に就任したが、二四年六月には柿原が原の後任の社長となった。柿原は、編集局長を兼ねながら経営の改善に務めた。

孫三郎は中国民報社を経済的に支えたものの、編集方針に関しては、社会教育主義を使命とするよう指示した以外、一切口出ししなかった。新社長の柿原は当時、地方進出が顕著となった中央紙との競争の激化が、大原家に累を及ぼすことを恐れ、中国民報社を彼自身の個人経営として

大原家とは切り離し、アグレッシブな経営に転じることを、大原家の了承を得て翌二五年一月より実施して成功を収めた。(44)

一九三〇（昭和五）年四月に紙齢が一万三〇〇〇号を迎えたのを機に柿原は、中国民報社を株式会社に改組し、翌五月一日、資本金三〇万円の株式会社中国民報社を設立した。同社の社長には柿原、常務取締役には湛増《たんそう》庸一が就任し、孫三郎はもはや経営陣には加わっていなかった。改組後の中国民報社の業績は、山陽新報社との激しい競争のために必ずしも芳しくはなく、一九三三年五月に孫三郎は、秘書の大森実を同社の専務取締役に就かせ、同時に柿原は社長を退き、平取締役となった。他方、大原家のライバル大橋家の負債に関係して山陽新報社の経営も不振となったため、(45)同社の経営権は中國銀行に移り、一九三四年六月、資本金三〇万円の株式会社に改組し、中国民報社取締役の岡本佐市が社長となった。両社はともに中國銀行の資本系列に入り、合併して一九三六年一二月に資本金四八万円の合同新聞社が創立され、新聞名は『山陽中国合同新聞』となった。この改組の中で中国民報社に多年貢献してきた柿原は引退し、三五年七月には宮崎市長に就任していた。

一九三七年に新聞名は『合同新聞』と変わった。一九三八年末に岡本が社長を辞し、副社長であった大森が後を継いだが、彼が翌年死去したため、後任社長には孫三郎の推薦によって、倉絹岡山工場長の橋本富三郎が就任した。彼は一九一三（大正二）年に、孫三郎の要請に応じて塩沢昌貞早稲田大学教授の推薦により早大出身の人事係として倉紡に入社し、労務を担当してきた人物であった。[46]『合同新聞』は戦後の一九四八（昭和二三）年に『山陽新聞』と改称し、今日に至っている。[47]

孫三郎と政治

以上、孫三郎の地域創生につながった経済的活動に関して記述してきたが、ここで彼の政治とのかかわりについても補足しておきたい。

孫三郎は青年期に足尾鉱毒問題に義憤を抱いていた事実が示唆するように、若い時から政治に無関心ではなかったものの、政界へは結局進出しなかった。しかし政治家との連携を避けたわけではなく、その行動が時には彼の事業あるいは倉敷の発展をもたらす要因となることもあった。

孫三郎は、まず立憲政友会を支持することによって、山陰、山陽の両地方を結ぶ伯備線の起点を倉敷に決めさせた。一九一四（大正三）年成立の第二次大隈重信内閣時代に岡山県では、同県出身の犬養毅を総裁とする野党の立憲国民党が優勢であった。

伯備線敷設に関しても、山陰鳥取県下の伯備北線の建設だけが進行し、南線の動向は不明瞭であり、しかも同線に関しては、庭瀬駅から分かれて吉備津駅で吉備線に合流し、倉敷は通さない案が有力であった。それは実は犬養の構想にほかならなかった。[48]そうした状況の中で、国民党と同じく野党として党勢拡張を図りつつあった立憲政友会が、一九一七年の選挙で伯備線全通と岡山県宇野港開発を主張し、投票結果は、国民党優勢ではあったものの、政友会の躍進となった。

大隈内閣に続く寺内正毅内閣には伯備線の新設が決まり、岡山県のどの地点をその起点とするかが、いよいよ問題となった。その最中の一九一八年七月の県会で宇野港の開発が提案された際、国民党系議員が、孫三郎と政友会系の笠井信一岡山県知事が個人的に親しいことを取り上げ、「財閥を擁護する」として知事を批判した上で提案を否決した。

この事件を機に、孫三郎は県政を懸念するようになり、調整に乗り出した。一九一八年九月には原敬政友会内閣が成立したが、その約半年後に孫三郎は内務大臣兼鉄道院総裁の床次《とこなみ》竹二郎を訪問した。孫三郎は、大原社研の設立の件で床次にすでに面談していた事情もあって、彼は孫三郎に打ち解けた態度で接し、鉄道院の石丸重美副総裁を紹介してくれた。そこで石丸を直ちに訪ねたところ、彼もまた懇切に対応してくれ、卓上の図面をみながら孫三郎の説明を聞くや、赤鉛筆を取って図面の倉敷―湛井《たたい》間に線を引き、その場で大村建設局長を呼んで、伯備南線の建設を図面通りに速やかに着工するよう命じた。わずか三〇分ほどで懸案は解決された(49)。

また、一九一九年の県会議員選挙では妹尾《せのお》順平(50)、守屋松之助、中村純一郎、柿原政一郎らが、大原家事業の発展のため、犬養の国民党と対決することを決め、妹尾と守屋が立候補して選挙戦を戦った。結果をみれば、国民党が三五議席から一四議席へと惨敗し、代わって政友会派が議会を制した。当選した妹尾は政友会岡山支部長、守屋は県政倶楽部を組織した。一九二〇年に原内閣下で衆議院議員選挙が実施された際にも妹尾と守屋は立候補し、宮崎県からは柿原政一郎が出馬し、三人とも当選した(51)。

犬養は、一九二二年の加藤友三郎内閣の時代に国民党を解散して革新倶楽部を組織し、関東大震災の混乱期に成立した第二次山本権兵衛内閣の逓信大臣として入閣した。しかし、その直後に行われた岡山県会議員選挙では革新倶楽部系は大敗し、守屋が指揮する中正会など大原派が勝利を収めた。こうした一連の出来事の中で、孫三郎と犬養との関係は悪化していったらしく、一九三〇（昭和五）年の大不況で孫三郎が苦しんでいた際、犬養は中國銀行を潰すとまで公言していたようだ。[52]

犬養は一九二五（大正一四）年五月に革新倶楽部を政友会に合同した後、代議士を辞任したが、そのことは岡山県政に甚大な影響を及ぼし、旧革新倶楽部系の代議士の一部は政友会への合流を拒み、ついに憲政会岡山支部を創立した。重要なのは同支部長に上記の守屋が就任したことであり、それに対して孫三郎が後援を惜しまなかった結果、加藤高明憲政会総裁は旭川改修工事の実施の許可を命じたといわれる。また一九二四年一月に政友会から分裂した政友本党の総裁は、すでに登場した床次であった。政友本党はさらに一九二七（昭和二）年六月に、憲政会と合同して浜口雄幸を総裁とする立憲民政党となり、床次は顧問、守屋は県支部長にそれぞれ就任した。こうした政界再編に対応して、孫三郎の政治的立場も憲政会、及びその後身の民政党寄りへと変化していったのである。[53]

（1）「追憶座談会」『大原孫三郎伝記執筆資料』（大原家文書）No.10-14。

(2)猪木正実［二〇一六］、『岡山の銀行―合併・淘汰の150年―（岡山文庫第二九九巻）』（日本文教出版）七一ページ。

(3)銀行合同政策は、第一次世界大戦前から大蔵省の関心事ではあったが、大戦期頃には、日本の金融システムの改良策の一環であったと思われ、孫三郎もそれに協力して、第一合同銀行の創出に尽力したのであろう。しかし、大戦後の長期不況下で、銀行合同は日本の金融システムの維持・存続にかかわる大問題となり、特に一九二七年以降、「一県一行」的政策が追求されるようになる。この点につき、以下の文献を参照。進藤寛［一九六六・一九六八・一九六九］、「わが国地方銀行合同政策の展開―地方的合同から一県一行主義へ（上）（中）（下）」金融経済研究所編『金融経済』第一〇〇号、一〇八号、一一五号（同所）。後藤新一［一九八一］、『昭和期銀行合同史―一県一行主義の成立―』（財政金融事情研究会）。

(4)第一合同銀行、山陽銀行及び中國銀行の沿革については、株式会社中國銀行行務研究会編［一九四〇］、『中國銀行十年史』（同行）を参照。

(5)一八六四～一九二九。一九一四年六月～一九年三月、岡山県知事。

(6)木村の事績については前掲『岡山の銀行―合併・淘汰の150年―』第一部第一章を参照。

(7)片岡直温［一九三四］、『大正昭和政治史の一断面―続回想録』（西川百子居文庫）二五六～二五七ページ。

(8)「岡山県下小銀行愈合同」『大阪朝日新聞』一九一九年六月三日記事。中國銀行　創立50周年記念誌編纂委員会編［一九八三］、『中国銀行五十年史』（同行）一七五ページ。

(9)前掲『岡山の銀行―合併・淘汰の150年―』六一ページ。

(10)田中生夫［一九八三］、「大原孫三郎の銀行政策」前掲『金融経済』第二〇三号。白鳥圭志［二〇〇〇］、「両大戦間期における銀行合同政策の形成と変容」社会経済史学会編『社会経済史学』第六六巻第三号（同会）。

(11)倉敷紡績株式会社［一九五三］、『回顧六十五年』（同社）一八八ページ。

(12) 土居通博は一八六八年、田邑村に津山藩士・土居通政の次男として生まれ、八二年に叔父・土居通信の養子となり、明治法律学校（現明治大学）で学んだのち一九〇三年に同家を継いだ。土居家は美作随一の大地主で、明治期には大原家のライバルであり、一九〇六年に通博は貴族院議員に選出。一八九七年、養父とともに土居銀行を設立。前掲『岡山の銀行―合併・淘汰の150年―』三八～三九ページを参照。

(13) 同前四二～四三ページ。

(14) 大津寄勝典［二〇〇四］、『大原孫三郎の経営展開と社会貢献』（日本図書センター）一〇一ページ。

(15) 前掲「大原孫三郎の銀行政策」六ページ。

(16) 前掲『大原孫三郎の経営展開と社会貢献』一三三ページ。

(17) 「一九五四年二月一二日　神社柳吉氏談」前掲『大原孫三郎伝執筆資料』No.25‐09、「柿原得一談」同資料No.15‐55。

(18) 「薬師寺主計氏談話筆記　一九五〇年一二月一二日」同前No.24‐43。

(19) 「柿原得一談」同前No.15‐55。

(20) 「一九五三年一〇月一七日　柿原得一様談話筆記」同前No.24‐2。

(21) 「薬師寺主計氏談話筆記　一九五〇年一二月一二日」同前No.24‐43。

(22) 「薬師寺談」同前No.10‐15、「一九五七年三月三一日　薬師寺主計氏談」同前No.30‐34。

(23) 「大橋家の没落」同前No.10‐16。

(24) 前掲『岡山の銀行―合併・淘汰の150年―』四六ページ。

(25) 香川銀行は一九二八年以来、後月銀行は翌二九年から第一合同銀行に経営を委託していた（前掲『中國銀行十年史』二五、五三ページ）。

(26) 前掲『岡山の銀行―合併・淘汰の150年―』一二〇ページ。

(27) 公森の履歴については以下を参照。中外産業調査会編（松下伝吉執筆）［一九四二］、『人的事業大系・繊維工業篇』（同会）二五四ページ。兼田麗子［二〇一二］、『大原孫三郎―善意と戦略の経営者―』（中公新書）五九、七八ページ。
(28)「柿原得一談」前掲『大原孫三郎伝執筆資料』No.15-55。
(29)「定款　大原合資会社」同前No.15-69。
(30)「柿原得一談」同前No.15-55。
(31)「神社柳吉氏談話筆記」同前No.24-07。
(32)「一九五四年二月一二日　神社柳吉氏談」同前No.25-09。
(33)大原總一郎［一九五三］、「わが家の歴史が訓えるもの―いわゆる『三代目』の人生―」『文藝春秋』一九五三年二月号。『大原總一郎随想全集1　思い出』（福武書店、一九八一年）七三ページ所収。
(34)岡山県の電気事業の沿革に関しては、断りのない限り、中国地方電気事業史編纂委員会編［一九七四］、『中国地方電気事業史』（中国電力）を参照。
(35)坂野翁伝記編纂会編［一九五二］、『坂野鐵次郎翁伝』（通信教育振興会）五〇～五三ページによれば、坂野は、一九一〇年四月に大阪逓信管理局長として東京から大阪に赴任したのち、一三年六月にさらに西部逓信局長に就任し、管轄地域に倉敷も加わった。大原孫三郎傳刊行会編［一九八三］、『大原孫三郎傳』一〇〇ページは、坂野が西部逓信局長として、一九一二年五月における倉敷電燈への中国電気の合併を支援したとしているが、時期的にみて疑問が残る。
(36)同前『坂野鐵次郎翁伝』。
(37)山陽新聞社編［一九七九］、「坂野鐵次郎」『政治と人と・上巻・戦前・戦中編』（山陽新聞社）一〇九ページ。
(38)南亮進［一九七六］、『動力革命と技術進歩―戦前期製造業の分析―』（東洋経済新報社）。
(39)前掲「坂野鐵次郎」。

(40) 前掲『大原孫三郎の経営展開と社会貢献』一六二ページ。倉紡も一九二八年末に中国合同電気の株式三万株を山陽中央水電に譲渡し、電力事業とは絶縁した。前掲『回顧六十五年』三二九ページを参照。
(41) 中国電力50年史社史編集小委員会編［二〇〇一］、『中国電力五十年史』（同社）。
(42) 赤井克巳［二〇〇七］、『瀬戸内の経済人』（吉備人出版）七二～八一ページ。
(43) 前掲『大原孫三郎の経営展開と社会貢献』一七一ページ。
(44) 荒川如矢郎［一九七七］、『柿原政一郎』（柿原政一郎翁顕彰会）二五ページ。
(45) 前掲『大原孫三郎の経営展開と社会貢献』一七三ページ。
(46) 前掲『大原孫三郎傳』一〇四～一〇五ページ。
(47) 本項に関しては山陽新聞社史編纂委員会編［一九五四］、『山陽新聞七十五年史』（同委員会）も参照した。
(48) 犬飼亀三郎［一九六七］、『大原孫三郎と原澄治』（倉敷市文化連盟）。
(49) 以上詳しくは前掲『大原孫三郎傳』一四七～一五〇ページ。石丸の役職は鉄道大臣・山内一次［一九二三］、「正四位勲二等石丸重美叙勲ノ件」（国立公文書館アジア歴史資料センター公開資料・レファレンスコードA10112967900）で確認。
(50) 孫三郎と閑谷黌以来の友人で、一九二四年に第一合同銀行に合併された妹尾銀行の頭取であった。前掲『岡山の銀行―合併・淘汰の１５０年―』二二、六二ページを参照。
(51) 前掲『大原孫三郎傳』一五〇～一五二ページ。ただし、妹尾は選挙違反により失格となった。
(52) 「一九五五年一一月七日　薬師寺主計氏談」前掲『大原孫三郎伝執筆資料』No.29-54。
(53) 憲政会を支持していたため、すでにふれた中国信託の認可は成功したという。前掲『大原孫三郎傳』二二四ページを参照。

Ⅳ　社会事業の展開――三つの研究所と大原美術館

農業の近代化に尽力――大原農業研究所

すでに述べたように、日本有数といっても過言ではない大地主であった大原家にあって若き孫三郎は、小作料の金納化や自作農創成などの必要性を一九一〇年代初めから唱え、近隣の地主たちの強い反発を招いたというが(1)、戦中・戦後にようやく実現するそれらの施策を主張し、実行を図っていた事実は、農業の近代化に関する彼の先見性をよく示している。

孫三郎はその前後から、今述べた理想の実現も秘めながら、農業にかかわる以下の三事業に着手した。第一に、産米の品質改良を目的とする小作俵米品評会を開いた。大原家の小作地が計六百余町歩、県下三九町村、小作人は二五〇〇人以上に及ぶ中、一九〇七（明治四〇）年二月に開催された第一回品評会で孫三郎は、地主が小作人と協力して農事改良を図るべしと講演し、大きな反響を呼んだ。この品評会は所期の目的を達成し、大原家の蔵米を表示した大印がついた俵米は、兵庫市場で二〇～三〇銭高値で取り引きされるようになった。孫三郎は毎年、収穫多量な優良種籾を購入して、希望する小作人にそれを貸与し、収穫後、種籾一斗につき玄米五升を返納させた。品評会は毎年旧正月に開催され、表彰式後には小作人一同は酒肴でもてなされ、大原家との親睦が図られた。品評会は一九二〇（大正九）年まで一四回続いた。[2]

第二に、大原家奨農会[3]と称する小作会の設立を、一九一〇（明治四三）年の小作俵米品評会で公表した。農業の発達と農民の幸福増進を目的とし、農事改良、農業金融、事故などの際の小作者救済、貯蓄奨励、自作農育成の五事業を行うこととされた。そのため孫三郎は、東大農科卒の近藤萬太郎に前年から設立準備に取りかからせ、さらに盛岡高等農林学校（現岩手大学農学部）卒の小野寺伊勢之助を採用して、近藤とともに東京で農業技術の研究に着手させた。なお、自作農育成の方針は岡山県下の地主からは不評であったという。

第三に、一九〇二年頃からの悲願であった「行学一致」、すなわち机上の学問ではない実習重視の農学を教える農場学校の設立準備を、まず一〇年にその用地を確保し、近藤を翌一一年から三年間、次いで小野寺を一九一四（大正三）年～一五年にそれぞれドイツに留学させて進めた。

この農場学校構想は、帰朝した近藤の進言により一九一四年に財団法人大原奨農会の設立へと発展した。奨農会の目的は、（一）農業の学理と応用のための農業研究所の設立、（二）地方の農事指導者の育成のための農学校の設置、（三）作物品種の育成、農具の改良、肥料土壌及び病虫

大原奨農会農業研究所の正門。中央の白服が孫三郎。大原孫三郎傳刊行会編［1983］、『大原孫三郎傳』より。

害対策、その他一般学術の普及、（四）果物・花卉《かき》・一般作物の模範指導園の造成経営であった(4)。

孫三郎は、大原奨農会に農地一〇〇町歩を寄附して同年七月にその設立登記を完了させた。それに伴い大原家奨農会は解散し、その技術改良事業は新財団が、小作人の世話は大原家農業部が、それぞれ継承した。改良米麦種子配分、イグサの新種やカボチャ・スイカの改良種の普及、シイタケやヒラタケの量産指導など、新奨農会の種子部や園芸部による地方農家への貢献は大きかった(5)。岡山県の名産である桃、洋梨、ブドウなど果物の改良品種の多くも財団が持つ名田山模範果樹園から生まれた。これらの事業に加えて農業研究所を中心に農業講習所、農業図書館、日曜学校などを営む大原奨農会の経費がかさんでいったため、一九二二年に孫三郎はさらに一〇〇町歩の農地を寄附した。彼が孝四郎から引き継いだ五百町歩余りの広大な農地から割譲した計二〇〇町歩の土地は小作に出され、その収入によって奨農会及びその後身の大原農業研究所の活動は、敗戦後の農地改革期まで、賄われることになった(6)。

一九二四年、創立一〇周年を迎えたことを機に大原奨農会は、講習所、果樹園、園芸部を廃して、純然たる学術研究機関に改組された。その際、園芸部の敷地は住宅地として売却され、名田山果樹園は、大原家経営の楽山園として独立した。楽山とは、同果樹園でマスカットやコールマンなど温室ブドウの品種改良に多大の貢献を果たした小山益太の号である。

大原奨農会は一九二九（昭和四）年三月に財団法人大原農業研究所（農研）と改称された。大原奨農会から農研への展開は、農学博士の近藤萬太郎（一八八三〜一九四六）のリーダーシップにより推進された。近藤は岡山県邑久《おく》郡（現瀬戸内市）出身で、稲やイグサなど農作物の種子学の分野で世界的な業績を上げ、大原奨学生でもあった。県立岡山中学校、第六高等学校を経て、一九〇八（明治四一）年七月、東大農科農学科卒後、同大学院で種子学を専攻している。一九一一年二月ドイツに出発し、四月にベルリン農科大学、一二（大正元）年一〇月ホーヘンハイム農科大学にそれぞれ入学、翌年一二月に帰朝した。そして一九一四年一月以来、設立準備を進めてきた大原奨農会農業研究所長に同年七月就任。また二九（昭和四）年七月、大原農業研究所所長兼理事となった。(7)

イギリスのローザムテッド農事試験場と比べられるようになった農研は、種芸、農芸化学、病理及び昆虫の四部門を主とし、一九四一年には技術改善のための農業経営部も設けた。研究員の人選は近藤所長に一任され、京都帝大初代農学部長となった大杉繁など気鋭の学者が集められ、一九六一年までに計二二人の博士が農研から誕生した。また、旧大原奨農会時代に孫三郎は、後述の社研や労研の場合と同じく、第一次世界大戦後のヨーロッパの大インフレ期を中心に、ドイツのライプチッヒ大学植物学教授のプェッファー博士の蔵書約一万二〇〇〇冊、及び中国の明・清代の農書約五〇〇〇冊など五万四〇〇〇円分の貴重書を収集した[8]。

孫三郎は、小作争議が激化していた一九一九（大正八）年一二月に岡山県では県知事が就任する慣行であった[9]県農会会長に選出され、二五年九月まで同職を務め、辞任時には農会に一万七〇〇〇円を寄附した[10]。その間、一九二一年頃から頻発するようになった小作争議に大原家も悩まされるようになり、小作俵米品評会も二〇年の第一四回で廃止され、翌二一年からは小作人の多い地区で大原家小作親睦会を開き、大原奨農会から派遣された近藤や大杉繁が講演による指導啓蒙を行なったりしたものの、大原家と小作人との関係は好転しなかった。

そのため孫三郎は、大原家と原家の小作地の経営を合理化する目的も込めて奨農土地株式会社を一九二五年七月に設立し、同社会長に原澄治が就任して、孫三郎は相談役となった。同時に、一九一四年以来小作人関係の業務を担当してきた大原家農業部は廃止された。

救貧から防貧へ

放蕩で身を持ち崩した孫三郎を善導した石井十次は、前記の通り、岡山孤児院の運営に力を注ぎ、孫三郎は彼の事業に資金を惜しみなく供給した。のちに、林源十郎（二世）が語った通り、「石井先生と大原さんは本当に魂と魂が互いに解け合つていたのだ」った[11]。

石井は一九〇八（明治四一）年末に非借金主義を宣言し、〇五～六年の東北地方の飢饉のため受け入れていた児童たちを郷里に返すとともに、岡山孤児院を郷里の宮崎県茶臼原《ちゃうすばる》に移転する計画を立てた。孫三郎はそれを全面的に支持した。本部事務所と県下の里子のみ岡山に残して、翌年から一二年まで茶臼原の田畑開墾、塾舎移築、学校新設などによって、石井の構想は実現していった。

石井は一九一一年に高鍋製糸株式会社社長となり、開墾地で桑園と製糸場の経営も始めた。彼の要請を容れて孫三郎も一二年四月、高鍋町に一〇万円を投じた日向土地株式会社を創立し、その社長に就任した。同社は農事改良と自作農の育成を本務とし、金融なども行なったが、振るわず、一九一四（大正三）年一月に四八歳で石井が没した後に、孫三郎は同社を解散して、その田畑を基礎に「済美財団」を設置し、岡山孤児院の外郭財産とした。

石井が残した茶臼原の土地に関しては、松本圭一の希望を一九一四年に孫三郎が受け入れて、彼を校長とする茶臼原農場学校を発足させた。松本は、石井の生前に茶臼原を訪れており、東大農科卒業後、孫三郎が採用し、茶臼原再建に協力させていた。孤児院院長として石井の事業を継承した孫三郎は、収容児が小学校を終えたあと、男子は、一六歳になると二～三年間、農家の見習生とし、その後、本科・普通科との二年制の農場学校で、実習中心の農業訓練を行わせ、女子も一六歳になると女子塾舎に入れて農家の主婦として訓練した。これらの課程を終えた若者たちは、石井が理想とした「殖民村」（茶臼原などの開拓地に岡山孤児院茶臼原分院出身者がつくる集落）で、家族を形成して生活できるようにさせた。

このように、石井が望んでいた方向を活かしつつ、孫三郎は、孤児院出身者たちが合理的に生活できるよう制度設計を行い、一九二一年頃には、一応の成果をあげていたのである。[12]

他方、岡山孤児院自体について孫三郎は、一九二六年一月、石井があってこその事業であり、このまま続けても孤児院出身者の独立自尊の精神を損なうだけであるから解散すべしとし、世評からの激しい非難をよそにそれを断行した。その後生じた赤字はすべて孫三郎が負担した。

後年、孫三郎は、石井の「事業は世間では大成功の如く見られてゐますが、忌憚なく言へば全然失敗でした。ただ美はしい社会救済の根本精神だけが大きな成功であつたと見るべきでありま す[13]」と、評価していた。すでにみたように、倉紡をはじめ電力業や新聞事業へと事業を拡大するにつれて、孫三郎の気持ちはキリスト教から離れていき、「俺はヤソは嫌いだ[14]」と公言するようになっていた。

孫三郎は、個人の善意にもとづく貧者の金銭的救済にはすでに限界を感じており、第一次世界大戦を経て拡大した社会的格差を、当時めざましい発展を遂げつつあった社会科学的思考にもとづいて客観的に考察し、従来から官民が追求してきた救貧にとどまらず、その予防まで考慮した防貧を図るという、より広い視野を持つまでに成長していたのであった。孫三郎の石井の事業あるいはキリスト教に対する見解も、そうした文脈から理解されるべきであろう。

ところで、石井十次は、一九〇九（明治四二）年に大阪市南区下寺町のスラム街に愛染橋夜学校と愛染橋保育所を設けていたが、すでに〇七年に設置され、それらを管理することになった岡山孤児院大阪事務所内の孤児院分院は、宮崎県茶臼原の本院から送られてくる白米の売りさばきなどによって賄われていたものの、第一次世界大戦勃発後には経営難に陥っていた[15]。

孫三郎は、大阪分院の分離案をつくった分院主任の富田象吉とともに大久保利武大阪府知事に後援を依頼したところ、大久保は府の嘱託として社会事業の指導にあたっていた小河滋次郎《おがわしげじろう》（一八六三～一九二五）を指導者に充ててくれた。彼は、監獄局長も務めた感化事業の大家で、孫三郎も面識があった。こうして、予算四万円を投じて愛染橋保育所を改組拡充し、一九一六（大正五）年一一月に創立総会を開催した財団法人石井記念愛染園が、翌一七年三月に内務、文部両大臣名で認可されたが[16]、当初は一種のセツルメントであった[17]。

この石井記念愛染園ができていく過程で孫三郎は、すでに示唆したように、救貧から防貧へと発想を大きく転換した。その一契機が、一九一一（明治四四）年にイギリスのウェッブ夫妻が来日し、イギリス救貧法の改正問題に関する講演で「救貧は防貧にしかず」として、国の積極的な社会政策により貧困を根底から防止することの重要性を主張したことが世の注目をひく中、孫三郎もこの考え方におおいに啓発されたことだったという。

いま一つの契機は、一九一六（大正五）年に倉敷日曜講演の講師として招いた小河滋次郎[18]と早稲田大学教授安部磯雄[19]から孫三郎が、日本では防貧の研究が進んでいないので、社会問題を科学的に研究する機関をつくるべきだ、という意見を得たことだった。こうした新知識のおかげで、前記の愛染園中に、二室から成る救済問題研究室が設置され、小河の推薦により内務省救済課嘱託で、児童保護問題の専門家の高田慎吾がスタッフに就任した。

一九一八年一月に大阪市天王寺区北日東町に移転した石井愛染園のその後にふれておけば、第一次世界大戦後の長期不況下での拡張計画の実現は容易ではなかったが、二三年に常務理事となった富田が夫人の助けも与って、児童図書館の開設、学童救護事業、農繁期託児保育講習会、乳幼児及び妊産婦健康相談所の訪問事業などをおおいに進め、先端的な社会政策の展開で有名な関一の大阪市制下でも、重要な民間の社会事業施設として認められるようになった。一九三七（昭和一二）年には診療所も石井記念愛染橋病院へと発展した。[20]

大原社会問題研究所の成立[21]

第一次世界大戦末期における米騒動や労働運動の高まりを背景に、孫三郎は愛染園救済事業研究室を発展させた社会問題の研究所を大阪に新設することを目指し、府知事に実現への働きかけを行なった。そして、倉敷日曜講演を通じて旧知であった名士から適任者の推薦を募った。

まず徳富蘇峰からは京都帝国大学教授河田嗣郎、次に早稲田大学教授浮田和民の紹介で早大教授の北沢新次郎、そして、第三高等学校校長谷本富《とめり》によって京大講師の米田庄太郎が、それぞれ研究員として推挙された。孫三郎はさらに、孤児の親の死因に梅毒が多かったことから社会衛生学研究の適任者を求め、遠縁にあたる東大医学部生理学教室教授の永井潜《ひそむ》に依頼したところ、門下生の暉峻義等《てるおかぎとう》（一八八九〜一九六六）を推薦された。

東大医科を卒業した暉峻は一九一六（大正五）年から警視庁の依頼で、東京の深川木場のスラム街に住み込んで、極貧階層の生活条件を調査していた。[22] 米騒動直後の一九一八年秋、孫三郎は、以上の研究員候補者たちと相談会を重ねつつ、内務省から研究所設立の内諾を得た。同年一一月の相談会で河田が、京大教授河上肇（一八七九〜一九四六）を研究員として招聘することを提案したことが契機となり、孫三郎は河上に面談した。

河上は一九一六年九月〜一二月に『大阪朝日新聞』に随筆『貧乏物語』を連載し、翌年それを一書にまとめて出版し、洛陽の紙価を高からしめた。彼は大戦前後の欧州留学の経験と帰国後の大戦好況という環境を背景として、日本に顕在化してきた貧富の差を社会科学的にどのようにとらえ、その弊害をいかに改善するかを論じた。

大内兵衛によれば、同書で河上は、奢侈の廃止、社会政策、社会主義の三方策を挙げて、そのうちの最初の策を重視し、中国と日本の古典を盛んに引きながら、「東洋のマルサスとして道徳的抑制をもって（中略）世界史的大問題を解きうるとした」。

ところが、河上はその後数年間に、以上の思想から大変貌を遂げた。マルクス主義に急接近して、一九一九年一月に雑誌『社会問題研究』を創刊し、「大学教授の地位を利用しながら、社会主義の宣伝をしてやろうと腹を決め」、翌二〇年には旧著『貧乏物語』にマルクス主義の視点を思い切って導入し、大改訂を行なった。[23]

河上の思想が急激に左傾化していた時に行われた孫三郎との対話は、強烈な個性が向かい合う白熱した場であったのかもしれない。社会問題の根本的解決策は社会主義思想の普及だとする河上の過激な主張には、河上の同僚の河田や米田でもついていけなくなっていたのではあるまいか。

こうして河上の研究員への依頼は実現しなかったものの、彼は東大法科経済学科教授高野岩三郎（一八七一～一九四九）を紹介してくれた。高野と面談したところ、孫三郎はその高潔な人格と深い学識にすっかり惚れ込み、翌年から高野が研究所の組織をつくっていくことになった。日本における社会統計学研究のパイオニアであった高野は、一八九六（明治二九）年に社会科学の分野初の全国的学会として設立された社会政策学会の創立者の一人であり、東大の法科大学から経済学部を分離した功労者でもあった（第二部Ⅲ章を参照）。

一九一八（大正七）年秋に孫三郎が描いていた「大原研究所」の構想では、一九年一二月に発足した政府主導の協調会にも通じる、共産主義による過激な社会変革とは一線を画した労使協調的な社会政策の実践が目指されていた。しかし、政府・官僚主導の「改革」に本能的に距離を置く孫三郎は、高野との話し合いの中で、彼に新研究所の運営一切を任せることを決めた。

そして、労働問題に関する大原社会問題研究所と、社会事業にかかわる大原救済事業研究所（前掲の愛染園救済事業研究室が改称）が、ともに一九一九年二月に前記の石井愛染園内に設立された。

研究所が二つに分けられたのは、高野との協議の中で、社会問題の重要性が認識されていったものの、小河が救済事業はそれとは分けて進めるべきだと主張した結果であったとみられる。[24]当初のスタッフは以下の通りである。

大原社会問題研究所　（委員）河田嗣郎、米田庄太郎、高野岩三郎、（研究員）久留間鮫造、戸田貞三、（研究嘱託）森戸辰男、櫛田民蔵、北沢新次郎

大原救済事業研究所　（委員）小河滋次郎、高田慎吾、（研究員）暉峻義等、大林宗嗣

二つの研究所は一九一九年六月に大原社会問題研究所（以下、社研と略記）に統合され、翌二〇年七月に大阪市天王寺区伶人町に新築された建物で開所式が挙行された。予算に関しては孫三郎は、基本財産一〇〇万円を設ける予定であったが、同年に発生した恐慌から始まった長期不況のために、この金額の利子分に相当する八万円を毎年の維持費として彼が研究所に提供するものとした。

その間に社研にとって転機となる二つの出来事が生じた。一つは、高野が一九一九年一一月に米国ワシントンD.C.で開催されることになった第一回国際労働会議の労働代表として政府から推されたものの、辞退を余儀なくされ、それとの絡みで東大教授も辞職し、所長として大原社研の運営に専念するようになったことである。

いま一つは、研究嘱託であった森戸辰男東大助教授が、東大法科大学から改組独立して間もない東大経済学部の紀要『経済学研究』創刊号（一九一九年一二月刊行）に掲載した論文「クロポ

トキンの社会思想の研究」[25]が社会秩序を乱すもの（新聞紙法の朝憲紊乱罪《ちようけんびんらん》）として検察によって摘発され、森戸と発行名義人大内兵衛助教授が休職処分となり、実刑判決を受けたことである。

クロポトキンは、森戸が出獄後、奇しくもまもなく死去したロシアの著名な無政府主義者であり、同論文は、彼が描いた理想社会はまことに素晴らしいものの、それを実現するための過激な手段は受け入れ難いと論じていた。

今読むと一体どこが悪いのか理解に苦しむが、元老の山県有朋や首相の原敬など為政者には、当時の「国体」（天皇制）を否定する矯激な主張にほかならなかった。しかしながら、森戸は、東大内外から圧力を受けながら自己の信念をいささかも変えなかった。[26]

他方で、孫三郎は一九二二年二月に森戸の研究所受け入れに関して、以下の新聞談話を発表している。「森戸氏は昨年一月嘱託員となられ、研究所では主として婦人問題の研究を担任されて居ます。其研究事項も全部纏らぬ裡外遊に決し引続き例の事件を惹起したのですから事件解決後は当然右の研究を続けられる事と思ひます。一昨年春同研究所を大阪に創立した際当時の道岡警察部長に対し我々の研究に悉く刑事が附纏ふ様では困るから公認研究所或は官許研究所として欲いと云つた事がある。今度の森戸事件も今は問題となつて居るが何年か後には或は普通一遍の道理と思はれる様になるかも知れない。又氏が刑に触れたからとて研究所の嘱託を罷めて貰ふなど丶尻の小さい事は云ひません。高野博士の所長といひ私は寔《まこと》に心強く思つてゐます」[27]。

森戸も孫三郎も天晴れであった。この事件が契機となって森戸と大内の同僚であった若手の櫛田民蔵、細川嘉六、権田保之助が東大を去って、大原社研の研究員ないし嘱託に就任した。

高野が東大への復職を断念した一九二〇年八月には、京大系の社会学者米田庄太郎と社会政策研究者河田嗣郎が社研の委員を辞職しており、それ以後研究所は、さながら東大経済学部の分館のようになり、当初、孫三郎が期待した社会問題や社会事業に関する研究の域を超えて、マルクス経済学を主要な武器とした社会科学、特に社会主義理論を広く研究する、世界的にみても先端的な研究機関となった。社研の意義に関しては、第二部Ⅲ章で再び考えてみたい。

大原社会問題研究所の外観。大原孫三郎傳刊行会編［1983］、『大原孫三郎傳』より。

一九二〇年一〇月に櫛田と久留間は四万円の予算で欧米に派遣され研究と図書収集にあたった。櫛田は、久留間のほか、同時期に私費で渡欧していた森戸と連携して第一次世界大戦後の天文学的インフレに見舞われたドイツで、マルクの暴落を背景に多数の貴重な古書を収集した。

当時ソ連がマルクス・エンゲルス研究所をつくるため学者のリヤザノフをベルリンに派遣していたが、櫛田が、ストライサンドという古書店で彼と社会主義関連の文献の買い付け競争をした結果、それらの値段がおおいに高まったという。[28] 櫛田や久留間に続いてスタッフの多くが孫三郎の援助を受けて欧米に派遣された。発足まもない大原社研で、スタッフの個人研究が旺盛に進められたことはいうまでもないが、そのほか、現在も刊行されている『日本労働年鑑』をはじめ、『日本社会衛生年鑑』及び『日本社会事業年鑑』という当時の三大年鑑、所員の研究発表の場で今なお刊行されている『大原社会問題研究所雑誌』、そのほか『大原社会問題研究所パンフレット』、マルクスやウェッブ夫妻の著作の翻訳等の出版、あるいは労働組合や賃金に関する社会調査事業などが精力的に進められた。

さらに、森戸の提案により、労働者を対象とする読書会などの啓蒙活動も行われ、戦後に民社党で活躍し、国務大臣も務めた西尾末広のような人材もそこから育っていった。

一九二二年に孫三郎は高野所長に大原社研の財団法人化の検討を要請し、社会問題関係の図書収集費二万円の特別寄附、書庫の増築計画などにつき相談した。財団法人化は同年一二月に実現した（役員は以下の通り。常任理事・高野岩三郎、理事・高田慎吾、監事・柿原政一郎、委員・櫛田民蔵、久留間鮫造、森戸辰男、権田保之助、細川嘉六、大林宗嗣）。

その際に、孫三郎をはじめ河田嗣郎、米田庄太郎、河上肇、小河滋次郎の四評議員は自然退任となり、以後、所員たちは自由な研究を保証されるようになった。研究所の維持費として、孫三郎は、それまでと同じく毎年八万円を寄附し続けた。

しかしながら一九二五年には治安維持法が制定され、左翼運動に対する取り締まりが格段と厳しくなり、一九二八（昭和三）年三月には同法にもとづく日本共産党の一斉検挙、いわゆる三・

一五事件が生じたが、マルクス主義者が多かった大原社研は、ソ連との非合法な交流を疑われて家宅捜査を受けたものの、押収物も検束者も出さなかった。

高野所長はこれを機に、所員たちに研究と実践活動とを峻別するよう厳重に注意した。なお、社研スタッフが翻訳し、社研の出版物を出版していた同人社ほか四社から刊行することを予定されていた『マルクス・エンゲルス全集』の計画も三・一五事件の余波を受けて右往左往しているうちに中止となり、同じ企画で張り合っていた改造社版が世に出ることになった。

翌年にも行われた共産党検挙（四・一六事件）の際には、大原社研の刊行物を販売していた東京の同人社書店が家宅捜査を受けた。当時、研究所が注文した外国の出版物が郵送途中で頻繁に押収され、さらに共産主義運動に資金を供与した所員が検挙される事件もおきた。

孫三郎は三・一五事件を本当のところ、どのように受け止めていたのかは不明ながら、その後、彼の秘書の柿原政一郎らを通じて、社研の廃止の意向が大原家からしばしば高野側に伝えられるようになっていった。一九二九年初頭から高野が病気がちになった事情もあって、この話は伏流のように続くことになったが、孫三郎はそれでも社研への寄附を続けた(29)。

マルクス経済学者をそろえた社研は三・一五事件ののち、右翼から「赤の巣窟」と攻撃され、大原家の寄附金累計額も巨額に上るようになったため、遂に一九三五（昭和一〇）年秋、同研究所を東京に移したのち、寄附を打ち切る最終案が孫三郎側から高野に出され、翌三六年七月、社研の土地建物等の売却代金を退職金・移転費・新事務所購入費等に充てるという条件が確定した。同年一〇月には大阪府に研究所施設のすべてを計二一〇万円で売却することになり、翌三七年、日本画家山内多門の旧宅である淀橋区柏木町の敷地約二五〇坪の建物への移転が行われた。創立以来のスタッフは高野、森戸、久留間、権田、大林であった。[30]監事には柿原に代わり、倉紡の林桂二郎が就任し、社研と大原家とが無縁になったわけではなかった。

一九四五年の空襲により建物は焼失したものの、新研究所は四三年から四六年まで元日産コンツェルン総帥であった鮎川義介が会長である財団法人義済会から年三万円の寄附を受けて存続し、戦後の四九年に大内兵衛が総長を務めていた法政大学に引き取られ、法政大学大原社会問題研究所として今日もなお健在である。

倉敷労働科学研究所の挑戦

紡績工場での労働衛生と保健管理に深い関心を持っていた孫三郎は、すでにふれたように、一九二三（大正一二）年に倉紡の経営のもとに先進的な倉紡中央病院（現倉敷中央病院）を設置したが、それに先立つ二〇年二月、前出の大原社研で社会衛生部門の研究員を務めていた暉峻義等を倉敷に招いた。

孫三郎は、暉峻を深夜に倉紡万寿工場に案内し、深夜業を担当する女工たちの陰惨な労働の実態を彼に直接見せて、彼女たちがより明るく働き、幸福な生活を送れるように、彼に大阪から倉敷に移って研究してほしいと訴えた。

この願いに感動した暉峻は、翌日その依頼に応じ、同工場の寄宿舎の近くに研究室を置いてほしいと希望した。孫三郎は直ちに快諾して、倉紡の工場保健調査を大原社研に委嘱することとし、同研究所の一部門として工場保健衛生調査所を万寿工場内に設けることを決めた。翌三月に暉峻は倉紡の嘱託に任じられた。

倉敷労働科学研究所設立当時の研究室内の様子（倉敷紡績株式会社所蔵）。

暉峻はいったん帰京して、生理学から社会衛生学に専攻を転じた石川知福《ともよし》（東大医学部に戦後設置された公衆衛生学の教授となる）、労働心理学専攻の桐原葆見《しげみ》（労研第二代所長）の二人を担当者として選び、七月に来倉して女子寄宿舎の一室で合宿し、労働者と寝食をともにしつつ三週間にわたり、深夜業につき日本で初めて科学的研究を行なった。

さらに、医学士の高田隣徳と八木高次が調査所研究員に加わった。この一九二〇年の一二月に大原社研から社会衛生部門を分離し、倉紡がこれを受け入れて工場内に社会衛生研究部を設置することになったが、研究部は倉敷労働科学研究所（以下、労研と略記）と改称された。一九二一年六月に研究所の建物が完成し、七月一日には開所式に代えて衛生展示会が開かれ一般に公開された。

この仕事を終えた暉峻は、二年間欧米で研究し、多くの機器と図書とともに一九二三年末に帰国した。彼がベルリン大学カイゼル・ヴィルヘルム労働生理学研究所で研究していた二二年半ば頃、当時のドイツの天文学的インフレの中で貴重書が続々と売りに出されていたのをみて、孫三郎に「書籍購入の千載一遇の好機、できるだけ送金を乞う」と電報を打ったところ、彼から直ちに一〇万円の大金が送られてきて狂喜したという[31]。大原社研の場合と同じく、暉峻ら労研のスタッフの尽力によってゲッティンゲン科学史文庫、生理学関係のフェルボルン文庫といった貴重書を倉紡が所蔵することになった[32]。

労研は暉峻の主導のもとで社会衛生学[33]、さらに労働の能率向上を追究する労働科学の研究で多大な成果を上げていった。労研が孫三郎の依頼で最初に着手したのが深夜労働の研究であり、以後、職工適性検査法の開発、工場内の温湿度と労働者の健康及び生産能率の関係に関する研究、集団栄養、特に工場食に関する研究、そして時間研究をはじめとするいわゆる科学的管理法の研究など、倉紡の経営に直結する研究を、所員の個人研究とともに実施していった。

ところが、倉紡の箇所で述べたように、大原家が経営する三大企業であった倉紡、第一合同銀行、倉絹のすべてが危機に陥っていた昭和恐慌下の一九三〇（昭和五）年、労研は同社から切り離されて孫三郎の個人経営となった[34]。その背景として労研の研究が、現場から遊離した実益に乏しいものであったからだとする主張があったが、筆者はそれには疑問を持っている。

一九二〇年代の労研の研究は、倉紡や倉絹の経営合理化にかなりの貢献をしていたとみられるためであるが、この点は第二部Ⅲ章で説明する。

倉紡からの分離後も、労研の設備一切は、倉紡が所有し続け、同社から委託研究費の名目で労研に毎年三万円が補助された。さらに、孫三郎の労研への経済的支援は続き、研究員の八木、石川、桐原は続々と欧米に留学し、暉峻も一九三一年に第六回国際産業医学会議及び産業災害会議に日本代表として出席した。

独立後の労研は紡績労働の研究機関という制約から解き放たれて、暉峻が構築した労働科学を構成する、労働生理学、産業心理学、産業衛生学、職業疾患、生体測定、集団衛生、社会衛生、産業労働の八研究部門を持つに至り、内外から高い評価を受けるようになった。

一九三四年末には、倉紡や孫三郎の経済的負担という問題とはやや異なる国家的見地からも、労研を倉敷から東京に移転し、日本学術振興会の運営に委ねる動きが出てきた。一九三一年九月の満洲事変以後、軍の発言力が高まり、三四年一〇月には陸軍省新聞班発行のパンフレット『国防の本義と其強化の提唱』が、「たたかひは創造の父、文化の母である」と明言し、軍から各所大量に配布され物議をかもしたりしたが、こうした状況の中で乳児死亡率の高さや青年の結核の増加という、日本軍の将来に大きく影響をする国民の体位向上・健康増進策が重要な課題となりつつあった。この観点からも労研は、政府から注目されるようになったのである[35]。

ただ、日本学術振興会側は、労研の直営事業化は財政的に不可能としたものの、東京に日本労働科学研究所を新設することとし、倉紡が研究所の移転費用、三年間の人件費と若干の維持費、諸設備、図書等のすべてを新研究所に寄附するという条件で交渉がまとまり、一九三六年一二月、旧労研は閉鎖され、翌三七年一月一日に財団法人日本労働科学研究所が東京世田谷区に発足した。

戦時期、暉峻所長に率いられた労研は、資金調達難を背景に一九四〇年、大日本産業報国会の下部組織に編入されたが、敗戦後、文部省所管の財団法人労働科学研究所として再出発し、一九七一年に東京都世田谷区から神奈川県川崎市へ移った。

二〇一二（平成二四）年には公益財団法人となり、一五年には公益財団法人大原記念労働科学研究所と名称を変更するとともに、創立者の清水安三がアメリカ留学の際に孫三郎の支援を受けたという縁もある東京都渋谷区千駄ヶ谷の桜美林《おうびりん》大学内へ移転し、現在に至っている。(36)

大原美術館——児島虎次郎を支援し続けた孫三郎

孫三郎は、これまでの記述からもうかがわれるように、将来を期待される優秀な人材に対し、奨学金を気前よく支給し、戦前には極めて困難であった海外留学の支援も惜しまなかった。

一八八一（明治一四）年に現在の岡山県高梁市成羽《なりわ》町に生まれた児島虎次郎は、苦学して東京美術学校（現東京芸術大学）で学んだが、在学中から孫三郎は、大原奨学生として彼を経済的に支えるとともに、その人柄と画才を高く評価するようになった。

児島は美術学校卒業の年に展覧会への出品準備のため、保母と子供を写生しに石井十次が運営する岡山孤児院を訪問した際、石井が児島の人格に惚れ込み、絵描を辞めて孤児院の仕事をするよう勧めたところ、児島は即座に、「惜しまれるような画家にはならない」と答えた。児島がこの孤児院をモデルに描き上げた作品「なさけの庭」は、東京勧業博覧会絵画展で宮内省の買い上げとなり、それをおおいに喜んだ孫三郎は児島に一九〇八年から一二年までの五年間もベルギーのガンにある美術学校に留学させた。石井十次も、長女友子と児島との結婚を熱望するようになり、児島が留学を終えたのち、二人は孫三郎の媒酌で結婚した(37)。

第一次世界大戦後の一九一九(大正八)年五月から二一年二月まで児島は、孫三郎の勧めにより再度欧州に滞在した。出発前に児島は孫三郎に、本格的な洋画に接する機会がない日本に、若い画家たちのために現代フランス絵画の代表的な数枚だけでも持ち帰りたい、との希望を述べたところ、孫三郎は快諾した。

前回の留学時には印象派がまだ盛んであったが、今回には後期印象派や野獣派の時代も過ぎ、シュール・リアリズムやエコール・ド・パリの時代が到来していた。そうした中で児島は創作活動を続けるとともに、著名な画家たちのアトリエを訪問して、モネの「睡蓮」やマチスの「画家の娘」など秀作を購入し、帰国時に持ち帰った。

彼が日本に戻った後、一九二一年三月末の四日間、倉敷文化協会主催で仏蘭西名画家作品展を開いたところ、大変な評判で東京、京阪から鹿児島に至るまで遠方から多数の人々が鑑賞のため来倉し、孫三郎も驚かされた。さらに、児島が帰国前に師のアマン・ジャンや知人に依頼していた二〇点も同年末に到着し、翌一九二二年一月に第二回仏蘭西名画家作品展としてそれらを公開したところ、前回を上回る盛況であった。

こうした反響をみた孫三郎自身は洋画への関心は高くなかったものの、日本の美術の向上のためにに本格的な西洋美術のコレクションを構築することの必要性を認識し、一九二二年五月にその収集を目的として児島に三度目の洋行を依頼した。

折から欧州では、インフレが高進していたため円が高く評価されており、戦後の生活苦から美術品が売りに出されることも多かった。そのように日本人が芸術作品への投資を行いやすかった環境のおかげで、児島は、のちに大原美術館でも特に著名となったエル・グレコの「受胎告知」をはじめ、古代エジプトの「猫のブロンズ像」、ロダンの彫刻、ホドラー、ゴーギャン、ロートレック、ミレー、モロー、ルドン、セガンティーニらの作品を収集し、一年後に帰国した。

一九二三年八月には二週間にわたり第三回仏蘭西名画家作品展が開催され、全国から多数の鑑賞者が集まり、その後、児島の集めた作品は、折からの円本ブームの中で刊行された美術全集や、教科書に掲載されて広く知られるようになった。

児島はその後、創作活動に精進して名声を博し、一九二七（昭和二）年初頭には、東京の明治神宮外苑に前年完成した聖徳記念絵画館に奉献するため、「対露宣戦御前会議」の壁画を制作してほしいという名誉ある依頼を受けた。孫三郎はこの朗報をおおいに喜び、制作に要する費用すべてを援助すると約束し、児島もこの仕事に全力を注ごうとしていた矢先、突然倒れ、その後一進一退を繰り返したのち、一九二九年三月に世を去った。

児島は生前、孫三郎が建ててくれたアトリエ無為堂のある高梁川のほとりの酒津にフランスの田舎風の美術館をつくりたいという夢を孫三郎に語っていたが、不況や孫三郎の病気のため、その話は立ち消えとなっていた。

児島の死を契機に孫三郎は、昭和恐慌下で倉紡や第一合同銀行が存亡の危機に置かれていたにもかかわらず、児島の遺志の実現に向けて不退転の決意を持った。百箇日も済まない同年六月に、児島と同じく孫三郎が欧州に留学させた満谷国四郎《みつたにくにしろう》、児島に依頼された神宮絵画館の壁画を引き継いで完成させた岡山の画家吉田苞《しげる》、ほか一名の洋画家に美術館の設計要領を相談し、薬師寺主計に設計を依頼した。翌一九三〇年秋に岡山県下で陸軍特別大演習があることを薬師寺から知らされた孫三郎は、それまでに美術館を完成させることを決意した。同年三月に始めた工事は一一月に実施された大演習に先立つ一〇月にはほぼ終わり、新川河畔に本邸と向かいあったローマ神殿風の建物が姿を現した。

孫三郎は美術館を当初、児島画伯記念美術館と称していたが、他の人々の意見を入れて大原美術館と改め、武内潔真を館長に任命した。一一月五日に岡山、香川両県知事をはじめ内外の名士百五十余人を招待して開館式を挙行し、同月二五日より一般公開した。

今日、大原美術館は内外から来訪者が絶えないが、設立後しばらくは訪れる人も少なく、孫三郎への攻撃の対象とされたことすらあった。一九三三年以降の増税への対策として、三五年三月にはその財団法人化が認可された。

民芸運動への支援

児島虎次郎は、木工品制作及び酒津焼の復興を推進していたが、彼の没後の一九三一（昭和六）年頃から孫三郎、彼の主治医の三橋玉見《みはしたまみ》、及び武内潔真らがそれを継承した。孫三郎らはさらに、学習院を経て東大文科で学び、文芸史上の白樺派にも含められる哲学者の柳宗悦《やなぎむねよし》（一八八九〜一九六一）が、陶芸家の富本憲吉、河井寛次郎、濱田庄司、イギリス人のバーナード・H・リーチらと進めていた民芸運動への理解と交流を深めていった。

民芸とは柳たちが一九二六年に創出した「民衆的工芸」を意味する造語で、民衆が使う染織品、家具、木工、金工、漆器、陶磁器等の日用品に新たに美を見出す理論の創造であり、作品の製作活動であった。そして柳らは、民芸を世に知らしめ残していくことに全力投球していた(38)。

孫三郎らは期せずして、この民芸グループの一員である栃木県益子《ましこ》の陶芸家濱田庄司の作品に強く惹かれ、一九三一年に彼の展覧会が倉敷で開催されたことにより、孫三郎をはじめ同地の人々の民芸運動への関心が高まった。

一九三五年には濱田の招きによってアジアでの生活が長く、日本の工芸に深い理解を示すリーチが来倉し、大原美術館や孫三郎所蔵の古美術を鑑賞する一方、彼自身の作品展示会を開いた。

リーチから、柳が企図していた民芸の美術館の重要性を聞かされた孫三郎は、建設費一〇万円を即座に寄附し、柳、河井、濱田らが一〇年前から構想しつつも、資金難のため実現できなかった日本民藝館が、一九三六年に東京目黒区駒場で開館されることになった。

後年、柳はこう回顧している。「往時を追懐して大原翁に感謝の念を新たにする。この民藝館の設立は、私の一生のささやかな仕事のうち一番社会への具体的な寄与として、いつか国家もその値打ちを認める日が来よう。しかし今まで何ら国家から保護を受けず、全くの在野の仕事として発展してきたのである」[39]と。

孫三郎は民芸品の持つ美を愛するとともに、河合や濱田が作製した茶碗を茶会で実際に使うなど、民芸品があくまで実用的であることも重視していた。孫三郎が収集した民芸品は大原美術館や、彼の死後、倉敷にも建設された民藝館に展示されている。[40]

（1）青地晨［一九六一］、「大原三代―美術とアカデミズムの都」『中央公論』一九六一年五月号（中央公論社）二八〇ページ。
（2）犬飼亀三郎［一九六七］、『大原孫三郎と原澄治』（倉敷市文化連盟）五八ページ。農商務省農務局編［一九〇九］、「地主ト小作人」『農商務彙纂』第五号（産業組合中央会）二九六〜二九七ページ。
（3）大原奨農会を前身とする農研の沿革については西門義一編［一九六一］、『大原農業研究所史』（大原奨農会）を参照。
（4）前掲『大原孫三郎と原澄治』五九ページ。

（5）同前六三〜六四ページ。
（6）農研は、戦後新設された岡山大学に一九五三年度に寄贈された。
（7）「近藤萬太郎履歴書」『大原孫三郎伝執筆資料』（大原家文書）No.14-2-22。
（8）『十人百話』第五巻（毎日新聞社、一九六四年）に収録されている大原總一郎「大原敬堂十話」（『毎日新聞』一九六三年一〇月一〇〜二二日記事）。前掲『大原孫三郎と原澄治』六〇、六三ページ。本文中に示した貴重書は現在、岡山大学史料館に保管。
（9）前掲『大原孫三郎と原澄治』三五ページ。
（10）同前三八ページ。
（11）「林源十郎氏談」前掲『大原孫三郎伝執筆資料』No.29-58。
（12）柴田善守［一九六四］、『石井十次の生涯と思想』（春秋社）二八七〜二八八ページ。
（13）大原孫三郎傳刊行会編［一九八三］、『大原孫三郎傳』（同会）九五ページ。
（14）同前一二三ページ。孫三郎の葬儀は妻の場合と同じく仏式（真言宗）であった。
（15）前掲「大原敬堂十話」。
（16）高橋彦博［二〇〇一］、『戦間期日本の社会研究センター──大原社研と協調会──』（柏書房）一八ページ。
（17）同前二二〜二三ページ。
（18）玉井金五［一九九二］、「日本における防貧論の展開──小河滋次郎と方面委員制度──」『防貧の創造──近代社会政策論研究──』第一章（啓文社）を参照。玉井は、一九一八年に大阪での方面委員（現在の民生委員）制度の発足に際し大阪府嘱託という肩書で重要な役割を果たした、元内務官僚の小河の思想と行動に注目し、彼が構築した方面委員が、各家計の実態を調査し、生活難が見出せる場合、自立の方向へ指導していたことを、日本における防貧の第一歩と評価している。小河が大原社研の発足に貢献したのはおおいにありうることである。また、同論文によれば小河も来日したウェッブ夫妻の影響を受けていた。

(19)安部は一八八九〜九〇年頃、岡山教会の牧師としてたびたび来倉していたため、孫三郎は少年期から彼と面識があった。
(20)前掲『大原孫三郎と原澄治』五六ページ。
(21)社研に関する記述は断りのない限り、以下による。法政大学大原社会問題研究所編［一九五四］、『大原社会問題研究所三十年史』（同所）。法政大学大原社会問題研究所編［一九七〇］、『法政大学大原社会問題研究所五十年史』（同所）。
(22)暉峻につき以下を参照。暉峻義等博士追憶出版刊行会編［一九六七］、『暉峻義等博士と労働科学』。三浦豊彦［一九九一］、『暉峻義等―労働科学を創った男―』（リブロポート）。
(23)河上肇［二〇〇八］、『貧乏物語』（岩波文庫）。同書所収の大内兵衛「解題」（引用は二二三及び二二六ページ）も参照。
(24)二村一夫［一九九四］、「大原社会問題研究所を創った人びと」法政大学大原社会問題研究所編『大原社会問題研究所雑誌』第四二六号（同所）六八ページ。
(25)同論文は、森戸辰男［一九七二］、『思想の遍歴』上巻（春秋社）に収録。
(26)詳しくは同前ほか、前掲『戦間期日本の社会研究センター――大原社研と協調会―』の高橋分析Ⅱ〜Ⅲを参照。
(27)『大阪毎日新聞』一九二〇年二月二二日記事（神戸大学新聞記事文庫 思想問題2-147）。
(28)大内兵衛［一九五九］、『経済学五十年』上巻（東京大学出版会）一二三〜一二四ページ。
(29)大内兵衛・森戸辰男・久留間鮫造監修、大島清著［一九六八］、『高野岩三郎伝』（岩波書店）。
(30)大林は同志社大学講師に就任したが、社研の委員は続けた。
(31)ただし、そのうち四万円は大原奨農会農研、一万円は社研の分で、残りの五万円が倉紡中央病院と労研にあてられたことが後に判明。

(32) ゲッティンゲン科学史文庫は倉敷中央病院、フェルボルン文庫は労研が、それぞれ所蔵していた(岡田靖雄［二〇〇〇］、「暉峻義等と医学史研究—奨進医会および日本医史学会とのかかわりを中軸に—」『日本医史学雑誌』第四六巻第一号六〇ページ)が、その後、フェルボルン文庫の一部は倉敷中央病院が労研から購入して保管(水島博氏のご教示)。

(33) 暉峻の社会衛生学研究については第二部でもふれるが、最近の研究として以下を参照。杉田菜穂［二〇一二］、「日本における社会衛生学の展開—暉峻義等を中心に—」大阪市立大学編『経済学雑誌』第一一三巻第一号(同学)。

(34) 倉紡内には労研に加えて、前記の倉紡中央病院と、一九二一年設置の倉紡図書館の計三機関が置かれていたが、病院も二七年に同社から切り離されて独立採算制となり、図書館は三一年に閉鎖された。

(35) 裴富吉［一九九七］、『労働科学の歴史—暉峻義等の学問と思想』(白桃書房)第七章。

(36) 大原記念労働科学研究所HP (http://www.isl.or.jp/information/outline.html 二〇一七年五月三一日確認)

(37) 原澄治［一九五六］、「児島画伯を憶う」『成羽史話』一九五六年九月一五日号〈原澄治［一九五九］、『続彰邦百話』(犬飼亀三郎)三〇六ページ所収〉。

(38) 柳宗悦［一九八四］、『民藝四十年』(岩波文庫)。柳宗悦［一九八五］、『手仕事の日本』(岩波文庫)。後者所収の熊倉功夫「解説」も参照。

(39) 柳宗悦［一九五九］、「四十年の回顧」『民藝』一九五九年五月号所収。前掲岩波文庫版『民藝四十年』三五四〜三五五ページより引用。

(40) 大原美術館と日本民藝館の成立事情の委細については以下の文献を参照。兼田麗子［二〇〇八］、『大原孫三郎の社会文化貢献』(成文堂)。

V　事業からの引退と晩年

晩年の孫三郎

企業家としての大原孫三郎の事績を記述してきたが、結びとして、孫三郎の私生活と晩年についてふれておきたい。

孫三郎と夫人・寿恵子の間に一九〇九（明治四二）年七月二九日、待望の長男が生誕、祖父孝四郎により總一郎と命名されたことは前述した。夫妻にとって唯一の子であった總一郎は、第六高等学校を経て東大経済学部を卒業。創業まもない倉敷絹織に入社し、結婚後二年間半、欧米を視察した後、一九三九（昭和一四）年に同社社長、四一年には倉紡社長にそれぞれ就任した。

敗戦後も社長を務めた倉敷レイヨン（一九四九年に倉絹が社名変更。現クラレ）で国産合成繊維のビニロンの工業化を成功させ、物価庁次長、関西経済連合会常任理事なども歴任した。

1920年代末の孫三郎（左）。中央が總一郎、右が寿恵子夫人。大原孫三郎傳刊行会編［1983］、『大原孫三郎傳』より。

父の遺志を継いで大原美術館を発展させ、音楽にも造詣が深く、社会問題に関してもマスメディアを通じて積極的に発言したが、一九六八年に早逝している。文才もあったようで、著作に『化学繊維工業論』（東京大学出版会、一九六一年）がある。雑誌等への寄稿も多くあり、それらの一部が収められたものとして『大原總一郎随想全集』全四巻（福武書店、一九八一年）がある。

その總一郎の生誕と同じ日に分家原家にも慶事があった。孫三郎の姉卯野の娘長《ちょう》に、児島郡藤戸《ふじと》村（現倉敷市）の星島家の息子で早稲田大学を卒業した澄治を婿養子に迎える話が整い、その日が熨斗《のし》入れの当日だったのである。孫三郎を陰に陽に支えた女房役ともいうべき原澄治が、こうして大原一族に加わった。彼については第二部Ⅱ章も参照されたい。

一九二九年三月に敬愛する児島虎次郎を失った翌三〇年にも、知命を迎えた孫三郎には過酷な日々が続いた。昭和恐慌下で孫三郎が経営していた倉紡、第一合同銀行、倉絹などの事業の業績はすべて不振を極めた。そうした中で四月二五日には長年連れ添った寿恵子夫人が病のため四八歳で世を去った。妻を亡くした後、息子總一郎が、日露戦争時の奉天の会戦で勇名をとどろかせた野津道貫《みちつら》元帥の孫娘にあたる野津眞佐子と結婚した一九三四年頃より孫三郎は、事業からの引退を考えるようになった。

生来蒲柳の質で、約一〇年に一度大病を繰り返してきた孫三郎は、一九三六(昭和一一)年頃から狭心症の発作にしばしば見舞われるようになり、健康面での不安も持つようになったことが影響したのであろう。

そして一九三八年一〇月、總一郎夫妻が長期の外遊から帰国後、孫三郎は引退の決意を実行し始めたようだ。總一郎を同年一二月に倉絹取締役にし、翌年一月には倉紡の取締役にも就任させた。一九三八年一二月には中国信託会社会長も辞任しており、平取締役となって、原澄治を後任会長にあててもいる。

一九三九年五月以降、本格的に引退を進め、同月に倉紡と倉絹の取締役社長を辞し、それぞれ神社柳吉と總一郎が後任を引き受けた。この月には京阪電鉄、翌六月には中国信託と合同貯蓄銀行の各取締役も辞任した(1)。一九四〇(昭和一五)年には最後まで担当していた中國銀行頭取の座を公森太郎に譲り、平取締役になった。

芸術と宗教への関心

孫三郎は多彩な趣味を持っていた。民芸や洋画収集についてはすでに述べたが、ここで版画の天才といわれた棟方志功《むなかたしこう》との交流についても紹介しておこう。現在の大原美術館にも彼の作品は多数保存・公開されているが、棟方は一九三七〜三八年に、倉敷の大原邸に招待され、孫三郎、總一郎父子と初めて会ったという。棟方は、下宿した家の部屋一面に、しばしば衝動的に絵を描き、それらがのちに貴重な作品として保存されるようになるが、その噂を耳にした孫三郎・總一郎父子が棟方にアプローチをしたようだ。当時の回想を少し長くなるが引用したい(2)。

「わたくしは、河井（寛次郎―引用者注）先生につれられてこの会に出ました。なごやかな、なんともいえぬ雰囲気でした。後にも先にも、あれほど楽しかった園遊会はなかったと思います。

そのとき、大原孫三郎氏が、

『わたくしの子供の總一郎が、とてもあんたが好きで、今日も待っていました。わたくしの家では、今まで絵描きに依頼して絵をたのんだことはなかったが、こんどあんたに、襖を描いてもらいたいと總一郎がいうから、やってみたらどうか』

といわれました。

なにせ、大原氏は、大財閥として関西にも関東にも知られていましたし、茶人としても、粋人としてもよく知られていました。とくに美術の鑑賞においては、当代一といわれていました。もちろんそのときは、大原美術館が建っていて、われわれ絵の仕事をする人のあいだで、明星のごとく輝いていました。そういう方から、その家の襖を描けといわれたので、ドキッとしました。こちらは名もない、板画の仕事に入って、何年もたたない絵描きです。そんな人間にそういう大業をやってくれという魂の太さに、非常に恐縮しました。

そのとき、はじめて總一郎氏に会いました。元気な、とても思想の燦然《さんぜん》とした若い意欲が、その人の身体に光っているような気がしました。總一郎氏が、

『今、父からいわれたんだろうけれども、この僕の部屋全部に描いてもらいたいんだ』

まずはじめに、襖八面を描いてくれといわれました」。

この時、国宝級の茶器でお茶をご馳走になった棟方は「茶という和敬清寂の気持をはじめて受けました。わたくしが仕事をする上に、またこの大原邸から受けた襖の仕事には、この気持が非常に大切だということがわかりました。これは大原先代がわたくしに、こうあれということを、言葉でなくて行いで致させたのだなと思いました」と述べている。芸術家との付き合い方を心得た風雅な父子の姿が目に浮かんでくるような逸話である。

ほかにも孫三郎は、建築造園に父孝四郎と同じく造詣が深かった。中國銀行や大原美術館は薬師寺主計の設計、大阪市の藤木組（藤木正一社長。現株式会社藤木工務店）の建設によった。『論語』の「徳不孤必有隣」から第六高等学校の松尾哲太郎教授が命名した有隣荘（別名・東別邸）は、一九二八（昭和三）年に孫三郎が妻の健康を気遣って建てたが、設計は薬師寺主計のほか、和風の部分の設計は明治神宮や築地本願寺の造営で著名な伊東忠太、内装は児島虎次郎、庭園は平安神宮や山県有朋邸などを手掛けた七代目小川治兵衛が各々担当した。(3)

また、たびたびふれた大阪上本町別邸のほか、一九三二年、三四年それぞれに入手した京都の

北白川別邸、兵庫県の住吉別邸には好みの茶室や庭園を設けていった。日本の古美術品の収集も父の孝四郎譲りであり、雪舟や浦上玉堂の絵画はとりわけ有名であった。また、一九三六年に四九歳で夭逝した土田麦僊《ばくせん》の画才を、児島の没後、ことのほか愛したという。

師につくことはなかったが、独特な風格の書を残し、一九一九（大正八）年以降には敬堂《けいどう》と号するようになった。茶道では名器をそろえていたものの、形式に縛られない天真爛漫でくつろいだ会合を好んだ。華道でも自由な作法で非凡な腕前を示した。

清元を始めとする邦楽や日本舞踊も愛したようだ。余談だが、音楽に関しては兼常清佐《かねつねきよすけ》（一八八五～一九五七）への支援[4]が興味深い。兼常は東大文科心理学科卒業後、音楽研究を在野で進め、一九一九～二〇年当時、民衆から忘れられつつあった「日本民謡を正しい音譜として後世に残そうとし」ていたが、その頃西洋音楽に熱中し、レコードを集めたり、音楽会に出かけていたりした労研の暉峻義等（第一部Ⅳ章参照）が、偶然兼常と知り合った。

一九二一年、暉峻が労研の仕事でドイツに出張することになった際、兼常は羨んだ。彼の音楽研究の独創性と科学的研究態度を尊敬していた暉峻は、兼常のドイツ音楽への造詣の深さも知って、彼の留学の実現に協力するため、同年五月頃、兼常を伴って倉敷の孫三郎を訪ねた。彼は、音楽も美術もわからないが、有意義なことだ、として即座に兼常の留学費用を出してくれることになった。兼常は、一九二二年二月から二四年一一月まで、関東大震災の際も即時帰国せずに頑張って学んだ。大原への土産として兼常はピアノラ（自動演奏ピアノ）を購入したが、それは總一郎の音楽への関心を高めるのに役立った。

その後、東京で音楽研究を続けていた兼常に、孫三郎は一九三四（昭和九）～三八年に再び相当の援助を与えた。兼常は、東京にささやかな「大原音楽研究室」を設け、①日本音楽の研究、②日本民謡の収集、③日本音楽のトーキーとレコードによる保存、④日本音楽図書館の完成、に尽力した。特に、当時未発達だったトーキーには相当の努力を払った。孫三郎はまた、東京の新橋の料亭に流れる音楽の採譜も兼ねて、兼常をしばしば料亭に伴ったという。

以上のような芸術への強い関心は、現役時も引退後においても、孫三郎の生活の中で大きなウェイトを占めていたことは明らかである。

宗教・信仰面ではどうだろうか。冒頭で詳しくふれたように、孫三郎は若き日に石井十次の感化でキリスト教に入信したが、教義そのものよりも石井という強烈な個性に惹きつけられた面が強かったとみられる。それゆえ、一九一四年の彼の死後、孫三郎のキリスト教信仰は冷めていったようだが、[5]その精神を忘れてしまったわけでもなかった。

一九〇六（明治三九）年の設立に孫三郎も尽力した大原家本邸前の倉敷教会が二三（大正一二）年に旭町に移転した際、留学中であった林源十郎（二代目）と児島虎次郎に依頼してフランスから四〇〇〇円のオルガンを取り寄せて、寄附した。また、倉敷在住の牧師田崎健作が一九三一～三二年に実施した欧州でのキリスト教の視察の費用も孫三郎が出した。[6]ほかにも、関東大震災前、在華紡建設の調査のため中国を訪れた際に、通訳等で世話になった青年牧師の清水安三から同地でアメリカ留学の希望を聞いた結果、彼を二年間、同国オハイオ州オベリン大学で学ばせ、帰国後、清水が桜美林学園の創立者となった事実はよく知られている。

また孫三郎は、本邸から遠くない鶴形山上にある菩提寺の宝寿山観龍寺との付き合いを大切にし、位牌堂を建立し、茶室を寄附した。(7) この寺は京都市の仁和寺が本山で、真言宗古義派に属し、その縁で彼は、仁和寺の信徒総代に推されていた。(8)

さらに、孫三郎は茶会で知り合った近衛文麿《このえふみまろ》が一九四〇(昭和一五)年に私財三〇〇万円を投じて祖先の藤原鎌足《ふじわらのかまたり》を祀るため、近江神宮を建立したのに触発されて、阿智神社の大改修を発案したものの、これは未実現に終わった。(9) 晩年の孫三郎はキリスト教、仏教、神道へのこだわりを超越した、高い宗教的境地に到達していたように思われる。

世を去る

一九四二(昭和一七)年一〇月頃から孫三郎は持病の狭心症の発作に頻繁に見舞われるようになり、翌四三年一月一八日午後三時三〇分に永眠した。享年六二歳であった。

葬儀は、二三日に葬儀委員長原澄治、喪主大原總一郎により倉敷市の観龍寺で行われた。孫三郎の遺産相続の申告額は意外に少なく税務署を驚かせた。対応した人物は以下のように回顧している。「世間では美術品だけでも何億といってあるとの噂だったので、税務署でも財産隠匿と見て広島の国税庁から数人が来て三日も逗留して調査した。そして各種の財団法人に寄附した財産は、その財団が解散した後帰つて来るような定めになつていないかどうか寄附行為を調べた。書画骨董の大部分は売つて中國銀行の負債整理に充てたと答えると、その負債は何のために生じたのかと突込む。そこでそれは、中國銀行の頭取として、山陽銀行を合併する際山陽銀行側重役の負債整理引受け、（中略）外国視察員派遣費、キリスト教寄附、社研・農研・労研等の経費等の集積したものであると説明してやつと納得した。結局調査を終わった後、国税庁の役人はこういつて帰つた。大原さんという方は真に偉い方であると分つた。殆んど全ての人が財産の僅かに二～三％を寄附して社会事業家顔をするものであるのに、大原さんは資産の七〇％以上を社会事業に出している。無謀に近いやり方であるが、それがまた一般人と異る偉いところである」と。[10]

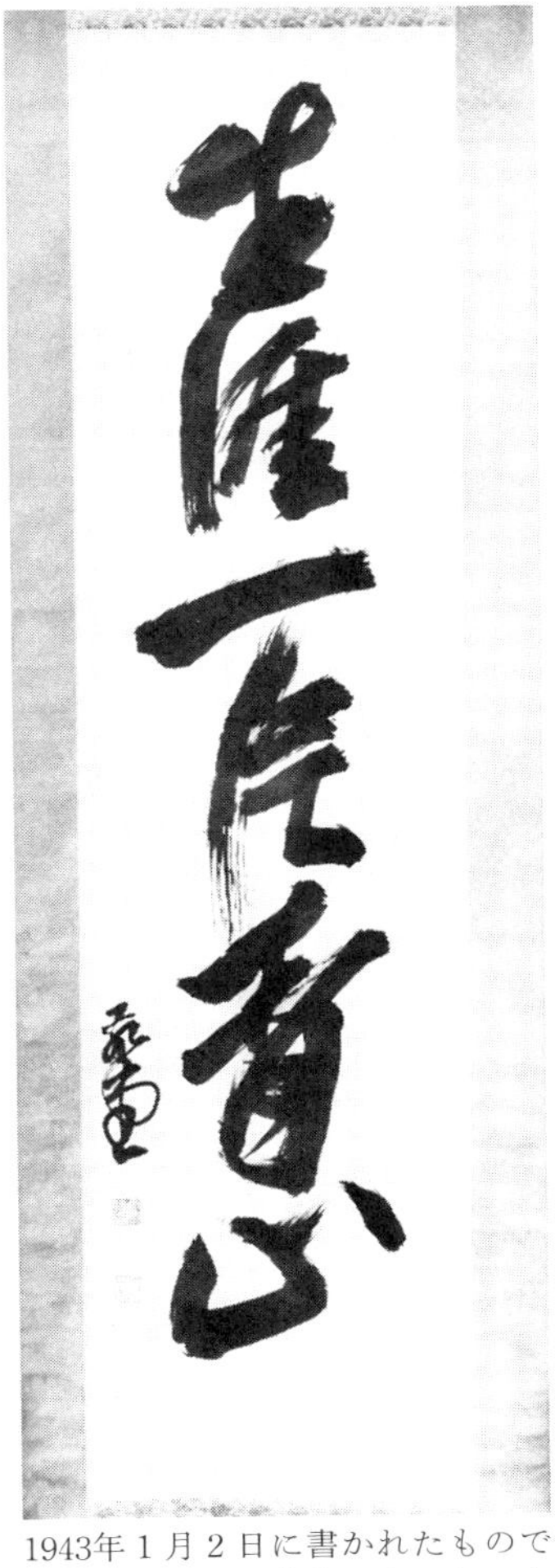

1943年１月２日に書かれたものであり、孫三郎の絶筆となった。大原孫三郎傳刊行会編［1983］、『大原孫三郎傳』より。

（1）中国信託と合同貯蓄銀行では相談役に選任。
（2）棟方志功［一九六四］、『板極道』（中央公論社）。一九七六年刊行の中公文庫版一三六～三八ページより引用。
（3）「倉敷観光案内」（http://kurashiki-kankou.com/spot/yurinsou.html）（二〇一六年一一月八日確認）。
（4）暉峻義等「兼常清佐氏への音楽研究事業援助について」『大原孫三郎伝記執筆資料』（大原家文書）No.12-71及びNo.24-20。引用は前者の資料より。
（5）青地晨［一九六一］、「大原三代・教養に武装された事業家―孫三郎から総一郎へ―」『中央公論』一九六一年八月号（中央公論社）二三三ページ。
（6）犬飼亀三郎［一九七三］、『大原孫三郎父子と原澄治』（倉敷新聞社）一一四～一一五ページ。
（7）同前四ページ。
（8）同前一一五～一一六ページ。
（9）同前一二二～一二四ページ。
（10）「一九五七年九月六日　木村長三郎氏談」前掲『大原孫三郎伝記執筆資料』No.30-51。

第二部
論　考

企業家・大原孫三郎の真価

見抜いて、信じて、任せることで創出されたもの

Ⅰ　倉敷紡績の経営分析――いかに競争優位を確保したのか

孫三郎社長時代における経営の特徴と傾向

大原孫三郎は多角的な企業経営を展開したにもかかわらず、社会事業家としての活動に注目が集まる人物である。そこで本章では彼の企業家としての側面、その経営力といったものに焦点をあて、新たな視点を提供することを目的としている。その手法としては、先行研究において、管見の限りほとんど活用されてこなかった倉紡の「考課状」（営業報告書）を用いて、第一部では記述資料にもとづき、定性的にみてきた倉紡の事績をデータで裏づけつつ、辿ってみよう。

孫三郎の経営戦略の中でも注目すべきはその積極的な拡張政策である。売上高成長率の推移を示した**図表5**によれば、倉紡は一九〇九年上期、一九一五～一六年、一八～一九年には、当時好調だった東洋紡や大日本紡といった主要企業を凌ぐほど成長率を高めていた。

図表5　売上高成長率の推移

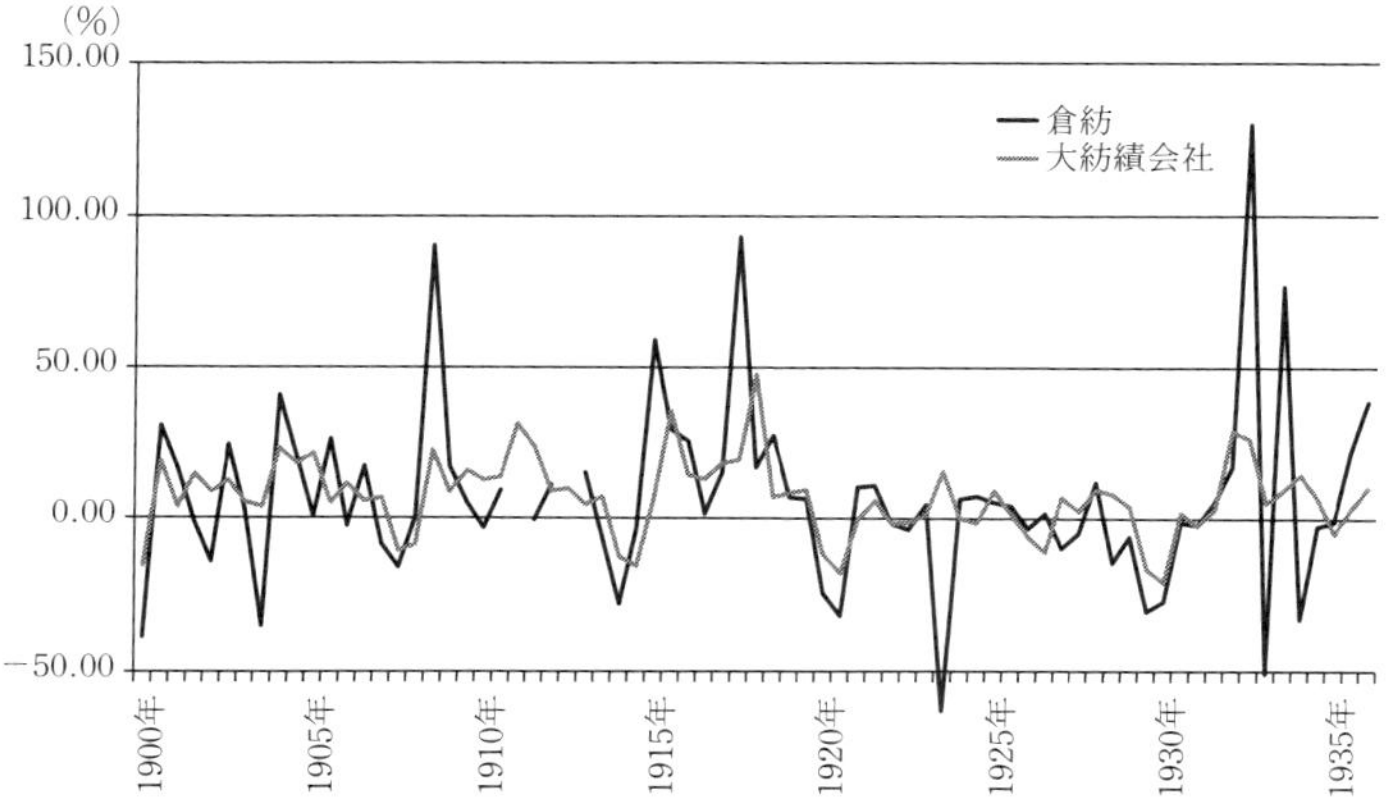

［出典］　各社「考課状」、社史をもとに本章執筆者（結城武延）作成。（注）売上高成長率＝（今期の売上高－前期の売上高）÷前期の売上高。大紡績会社：大阪紡、三重紡、鐘紡、尼崎紡、攝津紡、及びそれらの後身企業である東洋紡、大日本紡の算術平均。なお、考課状や社史から数値が得られない期は空白とした。

一九二〇年代前半には二四年上期の大きな落ち込みを除けば、売上高成長率は他社並みのプラスを維持していた。この一九二〇年代の慢性的な不況下で、孫三郎は役員の刷新と組織の改革、そして科学的管理法にもとづく経営の合理化に着手した。

以上のような拡張政策を資金面で支えたのが大原家と倉敷銀行である。大原家は岡山の大地主として莫大な資産を有しており、地主経営で得た利益を株式などの資産運用で増やし、そうして増やした資産を倉紡へ貸し付けたことが知られている。さらに、大原家の機関銀行（特定の事業会社や個人と密接な関係にある銀行）となっていた倉敷銀行は株式担保貸付及び社債発行の引き受けを通して、倉

図表6　有利子負債比率の推移

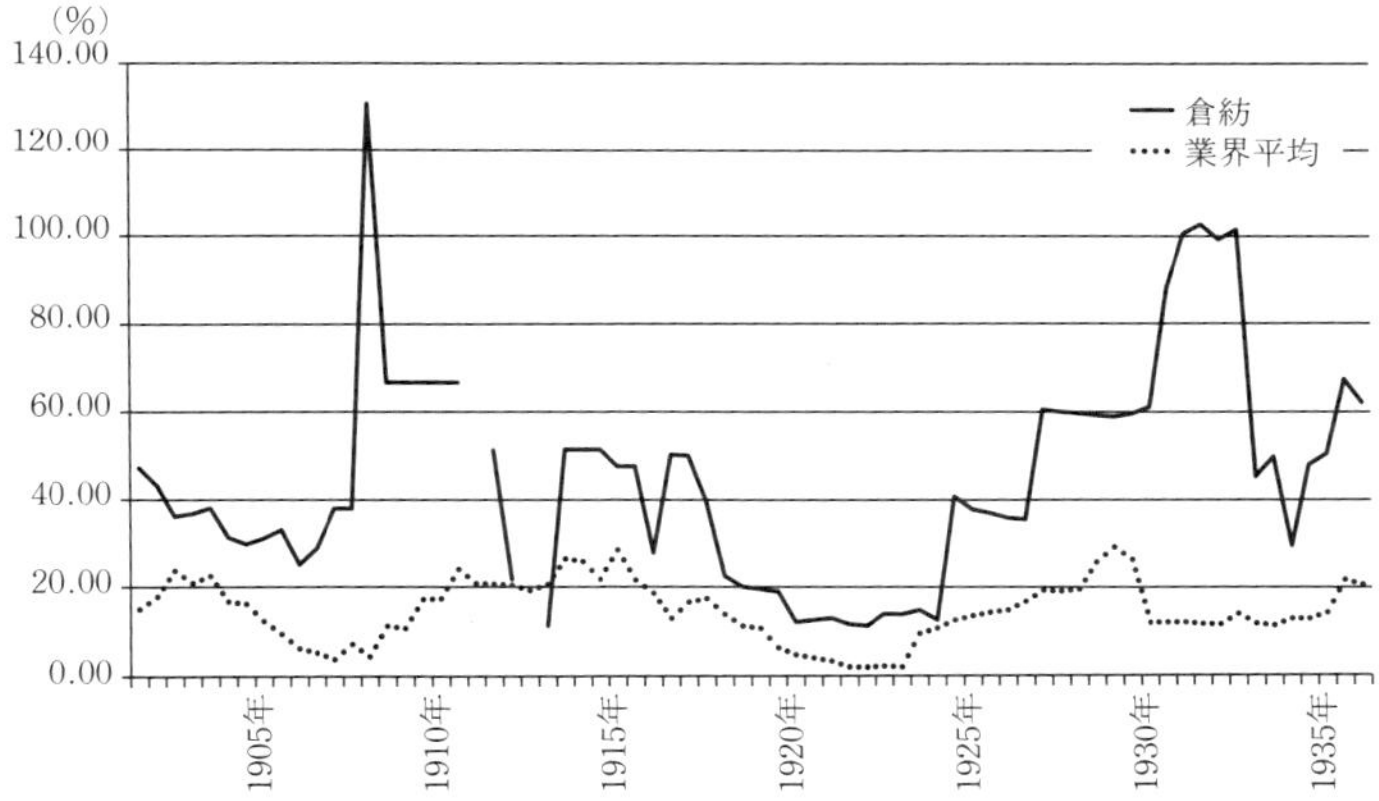

［出典］　倉紡は「考課状」をもとに本章執筆者作成。業界平均は藤野正三郎・寺西重郎［2000］、『日本金融の数量分析』（東洋経済新報社）所収の表9－2、表9－4、表9－5。（注）有利子負債比率＝（社債＋借入金）÷自己資本。なお、考課状や社史から数値が得られない期は空白とした。

紡の増設に重要な役割を果たし、多額の貸し付けを行なったのである。

このような資金調達面の特徴は、臨機応変かつ積極的な設備投資を可能にするという大きな利点があったが、他方で利子払いによる費用増という危険性も孕んでいた。**図表6**は倉紡と業界平均の有利子負債比率の推移を示しているが、倉紡は一貫して有利子負債の割合が極めて高いことがわかる。倉敷銀行による安定的な融資は平常時や好況期には都合がよいものであったが、不況時になると利払いのコストが膨らみ経営を逼迫させた。

この事情は一九一九（大正八）年九月に倉敷銀行が中心となって設立された第一合同銀行にも引き継がれた。以下では、こうした倉紡の特徴が競合他社との競争においてどのように影響したのかを詳述しよう。

競合他社との競争における倉紡の比較優位

日清戦争後の一九〇〇年前後の不況を契機として多数の中小紡績会社の淘汰が合併と買収を通じて進み、後に三大紡と呼ばれた東洋紡、鐘紡、大日本紡につながる大紡績会社が第一次世界大戦前後には紡績業界において製品開発や技術開発を主導していった[1]。両大戦間期にはそうした技術革新あるいは積極的な設備投資による規模の経済性や経営の合理化を通じて、三大紡は規模の面はもちろん、収益の面でもその他紡績会社を凌駕するようになった。大紡績会社は大阪をはじめとする大都市周辺に工場を設立し、物流あるいは労働者や資金の調達といった点で競争優位を確保した。他方、岡山県を主軸とした地方に拠点を置く倉紡は、立地上は相対的に不利な面があったにもかかわらず、第一部でもみた通り、両大戦間期に至り三大紡に肉薄するほどの成長をみせ、戦時期の企業整備の際には最終的な統合単位となったいわゆる十大紡に名を連ねるまでとなった[2]。

当時の紡績会社に競争優位をもたらした経営戦略は(1)水平統合戦略(鐘紡)、(2)垂直統合戦略(東洋紡)、(3)製品高級化戦略(大日本紡)などがあり、主要企業は立地条件などの外的環境と自身が有する経営資源に応じてそれらを選択していた。先に述べたように孫三郎は合併や買収を重視する(1)を選択したが、それは当時の倉紡をとり巻く外的環境や内的要因に適合的な経営戦略だった。当時の紡績会社は設備投資に際して主に株式や社債によって資金調達を行なっていたが、地方の紡績会社は株式取引所がある都市部の大紡績会社に比べて市場で資金調達をするにはアクセスが悪く、資金面で難儀した[3]。そうした状況から設備投資をあまり行えずに、設備の質・量ともに劣化を招いたことで、一九〇〇年代から一九一〇年代にかけて都市部の大紡績会社へ吸収されるか倒産するかという結末を多くの地方紡績会社が迎えた[4]。

一方、大原家と倉敷銀行から資金面で支援を受けた倉紡はそうしたデメリットがなく、むしろ、「地方企業」であることを活かして、地域周辺の地方紡績会社を積極的に吸収していったのである。孫三郎は日露戦争後の不況期に万寿工場の新設に際して技術と建設にかかわる人材を確保したことによって、第一次世界大戦前後に岡山県下や香川県高松に工場を新設し、既存工場でも増錘を行った。さらに、讃岐紡績や松山紡績という四国の紡績会社を買収することで工場及び錘数を拡張させた。こうして順調に規模を拡大させた倉紡は主要企業と比して少ない錘数にもかかわらず、高水準の生産力を得た。その結果、市場占有率は第九位（一九一四年）、第六位（一九一九年）、第六位（一九三一年）、第四位（一九三七年）と着実に上がり、東洋紡、大日本紡、鐘淵紡績に次ぐ規模にまで成長したのである[5]。

また、孫三郎は工場運営における電力の重要性を認識しており、一九〇九年に倉敷電灯株式会社（現中国電力）を創立し、一九一五年には倉敷発電所を始業し倉敷工場へ送電を行うなど、紡績業の中でもかなり早い段階で蒸気による動力から、電気動力への転換を図った[6]。そのほかに

図表7　倉紡と大紡績会社の株式所有構造

年	倉紡				大紡績会社			
	株式数（株）	株主数（人）	経営者保有比率（%）	役員保有比率（%）	株式数（株）	株主数（人）	経営者保有比率（%）	役員保有比率（%）
1900	6,750	219	24.06	30.21	43,500	594	4.26	11.75
1905	6,750	219	24.06	32.89	63,807	848	3.74	11.14
1910	12,000	215	30.86	41.38	152,534	1,883	3.51	10.69
1915	48,000	448	16.67	21.72	297,051	3,640	1.83	9.99
1920	150,000	2,233	13.36	19.37	949,518	5,557	2.45	6.70

［出典］　各社「考課状」。（注）経営者保有比率＝経営者の所有株式数÷総株式数、役員保有比率＝経営者を含む取締役と監査役の所有株式数の合計÷総株式数。なお、数値は上半期であるが、上半期の数値がない場合は下半期を用いた。大紡績会社は大阪紡、三重紡、鐘紡、尼崎紡、摂津紡、及びそれらの後身企業である東洋紡、大日本紡の算術平均の数値。

も、当時成長しつつあった人絹製造業の分野へ、倉敷絹織（現クラレ）を一九二六年に設立することで他の大紡績会社（東洋紡や大日本紡）とほぼ同じタイミングで進出し、一九三〇年代には高利潤を獲得するようになった。

さらに、注目すべきは倉紡の株式所有構造である。**図表7**は倉紡と大紡績会社の株式所有構造を比較している。倉紡では孝四郎時代（一九〇五年まで）も孫三郎時代（一九〇六年以降）も一貫して経営者が筆頭株主であり、大量の株式を保有していた。さらに、その他大株主や役員も大原家に縁がある者や原澄治、河原賀市、柿原得一といった経営幹部たち（彼らの経歴や役割については次章参照）で占められており、倉紡は事実上、大原家が所有していたことがわかる。他方、大紡績会社の場合、経営者の株式保有比率はわずか五パーセント未満であり、その他大株主や役員も外部の投資家が多く、所有と経営の分離が進んでいた。所有と経営の分離は株主と経営者間の利害や意見の対立を生み、その対立を解消するためには株主総会の運営に時間と費用をかけなければならないし、また、役員の報酬設計にも気を配らなければならない。こうした企業統治の問題に、当時の紡績会社の多くは対峙しなければならなかったのである。実際、当時の紡績会社の多くは株式と社債を主たる資金調達源としていたため、株主や市場の意向に応じて経営戦略を変更せざるをえない場面が多々あった。[7]そして株主総会では、株主による修正案を経営陣がしばしば飲まざるをえないような状況が大紡績会社においてみられた。[8]このような当時の企業統治の状況下で、みずからの意思を貫き通して果敢な成長戦略を迅速に決定しえたのは孫三郎がオーナー経営者であるという特徴を備えていたからである。[9]

一九二〇年代前半までの経営戦略とその成果

こうした孫三郎による一連の経営戦略が倉紡の経営成績にどのように反映されたのか。そのために、まずは収益性をみてみよう（図表8）。収益性は「ROA（総資本利益率）＝当期利益÷総資本」で計測している。比較対象として、最終的には第一次世界大戦期に先に述べた三大紡となる大阪紡（一九一四年に三重紡と合併して現東洋紡）、三重紡、尼崎紡（一九一八年に摂津紡を合併して大日本紡。現ユニチカ）、鐘淵紡績（鐘紡。後身のカネボウは二〇〇八年に消滅）を取り上げた。

倉紡のROAの推移を三大紡と比較して概観すれば、高い水準とは言い難く、おおむね最下位に位置しているものの、一貫して高い数値を誇っていた大日本紡（前身の尼崎・摂津の二社）を除けば、鐘紡や東洋紡（特に旧三重紡）のそれらとは大差なく、これからふれる一九一〇年代前半や三〇年前後の不振を除いて、数値の増減傾向も他社と大きく離れていない。第一部で述べた通り、一九二〇年代前半までは倉紡と三大紡との間には大きなハンディがあり、上位にくらいつくための我慢と改善の経営の時代だった。この時期の経営が飛躍成長のための土台づくりとなり、第一次世界大戦の好況を契機に、倉紡は三大紡に次ぐ地位にまで成長したのである。

このような倉紡の収益性の変化はROAを分解することで確認できる。ROA（＝当期利益／総資本）は（1）（当期利益／売上高）×（2）（売上高／総資本）である。（1）は売上高利益率で、製品の採算性を示すものであり、（2）は総資本回転率で、資産が効率的に売上に貢献している程度を意味している。各指標の推移を示す**図表9-1・9-2**から、一九〇〇年代から一九一〇年代にかけて倉紡の経営成果は総資本回転率に、一九二〇年代以降は売上高利益率にその特性を顕著にみてとることができよう。

まず一九〇〇年代から一九一〇年代の総資本回転率をみると、都市の大紡績会社に比べて、規模が小さく小回りが利く倉紡のほうが高い。**図表9-2**では倉紡の回転率が一九〇〇（明治三三）年から摂津紡に次いで高く、日露戦後の一九〇六～一二年には抜群の高さを誇っていたことが確認される。景気変動が激しかった日露戦後期に、業界の常識的な水準を上回る積極的な設備投資が、結果として倉紡の成長の源泉となったのであろう。それは**図表10**が示す倉紡における利

図表８　ROAの比較

年	倉紡	大阪紡	三重紡	尼崎紡	摂津紡	鐘紡
1900	1.06	0.26	3.13	8.90	3.74	−1.05
1901	4.33	1.98	3.62	8.05	6.72	4.14
1902	1.68	2.35	2.58	8.23	6.45	2.92
1903	3.33	0.52	3.42	7.36	4.64	3.02
1904	2.86	3.62	5.11	8.55	6.60	3.39
1905	9.41	8.44	10.15	15.08	12.61	12.41
1906	8.90	5.57	8.25	19.30	14.05	12.75
1907	8.10	7.21	7.68	15.02	12.44	7.93
1908	1.81	11.98	3.39	11.15	5.06	3.35
1909	2.78	3.77	3.92	11.49	4.96	3.08
1910	2.50	3.28	2.18	11.71	3.68	3.40
1911	1.84	1.79	2.80	8.79	3.43	3.14
1912	5.59	2.75	5.83	8.82	4.94	4.78
1913	4.75	4.15	4.84	14.29	15.01	5.15
1914	2.27	5.05		13.78	16.48	4.35
1915	2.08	7.12		14.03	12.21	5.20
1916	5.82	13.44		19.13		8.48
1917	4.59	22.13				13.79
1918	9.55	12.47		16.74		19.24
1919	11.37	16.12		14.79		17.56
1920	7.62	14.08		12.93		10.14
1921	4.94	8.67		6.57		10.25
1922	6.59	9.74		6.93		8.02
1923	3.47	5.73		5.93		6.31
1924	3.50	6.67		6.03		5.06
1925	3.28	6.60		6.47		4.64
1926	2.85	5.49		6.37		4.42
1927	2.57	4.38		6.35		4.23
1928	2.55	4.56		6.13		4.02
1929	2.43	4.30		5.98		3.47
1930	1.75	2.05		4.13		2.68
1931	0.34	3.21		4.74		2.77
1932	0.06	3.58		4.98		3.13
1933	1.09	3.92		5.07		3.40
1934	2.82	4.08		6.21		3.43
1935	2.57	3.91		5.97		3.54
1936	2.30	3.39		5.83		2.69

［出典］　各社「考課状」、社史をもとに本章執筆者作成。（注）各年の数値は上半期と下半期の算術平均である。片方の期しかない場合は、その数値を記載した。大阪紡：1914年下期以降は東洋紡のデータ（1914年に三重紡と合併）、尼崎紡：1918年下期以降は大日本紡のデータ（1918年に摂津紡と合併）。なお、考課状や社史から数値が得られない期は空白とした。

図表９－１　売上高利益率

年	倉紡	大阪紡	三重紡	尼崎紡	摂津紡	鐘紡
1900	1.33	0.08	19.28	10.99	3.43	−2.41
1901	3.97	2.91	24.15	9.81	5.46	4.68
1902	1.72	2.98	18.32	10.80	5.12	4.20
1903	2.67	0.44	21.76	9.91	3.67	3.70
1904	2.87	3.41	27.48	11.74	5.07	3.91
1905	6.98	7.97	39.35	18.09	9.37	12.68
1906	5.80	6.26	31.31	22.29	11.34	13.82
1907	5.82	7.56	34.50	19.60	10.61	13.03
1908	1.79	12.49	24.07	19.14	5.39	7.52
1909	2.20	4.09	24.66	19.14	6.20	6.51
1910	1.71	3.63	17.10	15.67	3.52	5.23
1911	1.25	1.87	20.06	11.88	3.29	4.70
1912	5.28	2.55	27.93	14.18	5.02	6.03
1913	4.43	3.59	26.37	23.13	12.48	6.65
1914	3.69	6.54		21.62	15.04	6.19
1915	4.15	10.52		20.08	16.07	8.11
1916	7.64	15.47		21.87		9.86
1917	3.41	33.77				13.85
1918	9.24	17.64		51.60		13.85
1919	10.16	15.66		42.99		12.42
1920	10.73	17.68		36.73		7.88
1921	9.67	18.13		35.06		11.76
1922	11.51	18.52		28.33		9.96
1923	8.18	11.15		28.05		8.48
1924	22.52	9.46		29.95		7.79
1925	21.03	7.84		29.23		7.05
1926	18.38	6.95		29.50		7.74
1927	17.97	6.78		33.00		8.57
1928	18.35	6.78		32.88		7.51
1929	20.06	6.13		35.43		6.84
1930	26.96	4.59		33.75		6.93
1931	5.25	8.54		41.28		7.93
1932	0.86	8.58		40.55		7.66
1933	10.00	6.32		40.41		6.52
1934	21.46	5.94		42.34		5.90
1935	25.84	5.65		36.95		5.92
1936	17.52	5.80		38.64		5.50

［出典］各社「考課状」、社史をもとに本章執筆者作成。（注）各年の数値は上期と下期の算術平均である。片方の期しかない場合は、その数値を記載した。大阪紡：1914年下期以降は東洋紡のデータ（1914年に三重紡と合併）、尼崎紡：1918年下期以降は大日本紡のデータ（1918年に摂津紡と合併）。なお、考課状や社史から数値が得られない期は空白とした。

図表 9－2　総資本回転率

年	倉紡	大阪紡	三重紡	尼崎紡	摂津紡	鐘紡
1900	0.94	0.73	0.16	0.81	1.08	0.73
1901	1.08	0.68	0.15	0.82	1.24	0.88
1902	1.01	0.79	0.14	0.76	1.27	0.66
1903	1.25	0.89	0.16	0.74	1.26	0.81
1904	0.99	1.03	0.18	0.73	1.28	0.88
1905	1.36	1.05	0.25	0.86	1.33	0.98
1906	1.52	0.93	0.27	0.87	1.23	0.92
1907	1.43	0.97	0.22	0.77	1.18	0.60
1908	1.03	0.96	0.14	0.59	0.94	0.44
1909	1.32	0.92	0.16	0.61	0.82	0.48
1910	1.45	0.91	0.13	0.75	1.05	0.66
1911	1.47	0.95	0.14	0.74	1.04	0.67
1912	1.06	1.08	0.21	0.62	0.98	0.78
1913	1.07	1.15	0.18	0.62	1.19	0.77
1914	0.62	0.82		0.65	1.10	0.70
1915	0.51	0.68		0.70	0.77	0.64
1916	0.74	0.87		0.87		0.86
1917	0.69	0.66				0.99
1918	1.03	0.73		0.32		1.39
1919	1.12	1.03		0.35		1.41
1920	0.69	0.77		0.34		1.28
1921	0.49	0.48		0.19		0.87
1922	0.57	0.53		0.24		0.80
1923	0.42	0.52		0.21		0.75
1924	0.15	0.70		0.20		0.65
1925	0.16	0.84		0.22		0.66
1926	0.16	0.79		0.22		0.57
1927	0.14	0.65		0.19		0.50
1928	0.14	0.67		0.19		0.54
1929	0.12	0.70		0.17		0.51
1930	0.08	0.44		0.12		0.39
1931	0.06	0.38		0.12		0.35
1932	0.07	0.42		0.12		0.41
1933	0.13	0.62		0.13		0.52
1934	0.14	0.69		0.15		0.58
1935	0.10	0.69		0.16		0.60
1936	0.13	0.58		0.15		0.49

［出典］　前表と同じ。

図表10　倉紡における利息負担能力と固定資産の推移

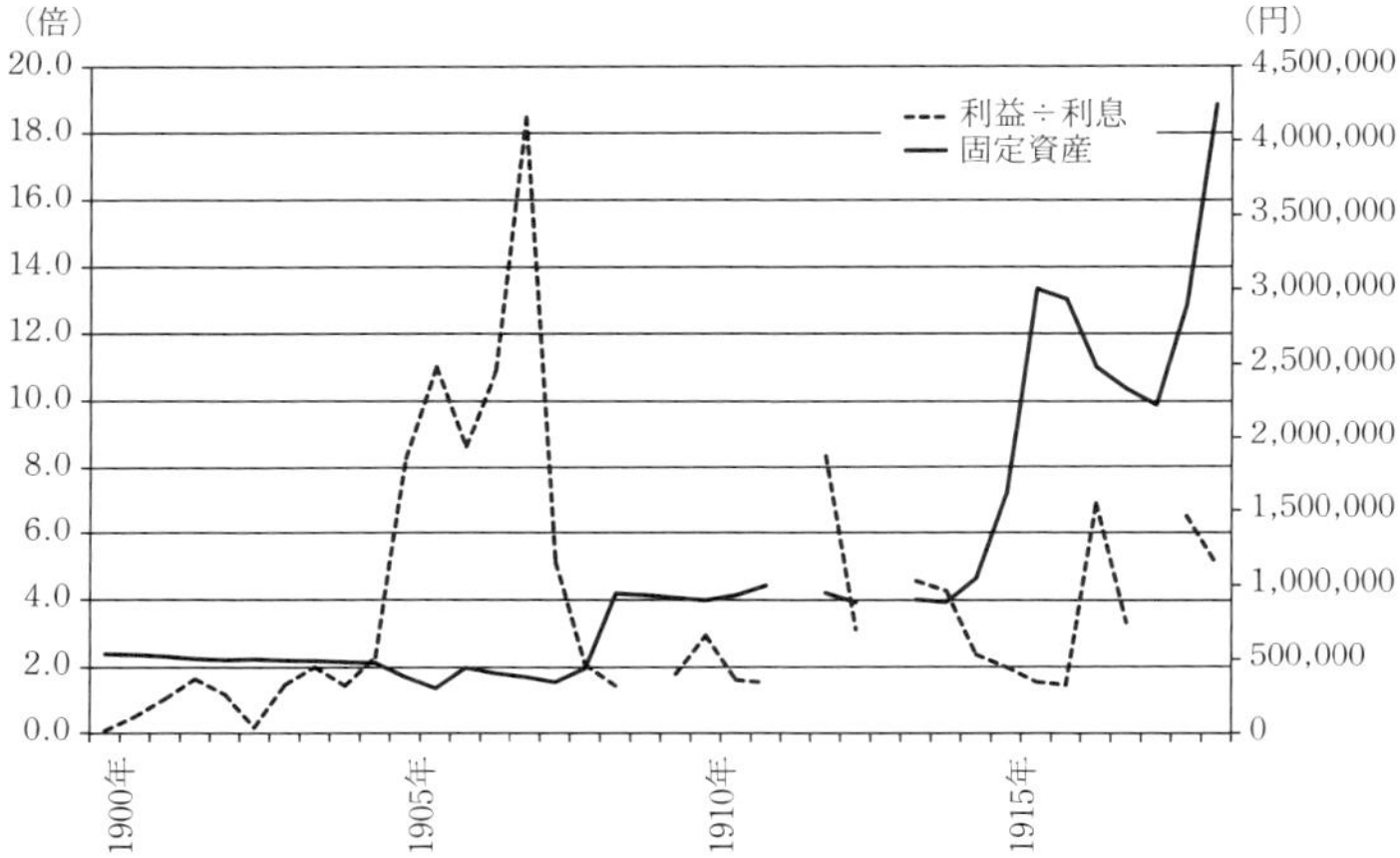

［出典］「考課状」をもとに本章執筆者作成。（注）利益＝当期利益、利息＝利子＋諸利子＋社債利子、固定資産＝建物＋地所＋諸機械＋備品。なお、考課状や社史から数値が得られない期は空白とした。

息負担能力（当期利益÷利息）と固定資産の推移からも十分想定できる。倉紡の固定資産は、一九〇八年に吉備紡績所を買収したことによって四四万円から九四万円へと倍以上に増加し、一九一五年の万寿工場の新設で一六一万円となり、さらに、一九一七年に讃岐紡績、一九一八年に松山紡績を買収することによって四二四万円にまで膨れ上がったのである。この間、設備を拡張させるだけではなく、既存工場の改修と増設、そして動力を蒸気機関から電力へ切り替えることで生産性の向上を図った。設備拡張の資金は一九〇〇年代までは増資と借入金、一九一〇年代からは増資と社債によって調達されたことから、拡張期は利息払いが多くなり、時には利益を圧迫することもあった。

しかし、こうした拡張戦略がすぐさま倉紡の収益に結びついたわけではない。設備を拡張しても、運営する人材を確保しなければ生産性及び利益の向上には結びつかない。後述するように、孫三郎は人材の重要性をよく理解しており、学卒者の積極的採用や職工問題の改善に着手するが、一九〇〇年代後半から一九一〇年代前半までは、そうした孫三郎の人事政策はまだ実を結んでいなかった。それは、孫三郎が後年、部下に漏らした次の言葉からもうかがうことができる。

「吉備紡績買収の決心をしたのは自分の社長就任後間もないことであつたが、若気の無謀として、故老林源十郎・木山精一氏等が反対したのを押切つて敢行した。当時倉紡に学校出と云へば永瀬又七（技術）柿原得一（事務）の両君位のものであつた。（中略）玉島（吉備紡績所—引用者注）の合併（正しくは買収—引用者注）は、たしかに倉紡の技術の進歩を刺戟した」[10]。

このような組織の拡大に伴って生じる問題に対応するために、当時最も優れていた鐘紡と三重紡の制度を参考にして、一九一〇年一月に組織を再編成し、翌年には玉島工場主事に永瀬又七を任命して、工場内の改革を任せた。また、各部署に学卒者を配置させるようにした。さらに、一九一〇年代には営業政策の三大改革を行った。（一）営業部の大阪進出。綿業の中心が大阪であり、電話網も普及していたので、大阪に営業部を設けて人材も集中させた。（二）商標の整理と製品の標準化。需要先に応じて商標を分けていたが、商標を統一させてそれに併せて製品の標準化を行なった。（三）製品販売契約の改革。一九〇〇年前半まで倉紡と販売店間の製糸取引契約の条件は支払期限や手数料などの面で倉紡側に不利な条件であった。一例を挙げれば、販売店が製糸代金の支払いを延滞させることで、売掛金が焦げついて、経営を圧迫したことが多々あった。こうした状況を打破するために、一九一二年六月、孫三郎は各販売店の反対を押し切って、各販売店との契約を現金主義に改めた。[11]

一九〇〇年代後半から一九一〇年代にかけて、買収や設備拡張で売上が急増したが、当初は金融面では有利子負債が多く、組織や人材面でも不十分な点があり利益率も低下した。こうした状況に対して、設備の改善や組織再編、人材確保そして営業改革などの抜本的な改革を孫三郎が勇断することによって利益率も次第に改善し、有利子負債も減らすことができたのである。以上にみられる孫三郎の経営改革の成果は倉紡と大紡績会社の生産性を比較した**図表11**からも確認できる。図表では労働生産性、紡機生産性、職工一人あたり錘数という三つの指標で生産性を比較しているが、一九〇〇年代は、いずれの指標でみても倉紡は大紡績会社の後塵を拝している。それが、一九一四（大正三）年、労働生産性では三重紡や尼崎紡を抜き、鐘紡に肉薄するようになり、一九一八年になると労働生産性と職工一人あたり錘数はトップの大阪紡に次ぐほどになっているのである。

この時代の経営環境に目を向けると、第一次世界大戦中に欧州のアジア市場の輸出が停滞したため、欧州を最大のライバルとする日本はアジア市場における輸出をおおいに拡大させて活況を呈した。しかし、綿業の場合、そうした需要拡大には必ずしも円滑に対応できなかった。まず、紡績機械をイギリスに全面的に依存していた日本紡績業には、イギリスからの紡績機械の輸入が

図表11　生産性の比較

会社名	1903年			1908年		
	労働生産性	紡機生産性	職工１人あたり錘数	労働生産性	紡機生産性	職工１人あたり錘数
倉紡	152.4	3.9	32.7	147.6	4.1	30.0
大阪紡	164.1	4.8	35.5	155.2	4.0	37.1
三重紡	154.9	3.1	43.9	216.3	4.7	44.1
鐘紡	127.5	4.6	25.5	118.8	4.5	23.2
尼崎紡	190.6	4.8	55.0	197.5	4.2	65.1
摂津紡	145.2	4.7	27.7	155.7	4.6	29.8

会社名	1914年			1918年		
	労働生産性	紡機生産性	職工１人あたり錘数	労働生産性	紡機生産性	職工１人あたり錘数
倉紡	200.8	4.9	37.7	255.8	4.7	49.6
大阪紡	268.1	5.6	46.0	259.2	5.4	50.6
三重紡	182.5	5.3	33.3			
鐘紡	201.8	4.8	42.2	230.7	5.2	48.1
尼崎紡	177.4	5.0	50.4	205.8	5.1	48.1
摂津紡	209.5	5.5	32.0			

［出典］「営業実況報告」『大日本綿糸紡績同業連合会報告』、『大日本綿糸紡績同業連合会月報』、『大日本綿糸紡績連合会月報』をもとに本章執筆者作成。
（注）労働生産性〈＝製糸生産量÷（営業日数×営業時間×職工数）〉、紡機生産性〈＝製糸生産量÷（営業日数×営業時間×運転錘数）〉、職工1人あたり錘数〈＝運転錘数÷職工数〉。1918年のデータについて、大阪紡は東洋紡のデータ（1914年に三重紡と合併）、尼崎紡は大日本紡のデータ（1918年に摂津紡と合併）。なお、製糸生産量は番手換算を行っている。

制限されるという物的投資の制約条件が付された。その結果、大戦以前に合併や買収あるいは新規設備投資を積極的に行なって急成長した三大紡が、活況を呈する内地向け織物産地への綿糸販売に加えて輸出向け綿糸布輸出の拡大を実現できて寡占的な高利潤を上げた一方で、その他の紡績企業は、そうした需要拡大の恩恵に容易に与れなかった。[12]第一次世界大戦前後における倉紡のＲＯＡにみる相対的地位の低下は、まさにこうした状況を反映していた。

それにもかかわらず、孫三郎は第一部で述べた通り、大戦好況期に倉敷周辺から岡山県一円及び瀬戸内海沿岸の四国の諸県にまで工場を増やすという積極的拡張策を採り、海外に紡績機械を次々と発注した。

倉紡も日清戦後から綿糸の中国向け輸出に力を入れていたが、大戦期には中国民族紡による輸入代替が進み、同社のみならず多くの綿紡績企業が中国綿糸市場を急速に喪失していった。そうした紡績各社の多くは、大戦直後に中国の上海や青島に紡績工場、いわゆる在華紡を設立することで問題の解決を図った。孫三郎も一九二三年に中国を視察して在華紡の設立を検討したが、結局、断念した。それは、当時倉紡が、瀬戸内海周辺を中心とした西日本農村の綿織物産地に自社製綿糸を順調に販売できていたためであった。一九二〇年代には大戦後の恐慌や関東大震災など経済状況は不安定であった。とりわけ一九二四年には大幅なマイナス成長が記録されているが、これは二三年九月の関東大震災による不況の深化のみならず、二二年末から翌年にかけてのニューヨーク定期原棉取引の失敗によるものだった。[13]

それでも一九二〇年代前半には、政府が金解禁政策の断行を避けた事情もあって、国内の物価と賃金の水準は容易に下がらなかった。この事情を背景として農村を中心に個人消費支出は減らず、[14]特に関西では農村の好況が続き、それによる産地綿織物の増産が倉紡の存続を支えたのである。こうしたことから孫三郎の経営は、時代の流れに適応したとも理解することが可能であろう。

一九二〇年代後半からの経営成績

第一部で繰り返し強調したように、一九二七（昭和二）年の金融恐慌から三〇～三一年の昭和恐慌期に倉紡は存続の危機に陥った。この事情は図表8の同時期のROAの動きからも確認できよう。三大紡各社に比べて倉紡のROAは低迷し続けている。経費面で最も問題となっていた資本構成における借入金の割合の高さが改善されていなかったことの影響が経営危機の根本的原因であった。この苦境を打開するために孫三郎は、（一）倉紡中央病院、倉紡図書館、倉敷労働科学研究所を倉紡から独立分離し、（二）職員・過剰人員を整理して、（三）標準工場費の設定などの経費節減策を断行したものの、経営危機は容易に去らなかった。

しかし、売上高総利益率（図表9-1）は一九三三年以降、ROA（図表8）は一九三四年以降、顕著に回復し、V字型の回復を遂げた。この変化をもたらした要因は、（一）高品質のアメリカ棉花が世界恐慌のおかげで低廉に購入できるようになったという原料調達面の変化、（二）一九三〇年代初頭に倉紡が、播州及び今治における縞三綾をはじめとする輸出向け広幅縞綿布、そして泉南の帯谷商店及び泉北の久保惣という同じく輸出向け広幅白綿布を量産するようになった大手機屋を大口顧客として掌握し、それらの専業織布業者に大量の綿糸を値引き販売できるようになった市場条件の好転、(三)一九二〇年代以来の経営の合理化の成果がようやく実を結び、とりわけ精紡機のハイドラフト化という当時の最先端の生産技術の積極的導入がもたらした生産能率の大幅な向上、(四)長らく懸案事項であった借入金の返済、及び相対的に資本コストが低い株式や社債といった、市場による資金調達への切り替え、にあった。こうした諸条件の変化によって売上高利益率が大幅に改善された結果、収益性も回復したのである。

孫三郎による積極的な拡張戦略はハイリスク・ハイリターンであったため、ROAといった収益率などの指標でみれば良い時も悪い時もあった。また、一九三〇年代前半までは負債に資金面を依存していたことが足枷となってしまっていたことも事実であった。しかし為替の変動や製品市場・原料市場ともに極めて変動が激しく、当時の財閥もなかなか手を出さないほどに不確実性の高い産業である紡績業において、これまでみてきた孫三郎の果敢な経営戦略は成功しうる一つの選択肢であった。しかも当時は株主の声が強く、利益率が下がった場合は投資を控えざるをえないような他の紡績会社に対して、オーナー経営者であった孫三郎が収益悪化した際にも経費節減だけではなく最先端の生産技術の導入も行いうるといった企業統治面での比較優位性を持続し、存分に発揮させていたことが、経営危機から脱する上で非常に重要な意味を持ったのである。

労務政策面にみられる経営の伸展と進化

積極的な拡張路線に加えて、もう一つ、孫三郎の経営戦略の特徴として際立っているのが労務政策である。『職工事情』（一九〇三年）や『女工哀史』（一九二五年）にみられるように、戦前の紡績業における労働者の置かれた環境は劣悪であり、そうした状況下で、孫三郎のいわゆる「労働理想主義的」労務管理は異例であった（同じような戦略をとった人物として武藤山治が挙げられるが、この両者の相違点は第二部Ⅳ章を参照）。しかし、こうした戦略は孫三郎が社長に就任した当初から完成されたものではなく、試行錯誤を繰り返すことで形成されたものである。実際、第一次世界大戦前までは原棉費用によってかなり圧迫していたマージンを生産量の増加と競合する同業他社よりも安い人件費でしのいでいたというのが事実であった。

図表12は創業期の一八八九（明治二二）年下期から一九一四年までの倉紡における製糸量（梱《こり》。綿糸四〇〇ポンド＝約一八一・四四キログラム）と一梱あたりの製糸価格、原棉価格、工費（営業実費。原棉を除いた費用の総計）の推移である。一単位あたりでみれば製糸価格から原棉価格と工費を引いた利益に該当する部分は非常に小さく、製糸量を拡大させ続けることで利潤を得ていたことがわかる。第一次世界大戦までの日本では、労働よりも資本のほうが希少価値の高いことから、安価で豊富な労働を多量に投下して資本である機械を回転させ続けて機械の生産性を高めることが高収益につながったのである。[15] しかし、そのような労務面での政策、経営戦略といったものが大きな転換を迫られる時代が到来する。一九〇〇年代後半から紡績業の発展に伴い、人手不足が慢性化していったこともあり、都市部の大紡績会社は地方を含めた遠隔地募集を強化するようになった。[16] そうして労働市場の流動化が起これば、職工の獲得も都市部の大紡績会社と

図表12　倉紡における生産量と利益構造の関係

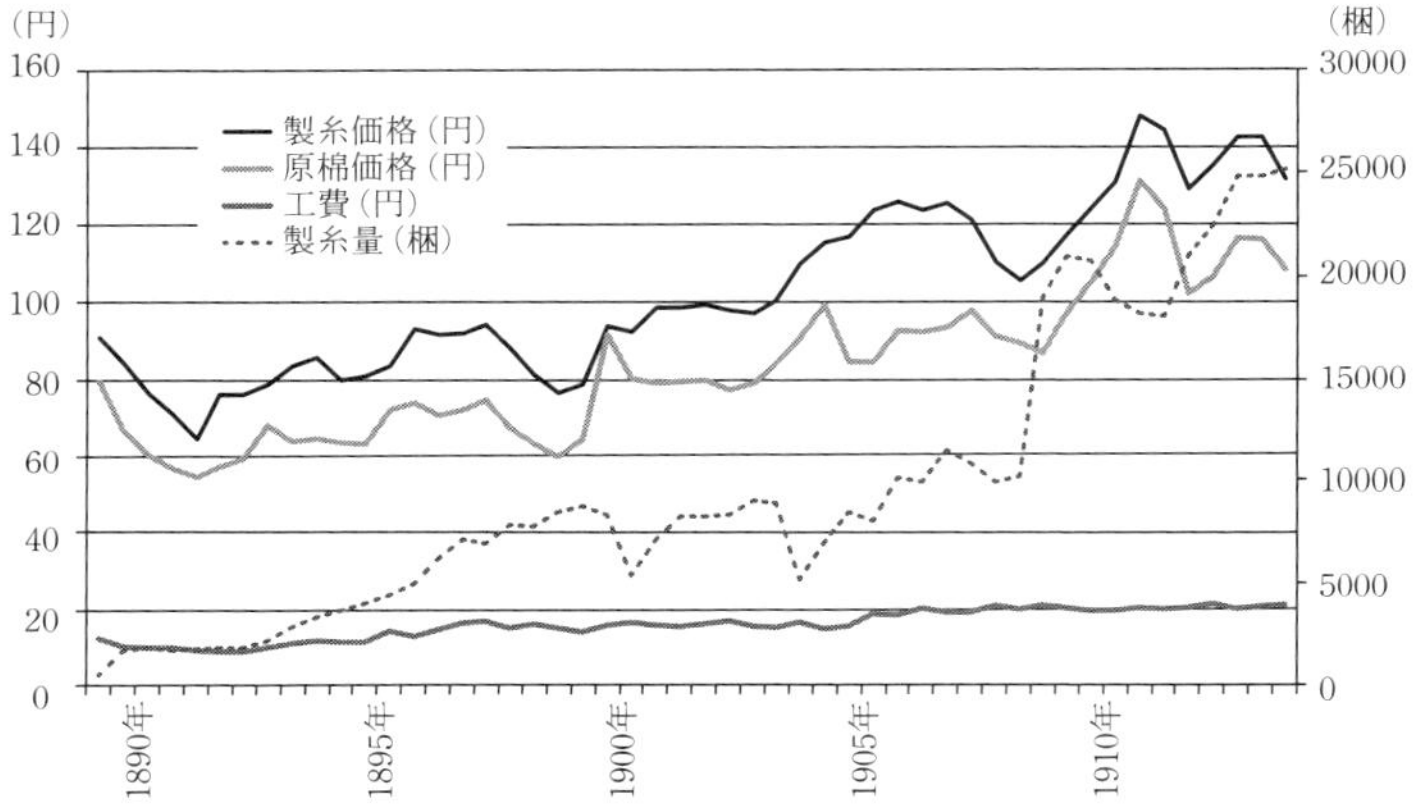

［出典］　東京大学社会科学研究所［1970］、『倉敷紡績の資本蓄積と大原家の土地所有・第一部』所収の第13表、第14表。（注）製糸価格、原棉価格そして工費は一単位あたり。

図表13　職工賃金の推移

年	倉紡		業界		男工	女工
	男工（日給：銭）	女工（日給：銭）	男工（日給：銭）	女工（日給：銭）		
	a	b	c	d	a/c	b/d
1894	16.68	7.63	17.10	8.90	0.98	0.86
1899	24.91	16.23	26.60	16.40	0.94	0.99
1904	25.93	17.82	33.60	20.40	0.77	0.87
1909	35.86	24.83	42.50	26.70	0.84	0.93
1914	48.10	27.79	44.10	31.90	1.09	0.87
1919	105.68	80.68	111.60	87.00	0.95	0.93
1924	169.43	130.84	152.40	120.60	1.11	1.08

［出典］　倉紡は「営業実況報告」『大日本綿糸紡績同業連合会報告』、『大日本綿糸紡績同業連合会月報』、『大日本綿糸紡績連合会月報』。業界は楫西光速編［1964］、『現代日本産業発達史 第11　繊維 上』（現代日本産業発達史研究会）44 ～ 45ページ所収の「付録表Ⅲ－Ⅰ　綿糸紡績業の会社数・工場数・払込資本金額・錘数・兼営織布織機台数・労働者数・1日平均賃金の推移」。（注）倉紡は、各年1－12月の算術平均。

競争しなければならない。そのためには、ある程度賃金を地方の紡績企業は引上げるだけでは事足りない。職工の定着率を上げるための差別化戦略を人事・労務面でも打ち出していくことが必要不可欠なのである。

賃金について図表13をみてほしい。一九〇〇年代まで賃金が男工・女工ともに業界平均よりも低いが、一九一〇年代になると男工・女工ともに業界平均並みとなり、一九二〇年代には男工・女工ともに業界平均を上回るようになっている。しかし、孫三郎による労務政策はこうした賃金面だけでなく、むしろ従業員の労働条件及び生活条件といった運命共同体としての労使関係の構築が重視されたのである。

図表14は、孫三郎が入社して以来の代表的な労務政策を記し

図表14　孫三郎による労務政策

年	月	事　項
1901	1	孫三郎入社
1902	3	倉敷工場織工教育部を新設
	4	倉敷工場寄宿舎内に尋常小学校を設置
1906	1	工場の飯場制度を全廃し、会社直営とする
	9	孫三郎取締役社長に就任
1907	1	分散式家族的寄宿舎を建設決定
1909	12	人事研究会「通勤部拡張意見書」の提出
1911	7	倉紡工手学校を開校
1912	12	分散式家族的寄宿舎76棟が完成
1914	8	工場組織の再編成(工務・経理→工務・人事・経理)
1915	12	倉紡共済組合の設立
1916	8	創立30周年記念株分配（従業員へ）
1918	1	物価騰貴に応じた三割臨時手当
1919	2	大原社会問題研究所の設立
1920	3	「労力配当」(所得賃金の１割の金額を配当)の実施
1921	3	倉紡図書館の設立
1923	6	倉紡中央病院の開院
1926	12	倉紡健康保険組合の設立

［出典］　倉敷紡績［1953］、『回顧六十五年』をもとに本章執筆者作成。

ている。入社してまもなく、孫三郎は工場経営の改善は職工状態の改善にあることを看破して、職工状態の刷新改革に努めた。まず、一九〇二年三月に「倉敷紡績株式会社職工教育部」を新設、工場寄宿舎内に尋常小学校を設立して、工場作業の余暇を利用して職工に小学校教育の授業を開始した。この職工教育の効果は絶大であり、職工の素行や工場内の衛生は著しく改善されたのである。次いで、孫三郎が着手したのが寄宿舎飯場の改革であった。従来の飯場制度では請負業者が従業員の確保、食事の手当、日用品などの販売を担当していたが、彼らは中間マージンをとり、紹介料や手数料を稼ぐなど職工問題の禍根となっていた。そこで幾多の陋習を打破するため、孫三郎はこれまでの飯場制度を廃して従業員の確保・食事の手当て・日用品の販売等を会社が直接運営するよう改めたのである。(17)

社長就任後、孫三郎は「事業は人にあり」として、人事を刷新して学校出の新人を多数採用した。その数は一九〇七年から一九一一年にかけて二十数人にも及び、その数は当時の大紡績会社に比肩するほどであった。(18) これらの社員が後の幹部社員そして役員となり、倉紡の中核を担うようになっていくのである。(19)

さらに、職工の待遇改善のため寄宿舎の大改修を実施した。駐在医師や託児所といった設備も備えており、さらには従業員用の映画や図書館までもつくった。その後、病院の設立や共済組合や保険など、年々、福利厚生を拡充させ続けて、職工問題の改善に努めた。

また、孫三郎は一九二〇（大正九）年三月に「労力配当」と称する新しい給与制度を実施した。これは資本家が出資に対する配当金を受け取るのと同様に、従業員にもその期間の所得の一割に相当する金額を労働に対する利益配当として給与する制度であった[20]。この制度の趣旨について、株主総会において孫三郎は次のように述べている。「今後は従業員の待遇を更に改善し、工場や寄宿舎における衛生、娯楽の設備を一層完全にし、なほ従業員に対しても公平な分配をせねばならぬと考へます。そのため既に労力配当制度を実施してをる次第であります。このやうな情況でありますから自然次期以後は株主に対する配当は減少するものと御承知置き願ひます[21]」。

孫三郎は、労働者と資本家との「協同作業場」となることが工場運営の理想であると考えて、利益についても従業員にもできる限り分配するように心を砕いたのである。

こうした一連の労務政策は場当たり的な対応策で行われたわけではなく、比較検討や労働問題の研究成果を取り入れた実証的な根拠にもとづいた経営戦略であったことは、社内に「人事研究会」等の研究会を設けて常に工場運営に関する研究を行なっていたことからもうかがえるだろう。

このように、経営環境の変化への適応、孫三郎自身の人生・宗教観にもとづく経営理念、そして科学的な根拠が見事に一致したのが、いわゆる「労働理想主義」的で人道主義的な労務管理政策であった。そして、こうした労務管理政策が従業員の定着化に功を奏し、一連の工場拡張に際しても、実際に人手不足に悩むような事態に陥るようなことはなかったのである。

（1）阿部武司［二〇一五］、「日本の経済発展と繊維産業―綿業を中心に―」日本繊維機械学会編『繊維機械学会誌』（同会）第六八巻第九〇号。

（2）十大紡とは東洋紡、鐘紡、大日本紡、呉羽紡、日清紡、富士紡、倉紡、大和紡、日東紡、敷島紡を指す。

（3）一九世紀末から二〇世紀初頭における株主層は関東や関西に集中していた。石井寛治［二〇一〇］、「企業金融の形成」阿部武司・中村尚史編『講座・日本経営史2　産業革命と企業経営　1882～1914』（ミネルヴァ書房）二六八～二六九ページによる。

（4）高村直助［一九七一］、『日本紡績業史序説　下』（塙書房）二六三～二六六ページ。

（5）楫西光速編［一九六四］、『現代日本産業発達史　第11　繊維　上』（現代日本産業発達史研究会）表Ⅳ-28、61、62、表Ⅴ-84。

（6）紡績業において動力における電力への転換が進んだのは一九一〇年代後半からだといわれている。南亮進［一九七六］、『動力革命と技術進歩—戦前期製造業の分析—』（東洋経済新報社）一〇三～一〇四ページ。

（7）結城武延［二〇一二］、「資本市場と企業統治—近代日本の綿紡績企業における成長戦略—」社会経済史学会編『社会経済史学』（同会）第七八巻第三号七一～八八ページ。

（8）結城武延［二〇一一］、「企業統治における株主総会の役割—大阪紡績会社の事例—」経営史学会編『経営史学』（同会）第四六巻第三号五六～七七ページ。

（9）中小紡績会社も含めて所有構造の分析を行なった先行研究においても、外部の投資家が大株主となり役員を兼ねることで企業経営に大きな発言力を持つに至ったことが指摘されている。山口和雄編［一九七〇］、『日本産業金融史研究　紡績金融篇』（東京大学出版会）九六～一〇八ページを参照。

（10）倉敷紡績株式会社［一九五三］、『回顧六十五年』（同社）一二五ページ。

（11）同前一二九～一三二ページ。

（12）橋本寿朗［一九八四］、『大恐慌期の日本資本主義』（東京大学出版会）四九～五四ページ。

（13）大津寄勝典氏のご教示による。

(14) 三和良一［二〇〇三］、『戦間期日本の経済政策史的研究』（東京大学出版会）八四〜八七ページ。

(15) この時期における倉紡の工賃は他の紡績会社よりも低かったことが知られている。東京大学社会科学研究所［一九七〇］、『倉敷紡績の資本蓄積と大原家の土地所有・第一部』（同所）二四〜二七ページによる。

(16) ジャネット・ハンター著、阿部武司・谷本雅之監訳［二〇〇八］、『日本の工業化と女性労働―戦前期の繊維産業―』（有斐閣）五四〜五八ページ。

(17) 前掲『回顧六十五年』九八〜一〇〇ページ。

(18) 米川伸一［一九八五］、「明治期大紡績企業の職員層」前掲『社会経済史学』第五一巻第四号一〜三四ページ。

(19) 前掲『回顧六十五年』一〇八ページ。

(20) 同前二一三ページ。

(21) 同前二一三〜二一四ページ。

II　孫三郎の事業を支えた人たち

人を見抜く才能に恵まれた企業家

孫三郎は、卓越した経営者であったにとどまらず、大原社会問題研究所（社研）・倉敷労働科学研究所（労研）・大原奨農会農業研究所（農研）という、三つのユニークな研究所の設立と運営という社会事業に取り組み、大原美術館を持つようになり、日本民藝館の設立にも貢献した。年齢を重ね、多数の事業を進めていく中で、彼は次第に多忙になっていき、個々の事業の運営に専念することは不可能になっていった。しかし幸いにも、彼は人に恵まれた。銀行経営に関しては日本銀行総裁木村清四郎、電力経営については逓信省事務官坂野鐵次郎という優秀な助言者を持っていた。また、社研では高野岩三郎、労研では暉峻義等、農研では近藤萬太郎、大原美術館では児島虎次郎、日本民藝館では柳宗悦という篤い信頼を寄せた学者や芸術家がいた。「よく人を見、一たんその人を信じたら、すべてを任せ」[1]ていたと孫三郎はいわれるが、これらの人々は、今からみれば各分野のベスト・メンバーであり、孫三郎の人物鑑識眼には驚嘆せざるをえない。小学校時代、富豪の息子であったゆえに普通の生徒として扱ってもらえず、教師とも折り合いが悪かった孫三郎は、「学校の先生の褒めるような人物は、大抵たかがしれてる」と息子の總一郎によく語ったというが[2]、孫三郎は先入観なく、相手の人格と才能を見抜く不思議な能力を持っていた。

けれども、第一部を注意深く読んでくれた読者は、そうした世間に広く知られた人物たちの支えだけで、あの金融恐慌から昭和恐慌までの深刻な経済危機の時代、諸事業の運営に生じた幾多の困難に孫三郎が耐えきれなかったことを、理解してくれるであろう。偉大な経営者を論じる際に、私たちがしばしばとらわれてしまう誤りは、その人物が万能であって、あらゆる問題が個人の力量によって解決されたとみてしまうことである。アメリカのフォード家の一員でもあった同家の研究家フォード・ブライアンが著した『*Henry's Lieutenants*（ヘンリーの副官たち）[3]』は、自動車産業の偉大な創始者ヘンリー・フォードを支えた三五人の優秀な部下たちにつき詳しく論じた力作であり、そうした思い込みの危険性を教えてくれる好著である。同書に倣って、第一部の随所で登場した孫三郎の主な部下たちに、いま一度スポットをあて、その経歴や事績について、紙幅の許す限り、とり上げてみたい。

なお、各部・各章の随所で詳述する上掲のような著名な人物については割愛し、本章では、以下の五人を中心に紹介していくこととする。まずは、孫三郎を終生公私ともに支えた同族の原澄治である。続いて孫三郎の諸事業のうち、特に中国民報社や社研を支援し、政治的にも彼を助けた柿原《かきばる》政一郎、第一合同銀行と中國銀行、そして電気事業でも孫三郎を支えた中村純一郎、倉紡及び倉絹の経営の屋台骨を支えた神社柳吉《かんじやりゆうきち》、中國銀行・倉敷中央病院・倉絹・大原美術館など倉敷を飾る美しい建物を多数つくった優れた建築家であっただけでなく、倉絹の経営者としても重要な役割を果たした薬師寺主計《やくしじかずえ》、である。いずれも、孫三郎の活動をよく知る上で、見落としてはならない人々である。

「孫三郎を大成させること」が仕事——原澄治

原澄治(4)は、一八七八(明治一一)年に児島郡藤戸《ふじと》村(現倉敷市)の星島家に生まれた。星島本家は一八二四(文政七)年の義兵衛の代から村名主を務め、四九(嘉永二)年に大庄屋となり、六二(文久二)年に苗字帯刀を許された。同家は長男啓三郎が継いだが、弟の茂八郎が天保(一八三〇~四四)年間初期に分家し、その次男が澄治だった。澄治は一九〇九(明治四二)年一〇月に、孫三郎の姉卯野の嫁いだ原家の婿養子となった。元々児島郡片岡村に居住していた原家は、大原家と同族であり、両家は元禄(一六八八~一七〇四)年間に倉敷に移住し(5)、大原家は児島屋、原家は吉井屋と称するようになった。澄治が原家の人となったのは若き孫三郎が、倉敷のリーダーとして、また企業経営者として頭角を現してきた時であり、彼よりも二歳年長の澄治は、「年増女房となり、補佐役となって、孫三郎を大成させることが、自分の仕事である」としばしば語るようになった。

大原家関連の伝記を多数残した犬飼亀三郎は、「大原帷幄《いあく》の四天王」の存在を強調し、政治は守屋松之助、銀行は中村純一郎、文化・社会あるいは新聞は柿原政一郎がそれぞれ分担していたが、筆頭者の総務担当は原澄治であったとしている。[6] なお、澄治は、森戸事件の際、弁護士を引き受け、衆議院議長を務めた星島二郎（一八八七～一九八〇）とも縁戚関係であった。[7] 澄治は、岡山中学を経て京都の第三高等学校に入学したが、心臓病のため同校を中退したのち、上京して早稲田高等学院を経て早稲田大学英語政治科を卒業した。在学中から早大の創立者大隈重信を尊敬し、一年生の時、論文「大隈君重信の伝」を書き上げて、教授から高く評価された。澄治は後年帰郷したのち、早稲田大学校友会岡山支部長を務め、第一部で述べた大隈の倉敷訪問の際にも彼を手厚く接待して、大原家と早大のパイプの拡充に尽力した。一九〇三年に学窓を離れた後、東京の中外商業新報社（現日本経済新聞社）の記者となり、経済部長にまで昇任した。同社社長の野崎広太は、岡山県都窪《つくぼ》郡庭瀬町出身で、彼を引き立ててくれた。原家の養子となってから、澄治は孫三郎の要請に応じて、様々な事業の役員に就任した。一九一三（大正二）年には倉紡庶務部長に就任したほか、大原傘下となった中国民報社の社主（のち社長）となった。早稲田大学出身で中外商業新報勤務という経験を活かし、浮田和民早大教授に中国民報社の客員を依頼し、早大卒の菊地茂を、筒井継男とともに主筆に迎え、徳富蘇峰の支援も得て、『中国民報』の基礎を十分固めた上で、二四年に後述の柿原政一郎と社長職を交代した。ほかにも、倉紡調査部長（一九一四年）・取締役（一五〜四五年）、奨農土地会長（二五年）、倉絹監査役（二六〜三〇年）・取締役（三〇〜五一年）、中国信託社長（二六年）、岡山合同貯蓄銀行頭取（三五年）なども歴任し、財団法人大原奨農会、倉紡中央病院、大原美術館でも監事などを務めた。

『老子』にある「敢て天下の先とならず」を座右の銘としていた澄治は、それらの役職に関しては、孫三郎の補佐役ないし代理役に徹した。しかしながら、新入社員の面接試験では最大の決定権を持っていたという。[8] 健全な常識に富み、人の和を重んじる彼は、孫三郎と大原家には不可欠な存在であった。澄治は、若き日の孫三郎と同じく教育熱心であり、一九一〇（明治四三）年に私費で倉敷夜学会を開いたのをはじめ、一九一三年から三八年まで、倉敷の学務委員を務めた。青年の教育も重視し、一九一六年以降、戦時期まで倉敷や岡山県の青年団の団長などを引き受けていた。一九二三年、倉敷児童教育研究会長、二六年、都窪郡教育会長に就任。一九二九（昭和四）年以降四五年まで倉敷市教育会長の任にあった。米騒動直後の一九一八（大正七）年一〇月に大阪府が救貧と防貧のために、全国に先駆けて方面委員（今日の民生委員）制度を設けた事実はよく知られているが、第一部にもたびたび登場した笠井信一岡山県知事が、前年五月に同趣旨の済世顧問制度を全国に先駆けて制定したのであり、大阪府はそれに倣ったのであった。そして倉敷町からは、澄治ただ一人がこの済世顧問を委嘱された。なお、倉敷に一九一八年八月に波及した米騒動に際して、澄治は米価高騰救済のため義捐金二〇〇〇円を寄附している。[9]

澄治の事績として見落とせないのが、一九一八年一二月から二四年五月まで、財政再建のため地元から就任を求められ、無給で引き受けた倉敷町長職である。その間に彼は、羽織・袴姿であった職員たちに自腹を切って洋服を着用させた。一九一九年にも自費で倉敷人事相談所と倉敷職業紹介所を設けて、それらの所長に就任した。国もそうした事業に取り組むようになった一九三二(昭和七)年に、これら二つの施設は閉鎖された。原町長が倉敷の水道敷設を一九二三(大正一二)年に完成させたことも見逃せない。なお、第一部でふれたように、この町長時代の澄治と緊密な連携をとって孫三郎が、倉敷周辺に設立した工場設備や従業員の住居、さらにそれらから派生した商店・地元企業・住宅などを、体系的に結びつける道路網の形成を、行政費を上回る資金を投じて行なっていたことも注目される。

澄治のいま一つ重要な功績は、一九二六年一一月に、のちに京都帝大花山天文台長となる山本一清の指導を受けて、民間初の倉敷天文台を設立したことである。研究・教育面におけるこの天文台の意義は大きく、特に一九四一年に主事となった本田実は彗星の発見で世界的な業績をあげた。天文台は、澄治が私費で運営し続け、戦後の一九五二(昭和二七)年に財団法人倉敷天文台となった。澄治は、戦時期の大政翼賛会などでの活動によって敗戦後数年間、公職を追放されたものの、孫三郎亡き後の大原家の事業と倉敷の発展に尽くしつつ、一九六八年に八九歳で天寿を全うした。

社会奉仕の理念に共鳴——柿原政一郎

柿原政一郎[10]は、一八八三（明治一六）年に宮崎県児湯郡高鍋町に生まれた。祖父は父方、母方とも一八七七年の西南戦争で西郷軍に加わり戦死した。柿原家は旧秋月藩士であり、父は小学校教諭を振り出しに役所や住友別子鉱山など多数の職場を転々とし、自営業にも携わりながら、児湯郡新富町字湯風呂の原野開拓を四〇年間余り進めた。

政一郎は県立宮崎中学校、第六高等学校を経て東大文科哲学科（宗教哲学専攻）で学んだが、病気のため中退した。一九〇七年六月、母のいとこにあたる石井十次の勧めで倉紡に入社し、孫三郎の主に社会福祉関連事業に関する特設秘書を務めることになった。その時、柿原と孫三郎は、次のように語り合ったという[11]。

柿原「私は元来社会主義者で、貧民窟の研究などに興味を持っています。従ってお金持の大原家の番頭には最も不向きで、到底秘書など勤まりません」

大原「いや僕も実を言えば社会主義に関心を持っている。大原家の財産というものは祖先から貰ったものだが、僕はこの財産は神から世のため、社会のためにお預かりしているものだと思っている。（中略）この気持が分ってもらえるなら、僕のこの神からお預かりしている財産を、最も有効に社会に奉仕するという方面の僕の仕事を援助してもらいたい」

柿原「お話はよく分りました。それでははっきり言いますと、社会のために大原家の財産を潰そうというのが、あなたの理想なのですか」

大原「そのとおりです」

柿原「それならば私も真剣に今後あなたのお役に立つよう努力します」

孫三郎は待望の嗣子總一郎を授かった際に、大原家伝来の資産一切を食い潰すという考えはさすがに修正し、自分一代でつくり上げた分だけを使い尽くすと方針転換したようだが[12]、それでも後年には年々の収入の九割が社会文化事業に向けられ[13]、第一部の末尾でもふれたように、終戦直後に税務署が驚くほど孫三郎没後の相続税額は少なかったという。前年に倉紡社長を継いだばかりの青年経営者孫三郎と三歳年下の若者柿原政一郎との間で交わされた不思議な密約は、その後抜本的に修正されることなく実行されていった。孫三郎はまず紡績業界の労務管理の実態や、その改善策に関する資料収集を柿原に託した。そのため彼は、居を「東洋のマンチェスター」大阪に移して諸工場を視察し、時には職工に身をやつして任務を果たした。その成果が前章でみた倉紡の初期の労務管理の改善に貢献したことはいうまでもない。この調査のかたわら、柿原は石井十次の内命を受けて、大阪市内のスラム街の実態調査を実施した。それらを一ヵ月行うと、次の一ヵ月には図書館で、東ロンドンにおける貧困児童に関するバーナードの著書などの文献の収集も進めた。こうして充実した半年間を過ごしたという。なお、神戸市が日本初の市営保育所を設立した際、孫三郎が柿原に同所を視察させたことが契機となって、創業二〇周年記念事業として倉紡の工場内に保育所が新設された。

さて、一九〇九年に大阪市南区下寺町愛染橋付近のスラムを柿原とともに視察していた石井が、大阪でペストが流行した際の発生地であったという下駄工場跡の空家を発見し、第一部でふれた愛染橋夜学校と愛染橋保育所を設けることにした。柿原は、夜間の南京虫の攻撃に悩み、また、警察から社会主義者ではないかと疑われつつ、夜学校の建物の整備を、大工を励ましつつ、みずから泊まり込みで進めていたところ、昼間マッチ工場や屑工場で働く子供たちが、開校がいつなのか毎晩たずねにきて、彼らの向学心に柿原は感動させられた。開校後、行政が普通学校として認定してくれないのを気にした柿原が、生徒の家庭を訪問をしてみると、無戸籍者ばかりで、「妻君が亭主の本籍どころか、その姓さえも知らず、ただ主人は大和方面の生れで名を〝徳さん〟と呼ぶ位のところが通相場なので、子供に籍のあろうはずがな(14)」かったという。一週間後に開設された託児所(保育所)は大阪初の施設で働く母親たちを感激させたが、そのモデルとなった倉紡の保育所は、神戸の戦役記念託児所を模範としていた。夜学校も託児所も立ち上げは重労働であったものの、やがて岡山孤児院から来てくれた援軍に柿原は仕事を譲った。続いて近くの日本橋五丁目に同じく石井の命で救貧施設「日本橋同情館」を開設し、職業紹介、代書、施療周旋、その他生活指導の無料相談に応じる体制をつくり、運営は岡山孤児院に任せた。

以上の三施設をつくり上げたのちの一九〇九年秋、柿原は父が留守をしていた宮崎県新富町の開拓地にしばらく滞在し、開拓を進めた。翌一〇年三月、孫三郎の了解を得て、労働問題・社会問題担当記者を志して大阪朝日新聞社に志願し、採用が決まったところで、石井がストップをかけ、宮崎県高鍋町に戻って日向土地株式会社の創立・運営にあたることになった。

不況下の農村への低利融資を目指して石井が考案したといわれ、孫三郎が出資したとみられる⑮同社は、今日流にいえばマイクロ・ファイナンスのための企業であり、柿原は一九一二年五月より同社常務取締役としてこの仕事に熱心に取り組み、事業も軌道に乗ったが、一四（大正三）年一月の石井の死去によってやむなく閉鎖された。ほどなく柿原が、岡山孤児院岡山本部主任として岡山に移ったところ、孫三郎は彼に、孤児院の仕事だけでは暇だろうから、新聞事業も手伝え、と命じ、柿原は、孫三郎が経営する、岡山県の有力地方紙『中国民報』の県政記者として一四年八月より活躍することになった。柿原はそこで編集・業務・工務を学び、早くも一九一七年に支配人となった。翌年六月には香川県高松市の讃岐日報社を買収し、同県に初めて輪転機を据えつけて柿原みずから主幹となって筆を揮い、姉妹紙『四国民報』（二八年より『中国民報』四国版）を発刊し、朝刊と夕刊の二本立ての猛攻をいどみ、他紙を圧倒した。そして一九二四年六月に柿原は、原澄治の後任社長となり編集長を兼任した。当時、中央紙の地方進出が顕著となったため、それらとの競争が激化すると大原家に累が及ぶと考えた柿原は、中国民報社を自身の個人経営として大原家とは切り離し、翌二五年一月にアグレッシブな経営に転じることを大原家に認めてもらい、この戦略は成功を収めた。一九三〇（昭和五）年五月に、彼は中国民報社を資本金三〇万円の株式会社に改組し、資本を充実し経営合理化を実施した上で、ライバルの山陽新報社の合併談を進めて、三三年五月の株主総会で、平取締役に降りて私心のないことを示し、両社が三六年末に合同して合同新聞社となる準備を進めた。

このように新聞業界での活躍と同時期に柿原は、倉紡常務などもしばしば務めたほか、大原社会問題研究所でも重要な役割を果たした。先に述べた愛染橋の夜学校と保育所が母体となって一九一七（大正六）年に石井記念愛染園が発足し、柿原はその評議員となったが、孫三郎はそこから社研を創立する過程で、柿原と相談を重ねた。河上肇や高野岩三郎をはじめ研究所の創立に重要な役割を果たした学者たちに話を持ちかけた際にも柿原は常に、孫三郎の使者または同伴者の役割を果たした。一九一九年一〇月にアメリカの首都ワシントンで開催された第一回国際労働機関（ＩＬＯ）総会にも柿原は社研からオブザーバーとして参加することになり、実現はできなかったものの、高野岩三郎を労働側代表とすることに尽力した。一九二二年末の法人化後、社研の初代監事となり、同所が東京に移転直前の三六（昭和一一）年五月までその任にあった。その間、大原家と研究所とのよき仲介者であり続け、一九三八年には社研から感謝状を送られた。敗戦後の一九五一年にも法政大学大原社会問題研究所の評議員に就任し、終生その任にあった。

柿原は、中国民報社や社研で活躍していた頃、政界に進出した。まず一九二〇（大正九）年五月に宮崎県第一区から立憲政友会選出の衆議院議員に当選し、二四年一月、政友会から政友本党に転じたが、同年五月の改選には出馬しなかった。一九三五（昭和一〇）年七月には宮崎市名誉市長となり、約二年間務めた。こうした経歴・資質と広い人脈に支えられて、守屋松之助らと同じく孫三郎と政界とを取り結ぶ役割も果たした。第一部で、一九一九（大正八）年に、孫三郎が床次竹二郎内務大臣に働きかけ、伯備線敷の起点を倉敷駅にすることにわずか三〇分で成功したエピソードを紹介したが、それには柿原の貢献が大きかった。彼は、新聞社勤務を通じて岡山県内の政治問題を熟知しており、しかも、郷里宮崎県の隣県鹿児島の出身である岡山県内務部長の道岡秀彦と親しく、道岡は、同じ鹿児島県出身の床次内相の側近であった。孫三郎は、伯備線問題の解決にこの人脈を意識的に活用したのである。地元住民は、「伯備線は柿原鉄道だ」[16]といって、柿原に感謝していたという。

柿原は、大原家関連の仕事のほかにも様々な活動を行なった。主なものを列挙しておこう。まず、広島市宇品に広島臨港土地株式会社を創立し、専務取締役となったのが一九二四年である。一九三一（昭和六）年、岡山市から広島市に転居、広島市袋町に山陽記念館（現頼山陽史跡資料館）を発起・建立した。一九三二年、宮崎県高鍋町に柿原茶舗（三三年、合資会社日向屋茶舗に改組）を開設し、茶商となる。一九三七年、宮崎県県会議員当選（四二年まで）、三八年に高鍋商工会頭（任期一年）及び宮崎県産業組合連合会理事（四三年まで）に就任。高鍋町長（名誉職で無給。翌年辞任）。一九三九年に宮崎県会議長（翌年辞任）、四一年に高鍋町に日向土地株式会社を創立し、社長となる。一九六二年に死去した。多彩で旺盛な活躍ぶりである。とりわけ、市長が県会議員になり、最後に町長となるというコースは通常の政治家とは正反対であり、柿原の私欲のない人柄をよく示しているように思われる。

重責を任された同郷の先輩――中村純一郎

「大原四天王」中の中村純一郎[17]は、一八七八(明治一一)年、岡山県生まれ。閑谷黌で孫三郎の上級生であった。一九〇〇年に東京専門学校(現早稲田大学)英語政治科を卒業後、岡山県特産の花莚の貿易商となったものの、失敗し、閑谷黌時代の友人で大阪の鉄工所を退職した妹尾《せのお》順平とともに一三(大正二)年に、黒住武市を社長とする無尽会社の興国貯蓄(資本金一〇万円)を設立した。孫三郎は、中村常務取締役、妹尾取締役支配人を応援して、みずから同社取締役に名を連ねた。一九一五年六月の無尽業法制定に伴い、この企業が興国無尽と社名変更したことを機に、中村は茶屋町銀行、妹尾は妹尾銀行の経営にそれぞれ転じた。一九一九年に茶屋町銀行が、孫三郎が経営する第一合同銀行に再編されたのち、中村は彼の金融事業を支えるようになり、第一合同銀行とその後身の中國銀行で、ともに常務取締役を務め、中國銀行では三八(昭和一三)年に専務取締役となった。

中村は、孫三郎の電気事業に関しても重責を担った。一九一八(大正七)年に備作電気常務取締役、二二年に同社の後身である中国水力電気常務取締役にそれぞれ就任し、二六~二八年には中国水電を一母体とする中国合同電気の取締役を務めた。倉紡監査役(一九三九~四五年)及び倉絹監査役(三六~四六年)も歴任した。中國銀行第二代頭取の座を譲るつもりであった中村が一九三九(昭和一四)年に脳溢血で倒れたことは、孫三郎には大きな打撃であった。ただ中村の予後は幸いにして悪くなく、常務職は降りたものの、平取締役にはとどまり、一九四三年頃でも岡山製紙社長、宇野土地取締役、片上鉄道監査役などの肩書を持ち、一九五〇年に永眠した。孫三郎と中村の共通の親友であった妹尾のその後について付言すれば、一九二四（大正一三）年に頭取であった妹尾銀行も第一合同銀行に合併となったのち、政友会系の政治家に転じたが、大成しなかった。

事業経営上の名補佐役——神社柳吉

倉紡と倉絹という孫三郎の両大戦間期の事業の屋台骨であった神社柳吉[18]は、一八八一（明治一四）年一月、岡山県都窪郡清音村に生まれた。閑谷黌では孫三郎の同級生であった。その後、高梁中学校、第六高等学校を経て一九〇八年、京大法科独法科を卒業。大原奨学生であった。大学を出た後、官職につき台湾台南省内務部長にまで昇任している。一九一六年より三年間、欧米に留学。第一次世界大戦が終わった翌年の一九一九（大正八）年頃、倉紡創立以来の功労者の大橋良平、木山精一、林醇平の三取締役、及び一四年以来、営業部長を務め一八年に取締役に就任したばかりの河原賀市が相次いで世を去った。人材を補給するため、孫三郎は、河原とは閑谷黌での同級生であった神社を一九二一年一〇月に、また、藤田組を退いたのち海外視察を終えて帰国した山内顕を翌年七月、倉紡に招き、二二年に神社は事務部長担任、山内は営業部長担任として、ともに常務取締役に任じた。

神社は一九二五年に孫三郎が人絹事業への進出を決断した際、第一部でみたように京大への技術協力を要請する重要な役割を果たし、同年八月には倉紡の総務・経理担当の常務取締役に昇任した。孫三郎は「経営の大綱を握り、社務の統轄に当るだけで直接経営にはタッチしなかつたので、（神社が―引用者注）常務時代から経営をきり廻し、事実上の主権者といつた風があつた」といわれる。一九三〇（昭和五）年の金解禁前後には緊縮整理面の責任者も務めた。一九二七年金融恐慌の頃から一九三〇年代初頭にかけて、孫三郎の紡績や銀行の経営が不振を極め、倉絹も創業期の苦しみを経験していた頃、孫三郎は姉卯野、児島虎次郎、妻寿恵子との相次ぐ悲しい別れに遭遇する中で、みずから経営する第一合同銀行、その後身の中國銀行から巨額の貸し出しを受けて、書画骨董の購入、有隣荘や大原美術館の建設に惜しみなく資金を投じた。神社は、中村純一郎、薬師寺主計、柿原得一らと組んで、孫三郎のそうした行動に、しばしばブレーキをかける憎まれ役を務めた。しかしながら筆者には、神社たちがいてくれたからこそ、クラボウ、クラレ、中国銀行、大原美術館などが今なお立派に存続できているように思えてならない。

倉絹では、創業以来、常務取締役として現業の指揮にあたってきた山内顕が一九三五年に退社し、彼に代わって高橋雄吉とともに常務に昇任した薬師寺主計と菊池寅七の二人も翌三六年に辞任した。孫三郎は神社を三六年一二月に常務に据え、三七年六月には副社長の座に就いたものの、四一年一月には倉絹を離れた。一九三六年以来、健康状況が悪化した孫三郎は、三九年五月に倉紡と倉絹の取締役社長を辞任し、倉紡の社長職は神社に譲り、相談役となった。その後、孫三郎は両社の経営には口をはさまなかったが、国策により一九四〇年末に綿紡績企業が五〇万錘規模に整備統合しなければならなくなった際、神社は、倉紡の規模の半ばにも達さない新設の国光紡績と対等合併し、倉敷紡績の社名を残すことにこだわらない方針を出した。この時には孫三郎は強く反対し、一九四一年一月に神社はその責任をとって社長を辞任し、倉紡取締役であった總一郎が同職を継いだ。神社は一九六六年三月に八五歳で没した。

余談になるが、孫三郎のサポーターたちを振り返れば、地縁・血縁が濃厚であった「大原四天王」を除いて、一八九九（明治三二）年二月一一日に、『山陽新報』に公表された「備中子弟学資賃貸規則」以来[19]、大原家に育てられた大原奨学生の名前が少なからず見受けられる。神社はその代表的存在といえる。奨学生の一部は、大原家との縁にふれようとしなかったというが、多くは大原家に厚い感謝の念を示すことを惜しまず、孫三郎と彼の事業を積極的に支えた。一九三五（昭和一〇）年頃、大原奨学生であった某私立大学教授が同窓会を組織し、その名簿を孫三郎のもとに送り、時々同窓会を開きたい旨を申し出たところ、孫三郎は、それをきっぱりと断ったという[20]。ただし、人島寮時代の若い頃に限られるのかもしれないが、孫三郎は奨学生たちから自主的な呼びかけがあれば、気さくに応じていたともいわれるから、彼が本当にそこまで頑なであったのかどうかはわからない。孫三郎が見返りなどを気にせず、優秀な若者の育成に無心の力を注いだことが、彼の成功を期せずして助けたとみるべきであろう。

倉敷の美の創生に寄与――薬師寺主計

孫三郎の期待に応えて倉敷の美しい建築群をつくり上げ、新設の倉絹の経営者としても大活躍した薬師寺主計[21]は、一八八四（明治一七）年一〇月に岡山県賀陽《かや》郡刑部《おしかべ》村（現総社市）に生まれた。家系は備中足守《あしもり》藩木下家の御用商人であった。彼も大原奨学生である。旧制岡山中学校では、のちに政治家として大成する鶴見祐輔、第一部にも登場した岡山の画家の吉田苞《しげる》が同期生で、一年後輩には農研所長となった近藤萬太郎がいた。同校を卒業後、岡山に開校されてから四年めの第六高等学校に入り、そこでも一年先輩に神社柳吉、同期には藤岡郊二という、のちの倉絹での同志二人と青春をともにした。

薬師寺は後年、藤岡の私邸も設計している。六高卒業後、薬師寺は東大工科建築学科に入学し、伊東忠太（京都平安神宮のほか、倉敷の大原家東別邸・有隣荘の和風部分を設計）や佐野利器《としかた》（耐震構造学の大家）に学んだ。卒業後、薬師寺は一九一〇年五月に陸軍省経理局に建築技師として入省した。彼は主に経理局に所属して、東京市麻布区（現東京都港区六本木）の歩兵第三連隊兵舎の建築などで実績を重ねた。薬師寺は、陸軍省入省後まもなく孫三郎の建築顧問的存在となった。早くも一九一四（大正三）年に、倉紡の万寿工場の工事の不備に接した孫三郎は、彼に改善策を相談していた[22]。その後も岡山市の岡山染織整理株式会社や大阪市内の社研書庫（ともに一九二二年）を設計し、倉敷に限っても、倉紡中央病院（二三年）、今橋及び労研歩行研究所（二六年）、鶴形山トンネル（二七年）、有隣荘（二八年）、岡山合同貯蓄銀行倉敷支店及び倉敷商工会議所（二九年）、大原美術館（三〇年）など、自分で設計や監督を行なったとして名称を挙げた建物は三〇棟以上にのぼるという。

　薬師寺は陸軍省より一九二一年七月から二三年二月まで、航空機の格納庫などの調査を目的として欧米諸国へ出張を命じられたが、その公式の期間を実際には短縮して、二一年一〇月に第一合同銀行倉敷支店（二二年竣工）の着工を見届けてから旅立っている。この出張は実り多いものであった。一九二二年一一月、薬師寺は、パリのサロン・ドートンヌで若きル・コルビュジエのパリの新都市計画「三百万人のための現代都市」に偶然接して深い感銘を受け、彼と面談し、当時日本では概念が未形成であった賃貸共同住宅の図面を譲り受けた。ル・コルビュジエが編集していた芸術評論誌『エスプリ・ヌーヴォー』の存在も知った。当時は無名だったこの大物建築家を、帰国後まもない一九二三年八月発行の雑誌『建築世界』を通じて日本に紹介したのも薬師寺だった。

　薬師寺は孫三郎からもいくつかの依頼を受けていた。まず、倉紡中央病院のためにドイツ・ハンブルグ郊外バルムベックの、温室を持つ病院の調査を行なった。また、彼よりも半年あとに西欧絵画の買いつけのために渡欧した児島虎次郎とパリで会って、大阪市上本町に新築中だった大原家別邸の内装用品買いつけの店を紹介してもらった。薬師寺は、ドイツ・エッセンのクルップ社の近代的工場群も視察し、その経験は後年の倉絹での寄宿舎建設の際にもおおいに参考になった。なお洋行中に薬師寺は、ドイツ人技師から、ドイツが大戦中、硝化繊維の原料である樟脳を全面的に日本からの供給に仰いできた。だから、帰国後には日本でドイツから特許を買って人絹か合成石油の事業を営むのが最も有望だ、と示唆された。帰国後、彼が孫三郎に人絹の話をしたところ、「馬鹿なことをいうな」と叱られたという。合成石油は軍と住友財閥にも勧めたが、それも相手にされなかった。[23]帰国一年後の一九二四年、薬師寺は、陸軍省内最高位の筆頭技師に昇任しただけでなく、異例の高等官二等勅任技師まで拝命したが、二六年五月に孫三郎の懇請により退官し、新設の倉絹の取締役に就任した。倉絹での彼の最も重要な活動は、いうまでもなく工場立地の決定も含む諸工場や寄宿舎・食堂・休憩室・講堂などの建設であり、それらは美的にも機能的にも優れた建築群となった。

薬師寺は、メーカーの技術者でも経営者でもなかったものの、企業としての基礎が固まっておらず、士気が上がらない倉絹の現場の人々を鼓舞し、友人藤岡が病に倒れたのち、一九二九（昭和四）年八月に常務取締役兼工場長に就任して陣頭指揮を執るとともに、倉絹の枠を超えて神社、中村、山内らと協力して、その頃、精神的に参っていた孫三郎を献身的に支えた。

薬師寺は倉敷在住の一〇年間に、孫三郎の依頼で二つの重要な建造物を設計した。一つは岡山市内の第一合同銀行本店（のちの中國銀行本店。一九二七年五月完成）である。ドイツ表現派の影響の強い威厳に満ちた外観ながら、注目すべき点は、贅を凝らした内部の造作であり、一九二五年にパリで確立したといわれる世界最先端のデザインであったアール・デコ様式をそこにふんだんに取り入れていたことである。以前流行していたアール・ヌーヴォー様式の過装飾性を、幾何学模様やシンメトリー（対称性）を用いて洗練させたアール・デコは、現在でも東京都庭園美術館（旧朝香宮鳩彦邸。一九三三年竣工。アンリ・ラパン及び宮内省内匠寮設計）や大丸大阪心斎橋店（三二年完成。ウィリアム・ボーリズ設計）が有名だが、薬師寺のこの力作は、世にあまり知られることなく、一九八九（平成元）年に惜しくも解体されてしまった。

薬師寺はしかしながら、倉敷でのおそらく最大の仕事として、今日ある大原美術館を設計した。児島虎次郎が亡くなった次の年である一九三〇（昭和五）年二月、陸軍省時代の薬師寺の上司であり、同じく岡山県出身の宇垣一成《うがきかずしげ》陸軍大臣が、同年一一月に倉敷に近い岡山と福山で陸軍特別大演習を実施するという情報が、薬師寺のもとに入った。孫三郎は、生前児島が実現を夢見ていた美術館を、彼のアトリエがあった酒津に建てるように、薬師寺に指示はしていたものの、話が進まずにいたところ、先のニュースに接した薬師寺は孫三郎に対して、整備がすでに終わっている有隣荘を、大演習の際の皇族・貴賓を迎える施設とし、そこと大原本宅との前面の土地に、児島の作品、及び彼が集めた西洋絵画を展示する美術館の建設を提案して承認を得た。

一九三〇年三月、薬師寺は設計を完了した。その後、薬師寺の信任が厚い藤木工務店が半年強の突貫工事で一〇月に竣工し、一一月五日に大原美術館の開館式を挙行できた。美術館の建物には創意工夫が凝らされていた。石造りのように見える鉄筋コンクリート、天窓の採用などは経費節減の意味もあった。堂々としたローマ建築様式で建てられ、優雅な若い女性を想起させるイオニア式の柱が取り入れられた。児島が好んだであろう照明器具やロダンの野外彫刻も配置された。美しい建物はこうして無事完成し、陸軍大演習に伴う皇族を含む一行は、倉紡や大原美術館を孫三郎以下の案内でつつがなく視察し終えた。

孫三郎は学術研究の功労者として勲三等紺綬褒章を下賜され、一一月一八日には特別功労者として昭和天皇に単独拝謁し、陪食の栄誉を受けた。薬師寺は、その後しばらく倉絹の経営者を続けたが、一九三三年には胃潰瘍の手術・治療のため、三ヵ月余りの入院生活を強いられた。一九三五年末に工場長を辞めたのち、翌三六年八月、常務も退いて倉敷を去った。その後、倉絹の技術の責任は、第一部にたびたび登場し、倉紡から移籍した高橋雄吉が引き継いだ。陸軍省時代の薬師寺のよき上司であった渡辺錠太郎教育総監が二・二六事件で青年将校に殺害されたショックから半年後のことであった。年が明けて一九三七年一月に廣田弘毅内閣が総辞職し、宇垣に組閣の大命が下り、薬師寺は大喜びをしたものの、軍の反対によって宇垣内閣は結局流産した。その後、薬師寺は宇垣の私設秘書のような役割を続けた。宇垣は同年七月の日中戦争開始後に成立した第一次近衛文麿内閣の改造人事により、一九三八年五～九月に外務大臣を務めた。薬師寺は宇垣の勧めにより、一九四二年の衆議院選挙（いわゆる「翼賛選挙」）に出馬し、政界への進出を目指したものの、落選した。空襲で小石川の自宅を焼け出された薬師寺は、熱海の別荘に移り、戦後は藤木工務店顧問などいくつかの企業の役員を務めていた。一九六五年三月、熱海で没した。

孫三郎の事業発展に寄与した他の人々

続いて、第一部にしばしば登場し、企業家・孫三郎の事業発展に寄与した人材の中でも、特に重要と思われる人たちの簡略な履歴を、生年順で列挙しておく。

守屋松之助（一八七七〜一九五二）　広島県深安郡深津村（現福山市）の石井家に生まれた。孫三郎の妻寿恵子にとっては実家の石井一族の従兄にあたった。生家が傾き、一〇歳頃に父が亡くなったので、教科書を写本するなど苦学しつつ、福山の誠之館中学で学び、一九〇一年に岡山県小田郡矢掛町の素封家守屋家の養子となった。一九一九年の県会議員選挙に出馬し当選。一九二〇年五月には岡山県第五区で衆議院議員に当選、二二年の中国水力電気成立の際、政治面から孫三郎を支援したようだ。一九二九年二月、岡山市長となる。第一部でふれたが、守屋は孫三郎から、福山貯蓄銀行の専務取締役に、また一九二六年の中国合同電気設立に際しても取締役をそれぞれ依頼され、就任している。終戦後、岡山県信用農業協同組合連合会の初代会長なども務めたが、晩年は禅に没頭したという(24)。

河原賀市（一八八一〜一九二二）　孫三郎と閑谷黌時代以来の友人で、第一高等学校を経て東大法科卒。大原奨学生第一号となった。一九一二年倉紡に入社し、のち調査部長、営業部長（一四年）、取締役（一八年）を歴任したが、病気のため早世(25)。

柿原《かきばる》得一（一八八一〜一九五四）　柿原政一郎と同郷で、個人的にも親しかった。一九〇七年に京都帝大法科経済学科を卒業。最初期の倉紡学卒採用者で、大原奨学生でもあった。営業に経験が深い木村利太郎取締役を補佐し、一九一四年に営業部長。大阪出張所で活躍して倉紡取締役

（一九一八〜二五年）・常務（二五〜三七年）。倉絹監査役（一九二六〜三四年）・取締役（三四〜四五年）。倉敷商工会議所や倉敷信用組合の創立・運営にも尽力した。(26)

三橋玉見《みはしたまみ》（一八八二〜一九三九）　孫三郎の主治医。愛媛県出身。東大医科卒業で大原奨学生であった彼は、倉紡嘱託医師に採用されたが、のちに孫三郎の支援を受けて医院つき住宅を持った。若い時から約一〇年に一度大病を重ねてきた孫三郎の命の恩人であったが、晩年には後述の武内とともに、孫三郎の民芸運動支援も助けた。(27)

藤岡郊二（一八八四〜一九五八）　高梁中学校、第六高等学校を経て一九〇九年東大工科電気科卒。大原奨学生だった。岡山電鉄・龍野電燈技師を経て、一二年倉紡にスカウトされ発電所建設の責任者となった。発電所長、万寿工場長、工務部長、早島工場長兼務等を経て一九二二〜二九年倉紡取締役。二六年倉絹常務取締役を兼任。フランスのランポーズ式レーヨン製造技術の導入に尽力したものの、三〇年病気により退任。(28)

武内潔真《たけうちきよみ》（一八八八〜一九八一）　愛媛県出身。一九一三年に東京帝大工科を卒業後、倉紡に入社。大原奨学生であった。倉敷発電所主任、動力課長兼建設課長を経て、玉島工場長。美術に造詣が深く、大原美術館の初代館長に就任し、三橋とともに孫三郎の民芸運動支援を補佐した。一九四〇〜四五年取締役。(29)

林桂二郎（一八九二〜一九七六）　倉敷出身。第一部にたびたび登場し、孫三郎の恩人で倉紡取締役も務めた林源十郎の次男。一九一九年に東大法科英法科を卒業後、三三年に倉紡に入社して三五年まで取締役、三五〜四四年常務取締役、四四〜四五年専務取締役。神社柳吉との「コンビで、全社務をきり廻し、営業の刷新、設備の拡張に手腕を揮」い、一九三〇年代の多角化をリードした。一九三九年、日華紡織株式会社が大原家の傘下に入った後に、同社の社長も兼ねた。林は、柿原政一郎の後任として社研の東京移転を原澄治とともに交渉し、その後一九三七〜四四年に社研の監事も担当した。[30]
こうした多くの人材に支えられ、孫三郎の事業発展が存続し、発展したことを忘れるべきではないだろう。

（1）犬飼亀三郎［一九六七］、『大原孫三郎と原澄治』（倉敷市文化連盟）五八ページ。
（2）大原總一郎［一九五三］、「わが家の歴史が訓えるもの―いわゆる「三代目」の人生―」『文藝春秋』一九五三年二月号。大原總一郎［一九八一］、『大原總一郎随想全集１　思い出』（福武書店）六五〜六六ページより引用。
（3）Ford R.Bryan［1993］, *Henry's Lieutenants*, Detroit: Wayne State University Press.
（4）原に関する記述は、断りのない限り、以下を参照。前掲『大原孫三郎と原澄治』。犬飼亀三郎［一九七三］、『大原孫三郎父子と原澄治』（倉敷新聞社）。犬飼亀三郎編［一九六九］、『彰邦原澄治翁』（彰邦会）。倉敷紡績株式会社［一九八八］、『倉敷紡績百年史』（同社）八一三〜八一四ページ。原武治［二〇一一］、「早稲田大学と大原孫三郎・原澄治」高梁川流域連盟編『高梁川』第六九号（同）。備中倉敷学編［二〇一六］、『不敢為天下先―原澄治翁　歿後五十年記念出版―』（備中倉敷学）。
（5）水島博氏のご教示による。

(6)引用は前掲『大原孫三郎父子と原澄治』二九〇ページ。

(7)兼田麗子［二〇一二］、『大原孫三郎―善意と戦略の経営者―』（中公新書）二六七ページ。

(8)前掲『彰邦原澄治翁』三〇六ページ。

(9)原圭一郎「濟世顧問を嘱託される」前掲『不敢為天下先―原澄治翁―』四一～四八ページ。

(10)柿原に関する記述は、断りのない限り、以下による。荒川如矢郎［一九七七］、『柿原政一郎』（柿原政一郎翁顕彰会）。高橋彦博［二〇〇一］、『戦間期日本の社会研究センター―大原社研と協調会―』（柏書房）分析Ⅰ。

(11)大原孫三郎傳刊行会編［一九八三］、『大原孫三郎傳』（同会）七二～七三ページ。

(12)同前八二ページ。青地晨［一九六二］「大原三代　教養に武装された事業家―孫三郎から総一郎へ―」『中央公論』一九六一年八月号二三七ページに収録されている久留間鮫蔵の発言も参照。

(13)『合同新聞』一九四七年三月二三日号記事。

(14)前掲『柿原政一郎』一九ページ。

(15)香坂昌孝［一九一七］、『模範農村と人物』（求光閣書店）三四～三五ページ。

(16)前掲『柿原政一郎』三一ページ。

(17)中村については以下を参照。前掲『倉敷紡績百年史』八一三～八一四ページ。大津寄勝典［二〇〇四］、『大原孫三郎の経営展開と社会貢献』（日本図書センター）九七～九八ページ。中外産業調査会編（松下伝吉執筆）［一九四三］、『人的事業大系・繊維工業篇』（同会）一三〇、二五四ページ。

(18)神社については以下を参照。同前『人的事業大系・繊維工業篇』一二二～一二三ページ。引用は同書一二二ページより。前掲『回顧六十五年』二七二～二七三、三四〇～三四一、四〇〇ページ。同前『倉敷紡績百年史』二〇九ページ。

(19)水島博氏のご教示による。

(20) 青地晨［一九六二］「大原三代　美術とアカデミズムの都」『中央公論』一九六一年五月号二七七〜二七八ページ。前掲『大原孫三郎父子と原澄治』三二ページも参照。前掲『大原孫三郎の経営展開と社会貢献』二五四ページは、一九〇〇〜〇九年卒業生に限られてはいるものの、大原奨学生の名簿を掲げている。

(21) 薬師寺に関する記述は断りのない限り、以下を参照。上田恭嗣［二〇〇三］、『アール・デコの建築家　薬師寺主計』（山陽新聞社）。上田恭嗣［二〇一六］、『天皇に選ばれた建築家　薬師寺主計』（柏書房）。

(22) 大津寄勝典氏のご教示による。

(23) 「一九五五年一一月七日　薬師寺主計氏談」『大原孫三郎伝記執筆資料』（大原家文書）№29-54。

(24) 久米龍川［一九三一］、『岡山県人物縦横』（岡山県人社）四〇〇〜四〇二ページ。友雪会編［一九五三］、『守屋松之助』（友雪会）。山陽新聞社編［一九七九］、『政治と人と（上）戦前・戦中編』（山陽新聞社）六三〜六八ページ。

(25) 前掲『倉敷紡績百年史』八一三〜八一四ページ。兼田麗子［二〇一三］、『大原孫三郎—善意と戦略の経営者—』（中公新書）二三九ページ。

(26) 前掲『柿原政一郎』九ページ。前掲『人的事業大系・繊維工業篇』二五二〜二五三ページ。前掲『回顧六十五年』五〇一ページ。原澄治［一九五四］、「柿原君と橋本君」『追憶集』一九五四年八月二八日（原澄治［一九五九］、『続彰邦百話』（犬飼亀三郎）三〇一〜三〇二ページ所収）。前掲『倉敷紡績百年史』八一三〜八一四ページ。

(27) 前掲『天皇に選ばれた建築家』一八六ページ。

(28) 前掲『回顧六十五年』三五〇、四三六ページ。前掲『倉敷紡績百年史』八一三〜八一四ページ。前掲『大原孫三郎の経営展開と社会貢献』一六五〜一六六ページ。

(29) 同前『倉敷紡績百年史』八一三〜八一四ページ。同前『大原孫三郎の経営展開と社会貢献』一六六ページ。

(30) 前掲『人的事業大系・繊維工業篇』一二六ページ。引用も同ページ。前掲『柿原政一郎』九四ページ。前

掲『回顧六十五年』四三六ページ。同前『倉敷紡績百年史』八一三〜八一四ページ。大原社会問題研究所編［一九七〇］、『法政大学大原社会問題研究所五十年史』（法政大学大原社会問題研究所）。

Ⅲ　孫三郎の社会事業の意義～社研と労研を中心に～

序節

孫三郎からの後世への贈物

孫三郎が創設した三つの研究所と美術館は、いずれも当初、孫三郎が、明確な目的ないし期待を持ってつくったのであるが、程度の差はあれ、多くが初期の意図とは離れた存在に変貌していった。とはいえ、それらはいずれも後世の人々にとって、かけがえのない遺産となった。以下では、孫三郎の元来の意図を超えた予想外の貢献も含めて、彼が創出した社会事業の意義・価値について、大原社会問題研究所（社研）と倉敷労働科学研究所（労研）を中心に考えてみたい。

三研究所のうち、大原奨農会農業研究所（農研）に関しては、元々、労働者や農民への教育に深い関心を持っていた孫三郎が、農学校を中心とした組織を考えていたが、ドイツ留学から帰国した近藤萬太郎の進言を受け入れた結果、農業・農学に関するアカデミックな研究機関に変わっていったことを第一部ですでに述べた。筆者にはこの分野について語る能力はないものの、農研が岡山大学で資源植物科学研究所として今なお研究成果をあげている事実は、孫三郎と近藤の判断が間違っていなかったことを物語っている。なお、この研究所に孫三郎が移した広大な小作地は戦後の農地改革の過程で失われ、そのことが岡山大学への寄附につながっていったのであるが、五〇〇町歩以上の土地所有者が「大地主」といわれていた戦前期の日本で、大原家が有していた五〇〇町歩余りの広大な所有地中の二〇〇町歩を農研の小作地として運用し、小作人が希望すれば、自作地も与えられるという斬新な規程が農研に設けられていた点は、孫三郎の地主＝小作制度への批判をうかがわせ、まことに興味深く思われるが、その含意の解明は今後の研究課題であろう。

大原美術館は当初、孫三郎が、芸術家として崇拝していただけではなく、年齢が一歳下で、親友というよりも実の弟のように愛していた児島虎次郎が、四〇歳代後半で早逝した直後に、何よりも児島の作品を世に残すために設立された。ちなみに当初孫三郎が考えていた館の名称は、「児島画伯記念館」であった。今でこそ、大原美術館は、児島が収集した印象派を中心とする西欧美術で知られているが、設立時には、まず一階に児島の遺作が一〇五点、二階には西欧美術が六一点、各々展示されていた。戦後の一九七二年以来、児島の作品は、美術館とはやや離れた倉敷アイビースクエア（元倉紡倉敷工場）内に「児島虎次郎記念館」として別置され、大原美術館本館は、セザンヌ、ピカソなど新たに加えられた作品も含む西欧美術を中心に飾られるようになった。これは孫三郎の息子總一郎による改革であった。孫三郎にとって何よりも児島を偲ぶ場所であった美術館を、總一郎は欧米流の美術館の普遍的コンセプトで再編し直したのである[1]。その結果、さらに多数の人々が倉敷を訪問し、心休まる一時を過ごせるようになった。

1　大原社会問題研究所

当時の最先端の研究機関にかかわった人たち

現在の標準的な経済学は一八七〇年代の限界革命以降発展した新古典派経済学、そして、最近は人気がないけれども、一九三〇年代以降に展開されたケインズ経済学を出発点としているが、両大戦間期の日本では新古典派を導入した福田徳三のようなパイオニアは存在したものの、その潮流はまだ形成途上であった。他方で、古典派経済学とヘーゲル哲学を融合したマルクス経済学が当時は最も体系的と受け止められ、社研以外でも東大、京大、東北大、九州大、東京商科大(現一橋大学)などの一流大学で、次第に弾圧されるようにはなるものの、講じられるようになった。マルクス経済学は、主張の当否はさておいて、経済のみならず政治・法律・社会・歴史まで幅広く論じ得た点でも評価された。マルクス経済学には激しい「宗派争い」が伴ったが、大ざっぱに言えば、ソ連型社会主義の実現に直結させる「講座派」と、実践性から距離を置いて分析に主力を置く「労農派」のとらえ方に大別された。そうした中で、「労農派」の拠点となった当時の大原社会問題研究所は、日本の経済学のアカデミックな研究の最先端を追究し、最良の成果を上げていたと評価されよう。

社研は、貧困を中心とした社会問題を科学的に研究し、その改善（救貧や防貧）を図ろうという孫三郎の当初の構想を越えて、社会科学全般に視野を広げ、少数精鋭の学者を結集したユニークな研究所となった。ソ連モスクワのマルクス＝エンゲルス研究所とレーニン研究所、社会学におけるフランクフルト学派を生んだドイツのフランクフルト社会研究所と並び称された先端的な研究機関が一民間人の篤志によって創立され、孫三郎の手を離れたのちも発展し続けていったのである。[2] 社研が孫三郎の意図とは異質な研究機関になったのはつまるところ、彼が高野岩三郎の人物と学識を全面的に信頼し、研究所の運営のすべてを高野に委ねたためと思われる。

社研の意義を理解するには、中心人物高野岩三郎（一八七一～一九四九）に関する理解が不可欠である。[3] 彼は、第一部で述べたように、日本における社会統計学のパイオニアであり、一八九六（明治二九）年における社会政策学会の創立者の一人でもあったが、「象牙の塔」に籠る帝大教授ではなかった。まず日本の労働運動の創始者の一人高野房太郎（一八六九～一九〇四）が実兄であった。房太郎は、長崎の和服仕立職人の家に生まれた。一八七七年に一家は東京に移り、房太郎の父仙吉は兄の高野弥三郎が営む廻漕店兼旅人宿等の仕事を手伝うことになったが、七九年、仙吉は急逝し、八一年に小学校高等科を卒業した房太郎は伯父弥三郎のもとで住みこみ店員として働くことになった。一八八六年末に房太郎は渡米し、約一年後にサンフランシスコで日本雑貨店を開いたものの、うまくいかず、その後、皿洗い、船員、新聞記者などとして働いた。岩三郎は、兄が毎月アメリカから送ってくれる一〇ドルのおかげで九五年に帝国大学法科政治学科を卒業できた。その間、房太郎は、アメリカ労働運動の実態を深く観察し、特に一八八六年に結成されたアメリカ労働総同盟〈American Federation of Labor（略称ＡＦＬ）〉会長のサミュエル・ゴンパーズ（一八五〇～一九二四）と一八九四年に面識ができ、彼から日本における労働組合のオルグ（組織者）に任命された。日清戦後の一八九六年六月に房太郎は帰国したが、翌九七年、自然と湧き上がる仲間意識から、労働組合期成会が結成された。一九〇一年には日本社会民主党が結成されたものの、社会主義の実現を目指すこの党は一九〇〇年制定の治安警察法第一七条により即日解散させられた。この一連の出来事の中で、房太郎は労働組合期成会の実現には積極的にかかわったが、片山潜が推進した社民党にはコミットしなかったため、片山に比べて不当に低い評価を受けることになった。

岩三郎はこの兄を尊敬し、その影響から若き日より労働問題と社会問題に深い関心を寄せるようになった。初期の労働組合を代表する鉄工組合が一八九七年末に東京・神田で発会式を挙行した際、開会の辞、祝辞、閉会の辞が、順に高野房太郎、岩三郎、片山潜によって述べられた事実から、それは理解されよう。岩三郎は、こうした出自から推測できるように、社会を改善するための実践活動に積極的であった。大逆事件後の「冬の時代」の一九一二（大正元）年に登場し、のちの労働組合、日本労働総同盟の母体となった友愛会では評議員として活動を支援し、同会の依頼で労働者の家計調査も実施した。友愛会を育てた鈴木文治や麻生久らは、高野の東大での門下生たちであった。一九一九年開催の第一回国際労働機関総会への日本からの労働代表に高野はいったん選出され、また、「亡兄ノ仇ヲ報ヒタル心持チ」（高野の日記より）になった一九一九年の政府の救済事業調査会での治安警察法第一七条の廃止決議でも奮闘した。(4)

一九一〇〜二〇年代には鈴木茂三郎らが推進していた無産政党の結成と運営を指導し、二八年末には新設された日本大衆党の党主への就任を乞われたこともあった。敗戦後、七〇歳代半ばという高齢にもかかわらず高野は、日本共産党とは別個の社会主義政党の結成を呼びかけて日本社会党の結成に参画して、その顧問となり、また、みずから組織した憲法研究会で、天皇制を廃止し大統領制を採用するという内容の日本共和国憲法私案を起草した。さらに、日本放送協会第五代会長に就任し放送民主化を進めるなど、旺盛な活動を再開した。

話は昔に戻る。東大教授時代の高野は、まず、一九一九年四月に旧法科大学経済学科を経済学部として独立させたが、このことは、帝大に学部制を定着させたにとどまらない意味を持った。東大法科は、すでにふれた社会政策学会とも深くかかわり、国家学を論じる研究・教育機関であって、卒業生の多くが官僚となり、官僚出身者も教授になるという世界であった。高野は、そことは袂を分かち、法学・政治学の下位に置かれていた経済学を独立の社会科学として国家学から解き放ったのであった。それに先立つ一九一七年三月、高野は経済学部の分離を求めて、山川健次郎総長に辞表を提出し、以後教授会を欠席するようになったが、同年から翌一八年頃、経済学科の若手研究者を結集して「同人会」を組織した。高橋彦博によれば、高野と最も近かったのが森戸辰男で[5]、そのほかは大内兵衛、櫛田民蔵、権田保之助、細川嘉六（以上の人々に関しては後述）、糸井靖之（専攻は統計学。以下同様）、上野道輔（会計学）、舞出長五郎（経済学説史）らがメンバーであった。なお、社研の出版物刊行を引き受けるようになる書店の同人社は、同人会の名を取って大内が命名した。一九一九年に始まった森戸事件の渦中の二〇年一月一三日、高野は日記に以下のように記し、それを同人会メンバーに示した。

「目的、最モ合理的ナル社会ノ構成
手段、漸進
場所、真理研究ノ府タル大学
時期、研究未タ積マズ同人少ナキ時、尚早。今回ノ問題ニ関シ同人離散防止ノ必要。刻下ノ急務トシテ森戸君ヲ擁護セサルヘカラズ。ソノタメ一旦必スヤ復職セシメサルヘカラズ。
但シ森戸君ハ大原研究所ニテ研究ヲ続ケ、時期到来ヲ待ツコト。
ソノタメ必要ナラバ余ハ（東大の――引用者注）講師ヲ承諾シ、又復職スベシ。且研究所ノ完成ニ力ヲ尽スベシ[6]」。

この時に、同人会のメンバー中、大内、櫛田、細川、権田のほか上野と糸井が辞表を高野に預けたが、高野はそれらを大学当局には提出しなかった。同年七月、高野の東大復帰が決定したものの、彼はそれを断念し、社研の運営に専念することになり、大内、櫛田、権田、細川が高野と行動をともにした。一九二四年に経済学部助教授となった大森義太郎によれば、当時の東大経済学部では、山崎覚次郎教授を中心に多数を占める「旧思想派」と、高野の影響を受けた少数の「新思想派」が対立していた。後者の一員であった大森は、著作を通じて前者を名指しで攻撃していたが、大学を追放された森戸も、後輩で旧思想派の河合栄治郎教授と大学の自治をめぐる論争を展開した。

東大経済学部では高野の影響はその後も残り、一九三七（昭和一二）年に矢内原忠雄教授が筆禍事件にあった際や、翌三八年、人民戦線教授グループ事件で大内兵衛、有沢広巳、脇村義太郎が検挙された時には、同学部の教授会メンバーと頻繁に連絡を取り、長与又郎総長とも面会して彼らを擁護した。高野は孫三郎に似て蒲柳の質であり、社研所長時代に生死にかかわる大病を何度か経験しながら、その都度、森戸らに支えられて乗り切ってきた。しかしながら彼は、深い学識に加えて、亡兄房太郎と同じく日本社会、そしてそれに大きな役割を果たしていた東大経済学部を改革するなど、漲るような行動力の持ち主であり、それゆえに多くの若手研究者、そして大原孫三郎も惹きつけてやまなかったのであった。

社研のスタッフとその活動

ここで、社研の主なスタッフを紹介しておこう。高野を支えた森戸辰男（一八八八〜一九八四）は、東大を追われ実刑を受けた後、社研から派遣されてドイツに二度めの留学を果たし、櫛田民蔵らとともに文献収集を精力的に行うとともに、敗戦国ドイツで革命後のワイマール共和国の政情不安をつぶさに観察し、帰国後それを著作で日本に伝えた。日本に戻った翌月、関東大震災に遭遇し、クロポトキン研究の過程で親交を結んだ大杉栄の虐殺に衝撃を受けつつ、震災が社会に与えた影響を冷静に分析した書物も著した。森戸は、経済学にはこだわらず、幅広い社会科学ないし社会思想の研究者であることを自任していた。社研では初期マルクスの研究を進めるとともに、社会主義論や婦人解放論に関する研鑽を積んだ。社研在職中には、無産政党運動を支持し、大阪で労働者教育にも力を注いだが、当時は思想的には中間派にとどまっていた。

敗戦後、一九四五（昭和二〇）年一一月に結成された日本社会党に加わり、翌四六年四月、戦後初の総選挙に郷里広島県から出馬して衆議院議員に当選した。ほどなく森戸は、帝国憲法改正案委員小委員会委員として、アントン・メンガーが提唱し、ワイマール共和国憲法に取り入れられた生存権の主張にもとづき、「すべて国民は、健康で文化的な最低限度の生活を営む権利を有する」という一文を、新憲法に第二五条として加えることに貢献した。片山哲社会党連立内閣の文部大臣に就任した四七年、森戸は党内左派の稲村順三の唱える、社会党、即「行動的階級政党論」に対し、「勤労国民を基盤とする大衆政党」という主張を打ち出した。この森戸・稲村論争にみられるように、戦後の森戸は社会党右派の論客に変貌していた。その後彼は、広島大学学長、中央教育審議会会長などを歴任し、一九七一年には文化功労者として顕彰された。(7)

森戸とともに東大を追われた大内兵衛《ひょうえ》（一八八八〜一九八〇）は、一九一九（大正八）年に大蔵官僚から転じて東大助教授となり、マルクス経済学を基礎とする財政学研究の草分けとなった。森戸事件で退職したのちには社研に在籍していたが、一九二二年に東大に復職した。一九三八（昭和一三）年に人民戦線教授グループ事件で再度東大を追われたのちも社研に所属するなど、同研究所との縁は続き、彼が法政大学総長の時に社研は同大に移管された。大内は森戸事件以来、東大経済学部内部での地位に関して不安定な面が多かったために、しばしば社研に避難を余儀なくされたが、高野は大内が東大の支柱となるよう支援し続けたのであり、敗戦後の経済学部の再建は実際大内が中心となって進められた。なお、大内は森戸とは対照的に、敗戦後、盟友向坂逸郎と組んで日本社会党内最左派の社会主義協会の中心人物の一人となり、戦後のいわゆる進歩的文化人、オピニョン・リーダーの一員にもなった。

京大在学中に河上肇の薫陶を受けた櫛田民蔵（一八八五～一九三四）は、卒業後一時、東大の高野の下で雑用を担当したのち、河上の推薦で朝日新聞社論説委員になったが、その後、同志社大学経済学部教授及び同学部長に転じた後、東大に戻り講師に就任した。社研入所後の櫛田は、マルクス経済学の理論研究を極めるとともに、当時の日本の農村経済の実態を明晰な論理で解釈した。一九二〇年代以降、コミンテルン（レーニンが創出した国際的共産主義組織）の指令に従って日本の社会主義革命を目指していた日本共産党を支持する「講座派」が、寄生地主による農村支配に典型的にみられる、封建制の残存を不可欠の構成要素としながら日本資本主義は急速に発展してきたのであり、日本の小作料が全剰余価値を吸い上げるほど高く、しかも現物納であることこそが封建遺制にほかならない、とみていたのに対し、櫛田は、日本の小作料が高額であるのは、希少な土地をめぐる農民間の競争が激しいからであって、講座派が封建遺制の一根拠とする現物小作料は、観念的にはすでに貨幣化されている、と反論し、講座派に対抗する「労農派」の代表的論客と目されるようになった。[8] なお、櫛田は一九二五（大正一四）年に東京に転居したのち、社研とは距離を置くようになり、四八歳で早逝した。

高野の学生時代からの親友で東大法科政治学科教授の小野塚喜平次の門下生であった細川嘉六（一八八八～一九六二）は、社研では例外的な講座派マルクス経済学者であり、植民地研究の分野で矢内原忠雄と並ぶパイオニアとなり、米騒動についても研究した。社研のメンバーとしては異色の共産党系社会変革運動に身を投じ、一九三三（昭和八）年に治安維持法違反容疑で逮捕されて以来、戦時期までたびたび検挙されたが、社研への忠誠と信頼は捨てなかった。敗戦後には日本共産党に入党し、参議院議員に二期当選した。[9]

久留間鮫造（一八九三～一九八二）は、『剰余価値学説史』や『資本論』などを中心にマルクス経済学の理論的研究を、櫛田と並んで極めた。米騒動で示された民衆の力に衝撃を受けた彼は東大卒業後、入行したばかりの住友銀行を退職して故郷の岡山市の実家に帰り、友人林桂二郎（前章参照）の父、林源十郎の紹介で孫三郎と面談した結果、彼の勧めにより高野に入所の希望を伝えて初代研究員となった。一九二〇（大正九）～二二年に櫛田とともに社研から欧米に派遣された際、イギリスを拠点として多数の文献を社研に収め、帰国後マルクス主義を中心とした経済学上の重要文献の翻訳も精力的に行なった。大内兵衛によれば、「高田、櫛田、森戸、権田、細川、大林の六君は（社研での―引用者注）高野門下の六柱であ[10]」ったが、社研の東京移転前後に高田、櫛田、大林が早逝し、細川は退所したため、残されたスタッフは高野のほか森戸、権田、久留間の三人となった。敗戦後には久留間一人が法政大学教授として社研を守り抜いた[11]。

社研が生んだ知の巨人宇野弘蔵（一八九七～一九七七）も特筆されよう。宇野は倉敷出身で、新設の東大経済学部を一九二一年に卒業してすぐ、在学中にドイツ語経済書講読の授業を受けた権田の誘いで社研の助手となった。入所後数カ月間、権田のもとで歓楽街の東京浅草を調査したのち、二二年九月から二年間、私費でドイツのベルリンに留学した。その間に助手を辞して嘱託となったが、留学中に学生時代からの悲願であったマルクス著『資本論』の研究に没頭し、レーニン著『帝国主義論』にも接した。帰国直後に宇野は、森戸の世話で東北帝大法文学部助教授となり[12]、以後、原理論、段階論、現状分析論から構成される独創的なマルクス経済学「宇野理論」を構築していき、戦後日本の社会科学に巨歩を残した。

一九二五年に東京商科大学（現一橋大学）を卒業した笠《りゅう》信太郎（一九〇〇～六七）が、二八年に社研の助手となり、三五年の社研の東京移転の直前まで研究員として在籍していたことも興味を惹く。社研で労働問題やインフレーションを研究していた笠は、東京朝日新聞社に転じたが、やがて政治家近衛文麿のブレインの一員となり、一九三九年一一月に『日本経済の再編成[13]』を出版した。自由主義経済に代わって統制経済が進行する中で、生産力拡充が政府の期待通り進まず、インフレが問題となっていた当時、政府が、企業経理を全面公開させて、資本家階級の捨てがたい利潤追求欲求を制御し、物価を引き下げ、生産力拡充を進めていくべきである、という主張が同書の要点であろう。

経済学者有沢広巳の依頼を受けて、彼のこの着想を巧みに表現した[14]笠の主張は、第二次近衛内閣（一九四〇年七月～四一年七月）が推奨することになる企業の民有国営論、つまり、官僚が、利潤追求を目的とする資本家に代わって、専門経営者となって公益性を優先するという構想を支える理論となり、一九四〇（昭和一五）年九月に企画院が立案した「経済新体制確立要綱」の下地となった。同書は多数の読者を得て、笠は一躍、時代の寵児となった。しかしながら笠の（すなわち有沢の）主張は右翼から共産主義思想として批判され、朝日新聞主幹であった緒方竹虎の配慮で一九四一年一月から四七年秋まで戦時下のヨーロッパで特派員生活を送ることになり、それが帰国後、ジャーナリスト、エコノミストとしての彼の大成をもたらした。[15]笠は、戦後の高度経済成長期にも『〝花見酒〟の経済[16]』を著して、「昭和元禄」に酔いしれる日本人に、こんな呑気な時代がいつまでも続かないはずだと、警鐘を鳴らした。

こうしたマルクス主義的な学者たちの華やかな活動の陰で目立たなかったものの、社研は異なった学風の優秀な研究者も大切にした。たびたび言及した高田慎吾（一八八〇～一九二七）は東大法科在学中から児童の社会問題に関心を持ち、小河滋次郎とも交流があった。大学卒業後、渋沢栄一が院長であった東京市養育院に勤務し、そののち一九一二～一三年にニューヨークなどアメリカで児童問題を視察した。帰国後、内務省嘱託を務めてから石井記念愛染園を経て社研に入所した。孫三郎に信頼され、事務労働で多忙になる中で不良児問題から幼児保護へと学問的関心を広げていった。一九二三～二四年には社研から欧米に派遣されたものの、数年後に早逝した。[17]

東大文科哲学科を卒業した社会学者の権田保之助（一八八七～一九五一）は、ドイツ語辞典の編集や民衆娯楽の研究でユニークな業績を残したが、社研入所以前にも高野が主導する東京月島などに関する社会調査を支えた。敗戦後、高野が一九四六年に日本放送協会会長に就任した際にも、同協会常務理事となって高野を助けた。

青山学院とアメリカの神学校で学んだ牧師出身の大林宗嗣（一八八四～一九四四）は、社研でセツルメント、乳幼児保護、母性保護（堕胎の歴史）の研究や「女給」の調査を行なった。[18]

家族の研究で著名な社会学者戸田貞三（一八八七～一九五五）は、一九一九年七月に研究員となったが、社研の在籍は短期間で、一九二〇年一月、東大文学部講師に就任した。

浮田和民が孫三郎に推薦し、友愛会評議員でもあった北沢新次郎（一八八七～一九八〇）は、アメリカ留学後、一九〇五年に結成された世界産業労働組合（Industrial Workers of the World〈略称 I.W.W.〉）など同国の労働運動の紹介で名を上げた早大商学部教授であったが、二八年末に嘱託解職となるまで社研に所属し、高野とも良好な関係を保った。戦後には東京経済大学学長を務めた。

メンバーの研究活動のゆくえ

孫三郎は、防貧を一つの核とする実践的研究機関として社研を設立しようとした。この目的の実現のためには、防貧という概念に対して彼の眼を開いた一人である小河滋次郎、社会政策論の権威で一九二八年に大阪商科大学（現大阪市立大学）初代学長となる河田嗣郎、社会学者として著名な米田庄太郎らが中心になってもおかしくなかったのかもしれないが[19]、彼らは、社研を去っていった。後年、久留間鮫造は、河田は社研に関しては「自分でやる気でいたが、彼は人道主義者で社会主義者ではなく、高野さんが関係するようになつて遂に辞めた[20]」と述べ、米田については、「当時次々に外国の新しい社会思想を紹介するので有名だった人[21]」と語っている。防貧研究への接点が多かった高田慎吾や大林宗嗣も、社研の主流メンバーには結局ならなかった。

社研の学者たちは、社会改良の意欲を持ち続けながらも、両大戦間期及び戦時期という「暗い谷間の時代」に、共産主義運動で自滅する道を選ばず、森戸が中心となって実施した労働者教育に力を注ぎつつも、基本的にはアカデミックな学問研究に沈潜し、独創的な研究成果を多数生み出していった。最後まで社研に残った高野、森戸そして大内は、戦後の新生日本のオピニョン・リーダーとして政治・社会の改革に活躍することになり、権田は日本放送協会会長となった高野の補佐を務めた。大内、そして文部大臣森戸の尽力で法政大学に移った社研は、久留間が守った。こうして一九四六年春頃に同人会は解散したのである。

孫三郎が社研に投じた資金の総額は一八五万円、現在の貨幣価値に換算すれば二〇〇億円に相当するという。[22]彼自身の当初の意図とはかなり異なり、しかも一九二八年の三・一五共産党検挙事件以来、「危険思想」の温床として批判の的になった社研を、そのスタッフたちとの厳しい緊張関係を維持しながら、結果的には一九三〇年代半ばまで、力の限り守り抜いた孫三郎は、日本の社会科学の進歩を見守り、さらに少数精鋭ながら、戦後日本のオピニョン・リーダーを育てる上で、かけがえのない役割を果たしたと評価されよう。

2　倉敷労働科学研究所

国際的にみて特異な存在だった労研

経済発展が進む中で、医学の進歩の恩恵を受けられる富裕層と、そうではない貧困層が登場してくる。そこで、医学の対象を個々人の病気ではなく、社会全体の観点から考えるという学問分野がフランス革命期の進歩的な医師たちによって切り開かれ、それがドイツに継承され、二〇世紀初頭には社会衛生学（別名、社会医学）として脚光を浴びるようになった。[23]数名の社会衛生学者と労働心理学者を中心に出発した労研は、ドイツのベルリン大学労働生理学研究所（一九一三年創立。以下同様）、アメリカのハーヴァード大学産業医学コース（一八年）、ソ連のハリコフ労働衛生労働病理研究所（二五年）など先進諸外国の社会衛生学関係の研究施設に比べて、特に遅れて設立されたわけではない。ただし、それらの国々では政府や大学が大きな役割を果たしていた。[24]

日本でもまず政府（農商務省）が一九一九（大正八）年に工場鉱山衛生調査室を設置した。後出の石原修や、一九三五（昭和一〇）年に名古屋医科大学（三九年に名古屋帝国大学）衛生学講座初代教授となった鯉沼茆吾《ぼうご》をスタッフとする同調査室は、しかしながら、ささやかな規模にすぎず、一九二二（大正一一）年に内務省社会局内に移ってまもなく消滅した。[25]

第一次世界大戦後には、いくつかの帝国大学医学部で社会衛生学講座の設置が計画され、実現した場合もあったものの、その後の発展は容易ではなかった。[26] 東京帝大では一九二六年からドイツに留学していた国崎定洞《くにさきていどう》（一八九四～一九三七）助教授が社会衛生学講座の初代教授に就任する予定であったが、ドイツ共産党に入党して職業革命家に転じた彼が依願免官するという事件のために同講座は実現せずに終わった。[27]

また、石原修（一八八五～一九四七）は、東京帝大衛生学助手時代の一九一三年に発表した女工と結核に関する研究が工場法の実施に影響を及ぼしたことで知られるが、彼はその後、農商務省（のち内務省社会局）で鉱務及び工場の監督官、さらに技師を務めたのち、一九二六年、大阪府立大阪医科大学の衛生学講座初代教授に任じられ、三一（昭和六）年に同校が大阪帝国大学医学部となった後も同名の講座の教授を務めた。しかしながら、衛生学を実践的学問にすることを目指した石原は、一九三三年に文官分限令により休職処分を受け、満期後の三五年には退官を強いられた。[28] このように日本では政府や大学による社会衛生学の研究が欧米諸国に比べて十分発達

しなかった中で、民間の労研が社会衛生学の拠点となったのである。これは国際的にみて特異なことであった。(29)

暉峻義等の活動

ところで労働科学という名称は、暉峻義等が研究所の命名をする際に、ベルギーのブラッセル大学生理的心理学教室主任でソルベー研究所の研究員を兼ねていたポーランド人の女性研究者イオテーコーの著作*The Science of Labour and its Organization*（London, 1919）から採用したものであり、孫三郎は予想もしない学問名を暉峻から聞かされて驚いたという。(30)

労研創立一〇年にあたる一九三一（昭和六）年に刊行された『倉敷労働科学研究所紀要』によれば、労研は倉敷中央病院と密接に連絡を取りつつ、労働の心身に及ぼす影響を科学的に考察し、産業の合理化について研究することを目的として創設され、そこには心理学部、科学部、生理学部、血液細菌学部、統計学部が置かれていた。労研及び労働科学界で暉峻は、戦時期を経て敗戦後に至るまで、強力なリーダーシップを発揮し、世評などものともせずに突進し続けたが、一九三〇年代に倉紡から労研が離れていく中で、彼が日本の社会衛生学を、「労働者の生活と労働、そしてその疲労と健康の保護の問題」への論及を欠き、「人口、国民栄養、国民の資質構成と生存能力と遺伝」を対象とする民族衛生学へと傾斜させたこと、戦時期の産業報国運動に労研を積極的に編入し、戦後公職追放になったことなど、いくつかの問題を生んだと、しばしば批判されるが[31]、それにしても暉峻と労研が日本の社会衛生学及び労働科学を構築していった功績は不滅というべきであり、この研究所を昭和恐慌期まで倉紡内の批判から守り抜き、さらに一九三〇年代半ばまで個人として支援し続けた孫三郎も偉大であった。

ただし、社研と比べた場合、孫三郎自身の労研設立の意図はあまり明確ではない。第一部で述べたように、彼が、ある夜暉峻を紡績工場に案内し、女工の深夜労働の悲惨さを改善してほしいと依頼したことは確かだろう。それを受けて暉峻が、社研とは独立した研究所の設置を孫三郎に提案した結果、紡績労働者の健康と生産能率問題に関する労研が設立された。そして、労研が、最初に取り組むことになった深夜労働の研究は、深夜労働が母性保護の観点からみて問題が多く、若年者の成長にも悪影響を与えることを客観的データにもとづいて示し、本研究は戦後の労働基準法の根拠にもなったという。暉峻は、孫三郎の前記の要請に対して、下級労働者階級の生活上の欠陥こそ、衛生学上の問題である、と主張して労研の必要性を彼に訴えたとみられるが[32]、それは学者の側からの主張であって、私見によれば、孫三郎はそのような高邁な理念などをあまり考えずに、一企業家として実用的ないし実践的な効果を労研に期待していたように思われる。

一九一六（大正五）年九月からは、常時一五人以上の職工を使用する工場で働く保護職工（女性職工及び一五歳未満の男性職工）に対する①労働の一二時間制限、②午後一〇時から午前四時までの深夜業の禁止（二組交替制で就業させる際、一五年間実施を猶予）、③休日と休憩時間の確保、④一二歳以下の幼年職工の使用禁止、以上を内容とする工場法が施行されていた。その後、一九一九年一〇月にアメリカで開催されたＩＬＯ総会で、女性と少年工の深夜業廃止が国際的に拒否できなくなり、その前後から日本国内では労働運動が高揚していった。こうした事情を背景に、日本政府は工場法の改正に取り組み、保護職工（女性と一六歳未満の少年）に対して午後一〇時から午前五時までの深夜業を撤廃すること、ただし、昼夜交替制を条件として三年間の猶予期間を置くこと、一四歳以下の児童の就業を禁止することを定めた改正工場法が一九二三年に公布された。[33]ただし、関東大震災のため同法の施行は一九二六年七月まで延期され、保護職工の深夜業撤廃は二九（昭和四）年七月に実現した。

孫三郎が暉峻に深夜労働の研究を依頼した一九二〇年二月はＩＬＯ総会直後にあたる。前年七月号の雑誌『改造』のアンケート調査に応えて、当時の著名な経済学者福田徳三は、ＩＬＯの資本家代表は孫三郎か鐘紡の武藤山治だろうとみていた。[34]その孫三郎は、いずれ深夜業が廃止されることを十分予想していたとみるのが妥当ではなかろうか。そうであれば彼が、「女工哀史」的視点からだけではなく、経営者の立場からも深夜業禁止に向けた対策として労研を設置した可能性は否定できないように思われる。そして、それ以降にも、初期の労研は倉紡の経営合理化に直接つながる研究を続けている。まず、暉峻自身が作成した臨場感があふれる報告書の一部を要約して紹介したい。

（一）万寿工場の労働事情調査（一九二三年末、海外出張後、本格的に取り組み、大原社長に毎週一度一時間ずつ概要を報告）。

（二）労働能率。高等師範学校の心理学者田中寛一氏は一九一九年頃『人間工学』を著し、協調会内に能率研究所を設立したが、大原社長もその賛助者の一人だった。また、暉峻著『生理学上より見たる労働問題』を社長に献呈したところ、読んでくれて労働能率に関心を持ってくれた。

（三）夏季減産防止対策。一九二七年夏、各工場の生産高が二割以上減産したので、社長命令を受けて調査した。工場内の温湿度上昇のため、出勤率が八〇パーセントから七三パーセントに低下していた。そして以下の対策を講じた。①工場内温湿度調整。鐘紡が導入していたキャリアー社製の装置の活用を考える。②栄養改善。これは脚気改善にも良い。③標準動作の研究。万寿工場で大西工務課長が、粗紡の篠替段取の工夫による作業標準動作を実施し、作業上のムダを排除し、労働量の調整がなされた。④作業場の照明の研究。

（四）大原社長の科学的工場管理。一九二一年まで紡績会社は一般に原料操作のみによって経営を進めてきたが、大原社長はその頃から工場管理を合理化して経営を行おうとしていたので、科学的根拠を求める研究に関する労研への期待が非常に高まった。そして「労研と工場とが常に密接に相提携して、学理的研究の成果が直ちに工場の労働能率の増進に役立つ様に努力せよと指示された。又科学的工場管理法の原則に基づき、工場管理の具体的な標準や規格の制定を要求された。それによって具体化されたものには適正検査、新入者の養成方法、職工住宅、寄宿舎の理想的構成、工場体操等がある」。

（五）深夜業撤廃問題と労研。一九二一年七月、女子深夜業の予備調査に着手し、研究結果は二四年六月以降刊行の『労働科学』に発表した。そこでは深夜業の弊害と撤廃の重要性を主張した。当時、鐘紡の武藤山治氏が発表したパンフレットについても問題点を記し、同氏と面談したが、説得はできなかった。

（六）工場体操。一九二八年頃、倉敷高等女学校佐藤教諭を嘱託とし、工場体操を普及させ、倉紡グラウンドで運動会も実施した。[35]

労研と倉紡と孫三郎

以上の暉峻報告との重複を敢えて避けずに、一九二〇年代の労研の活動について、もう少し説明しておきたい。まず、所員の桐原葆見《しげみ》が考案した職工適性検査が一九二三（大正一二）年二月から倉紡で実施された。具体的には「木管立方法・制限叩打法・破線指示法・律的動作法・抹消法・再認法・類推並に完成法・図形分割法・迷路法等が実施され、智能査定も併せ行はれて相当の効果を収め[36]」、特に知能検査は教育界にも取り入れられるようになった。

労研は一九二四年三月から一二月に工場内の温湿度と労働者の健康及び生産能率の関係も考察した。イギリスのランカシャーで近代的綿業が展開できた大きな要因は海から運ばれてくる湿気であるといわれており[37]、東洋紡で活躍した技術者も、日本の紡績会社ではランカシャーの温湿度を空気調節技術によって工場内で再現することが重要な課題であったと明言している。[38]このように綿業では糸切れ防止のため工場内で高い湿度が保たれることが望ましいのであるが、それが労働者にとって快適であるとは限らない。日本の綿紡績企業のうち富士瓦斯紡績などは、早くも第一次世界大戦以前から温湿度管理を積極的に進めていたが[39]、その他の企業がその重要性を意識するようになったのは両大戦間期のことであった。倉紡では、一九二〇年に労研が行なった「工場労働と疲労の研究」の結果を見た孫三郎が、温湿度管理を通じて職工の被労を減らし、併せて夏季の減産を防止しようという着想を持つに至った。孫三郎は、理想工場を建設してこの課題に取り組もうとしたが、第一次世界大戦後の不況下でこの計画は頓挫したため、労研で研究が試みられたのであった。もっとも、それは実験室内での基礎研究にとどまったようであるが[40]。

一九二五年に労研は集団栄養、特に工場食に関する研究を開始し、その成果は学校給食にも影響を与えた。労研は当時、中国東北地方の諸産業に従事する労働者と彼らの生活についても研究していたが、暉峻は集団栄養の研究との関連で、同地の食事である饅頭に注目し、調理人をそこから日本に招き、日本人の口に合う労研饅頭をつくらせた。安価でカロリーが高いこの饅頭は、現在でも愛媛県松山市で製造販売されている[41]。

労研は一九二〇年代に、以上のほか、採用時の労働者に対する身体検査法や「産業照明・工場体操・作業能率・作業の時間研究・休憩時間・作業標準動作・作業動作習熟に関する研究[42]」、農業労働調査などを行なったというが、ここで注目したいのは、上記の引用中、筆者が傍点を付した四つの語句である。これらは、一九〇〇年頃、アメリカでフレデリック・W・テイラー(一八五六〜一九一五）が樹立した科学的管理法（Scientific Management）の基本概念にほかならない。通常は労働科学の出発点とされる科学的管理法に関して、労働科学をこれからの日本へ定着させせる意欲に燃えていた暉峻は、一九二〇年にそれにつき以下のように批判していた。①「科学的」と称しながら、労働者を何日間か一定の作業に従事させて、その適否をみるという方法であって、生理学的・心理学的に労働者の選定を行なっていない。②作業標準時間の測定に、実験の結果と不確実な主観的判断が混在している。③労働者の過労に注意を払っていない。④合理的労働は、テイラーのいうように生産能力が高いことのみにとどまらず、理想的には、人間生活の向上、人間の責務のよりよき履行を目標とすべきである。[43] しかし孫三郎は、そうした問題点も承知の上だったのであろうが、暉峻から説明を聞いた科学的管理法に強い関心を持ち、[44] それを倉紡で実現させたのであった。労研は当然のことながら、本店実験所とともに、そのための研究を実施していたに違いない。

なお、テイラーの科学的管理は一九一二年末に鐘淵紡績の武藤山治によって日本に初めて導入され、[45] 一七年に鐘紡から移籍した技術者により東洋紡績にも伝わり、[46] 綿紡績業がその伝播に重要な役割を果たしたことが知られているが、[47] 倉紡では暉峻という全く別のルートから導入された点も興味深い。第一部で述べた通り孫三郎は茶道に熱心であり、従業員にも熱心に勧めた。それに関して興味深いエピソードが残されている。実現はしなかったものの、彼は茶道のお点前を労研でフィルムに収めようとしたことがあった。茶道の動作には無駄のない順序の流れがあり、それを誤れば動作が行き詰まってしまう。茶道を素材にして、無駄を省き能率を高めるために標準動作を決めて、能率増進を図ることの宣伝を彼は目指していたといわれる[48]。

一九二〇年代後半に景気が悪化していく中で、倉紡の社内から、労研を無用の長物視する声が強まり、孫三郎は可能な限りそれに抵抗したものの、遂に一九三〇（昭和五）年に労研は同社から切り離されて孫三郎の個人経営となった。労研が紡績労働と直接つながらない基礎研究を初期から実施していたのは事実である。例えば、郵便配達夫の歩行の研究、広島県鞆《とも》港の船鍛冶を対象とする職業的体格異常の研究、機関車乗務員・印刷工・百貨店勤務者の調査などである。一九二七〜二八年に暉峻が中心となって三重県志摩地方を舞台に、「海女の息こらえ潜水についての研究」が行われ、その成果は、やがて暉峻の名を世界に知らしめたが[49]、これなどは倉紡を離れた純粋にアカデミックな研究といえよう。また、一九二九年に労研の主催で産業衛生協議会が倉敷で開催され、百人以上の出席者を数え、戦後の労働基準法の基準条件の設定にも寄与した成果を上げたというが[50]、それも倉紡社内からすれば余計な仕事にみえたのかもしれない。

とはいえ、先ほど紹介した研究内容からみて、一九二〇年代の労研の研究は、孫三郎の「労働理想主義」からというよりも、むしろ倉紡の技術及び労務管理と密接な関連を持って進められた実践的なものが多かったと判断される。それでも労研が倉紡から切り離されたのは、地味な部門が評価されにくい企業社会では珍しいことではあるまい。特に大不況下で倉紡の存亡の危機を意識した経営者たちが、すぐには利益を生み出さない研究部門を、孫三郎を説得して同社の外へ置いたのは、やむをえない措置であったと思われる。孫三郎は一九三六年五月二九日の日付で、当時海外出張中であった息子總一郎に、「農研は祖先に対する報恩のため設立したので、大原家としての仕事である。労研は実際の仕事に利用し得ると思う。社会的に必要であり、利用する積りである（殊に倉絹などに）。（中略）倉絹の統一は可成早くしたいと思つて居る。反省のない連中ほど困つたものはなく、進歩せぬものはないと思う。倉絹を更生せしめねばならぬ事を更に急務に思つて居る[51]」と伝えている（傍点は引用者）。この時点で、孫三郎が労研をプラクティカルな研究機関と見なしていたのは間違いなかろう。

なお、ここで言及されている倉絹に関して興味深いエピソードがある。同社の経営が軌道に乗るにつれて、酸による結膜炎、二硫化炭素による精神障害など化学工業特有の職業病が顕在化してきた。倉敷労研の解散が決定していた一九三六年春、倉絹社長孫三郎から同社倉敷工場を対象とする職業病防止の研究を依頼された労研は、同年内に従業員約二三〇〇人の精密検診、作業場内のガス濃度と換気の調査、二硫化炭素の毒性の調査などを行なった。しかし、その成果に対して孫三郎は不満で、ありきたりの方法で現状を調べただけで、独創性やひらめきがない報告であり、自分たちが全く気づかなかったような点を指摘してほしかったと苦言を呈したという[52]。ここからは、孫三郎が一九三〇年代半ばでも実践的観点から労研の活用を図っていたこと、そして、労研の研究の実益性に関してはいっさい口をはさまなかった[53]彼が、依頼した調査研究の成果に関しては厳しい鑑識眼を持っていたことがうかがわれる。労研も、孫三郎の手を離れて日本の労働科学の拠点となっていったのであるが、これまでにみてきた三研究所の中で労研は、経営者としての孫三郎にとって最も「役に立った」機関だったのでなかろうか。

（1）高橋彦博［二〇〇一］、『戦間期日本の社会研究センター――大原社研と協調会――』（柏書房）分析XI。

（2）社研に関する記述は断りのない限り、以下による。法政大学大原社会問題研究所編［一九五四］、『大原社会問題研究所三十年史』（同所）。

（3）高野の経歴と事績は以下を参照。大内兵衛・森戸辰男・久留間鮫造監修、大島清著［一九六八］、『高野岩三郎伝』（岩波書店）。高野房太郎著、大島清・二村一夫編訳［一九九七］、『明治日本労働通信―労働組合の誕生―』（岩波文庫）所収の二村一夫「高野房太郎小伝」。

（4）廃止の実現は一九二六年の労働争議調停法の制定時。

（5）前掲『戦間期日本の社会研究センター』四九ページ。

（6）同前五〇ページに掲げられている「高野日記」の原文による。句読点は引用者が適宜補った。前掲『高野岩三郎伝』一八三ページにもほぼ同様の文章が掲載。

（7）森戸辰男［一九七二・一九七五］、『思想の遍歴』上・下巻（春秋社）。森戸辰男［一九七六］、『遍歴八十年』（日本経済新聞社）。

（8）内田義彦・大塚久雄・松島栄一編［一九六六］、『現代日本思想大系20・マルキシズムI』（筑摩書房）。

（9）浅田喬二［一九八九］、「細川嘉六の植民論」駒澤大学経済学部編『駒澤大学経済学部研究紀要』第四七号（同学）。

（10）森戸辰男・大内兵衛編［一九五八］、『久留間鮫蔵教授還暦記念論文集　経済学の諸問題』（法政大学出版局）所収の大内兵衛「老友久留間君の足跡」。

（11）前掲『大原社会問題研究所三十年史』。大島清・永田利雄編［一九五八］、「久留間鮫蔵先生略歴・著作目録」、同前『経済学の諸問題』所収。

（12）宇野弘蔵［一九五二］、「ものにならなかった浅草調査」『図書』。宇野弘蔵［一九五七］、「学究生活の思い出」『思想』。ともに宇野弘蔵［一九七四］、『宇野弘蔵著作集　別巻』（岩波書店）に収録。

（13）笠信太郎［一九三九］、『日本経済の再編成』（中央公論社）。

（14）中北浩爾［一九九八］、『経済復興と戦後政治―日本社会党一九四五～一九五一年―』（東京大学出版会）三二一～三二二ページ。

（15）藤田安一［二〇〇一］、「『日本経済の再編成』と笠信太郎」鳥取大学教育地域科学部編『鳥取大学教育地域科学部紀要 地域研究』第二巻第二号（同部）。

（16）笠信太郎［一九六二］、『〝花見酒〟の経済』（朝日新聞社）。

（17）稲井智義［二〇一四］、「大原社会問題研究所研究員・高田慎吾の子ども問題研究とその展開―社会と国家の概念と子ども保護との関連に着目して―」『大原社会問題研究所雑誌』第六七〇号。

（18）権田と大林については以下を参照。大城亜水［二〇一四］、「大林宗嗣と権田保之助―近代日本娯楽論をめぐって―」『経済学雑誌』（大阪市立大学）第一一五巻第二号五一～七一ページ。

（19）玉井金五・杉田菜穂［二〇一六］、『日本における社会改良主義の近現代像―生存への希求―』（法律文化社）参照。同書は、日本の社会政策研究において経済学的アプローチと並んで、人口問題研究をはじめとする社会学的アプローチが重要な役割を果たしていたことを論じているが、その中で小河、河田、米田の業績を高く評価している。

（20）「久留間鮫造談　一九五五年一一月四日」『大原孫三郎伝執筆資料』（大原家文書）No.12-48。

（21）同前（一九五四年一月二三日）No.24-26。

（22）二村一夫［一九八八］、「大原孫三郎が出した金」『大原社会問題研究所雑誌』第三五九号六六ページ。二村一夫［一九九四］、「大原社会問題研究所を創った人びと」『大原社会問題研究所雑誌』第四二六号五九ページ。

(23) 日本科学史学会編［一九六七］、『日本科学技術史大系・第25巻・医学2』（第一法規出版）七二～七三ページ。

(24) 三浦豊彦［一九八〇］、『労働と健康の歴史　第三巻—倉敷労働科学研究所の創立から昭和へ—』（労働科学研究所出版部）一八ページ。

(25) 同前五〇～五三ページ。

(26) 川上武［一九七六］、『流離の革命家—国崎定洞の生涯—』（勁草書房）第九章参照。同書は、日本の社会衛生学のパイオニアとして福原義柄《よしえ》、国崎定洞、そして暉峻義等の三人を挙げている。ただし、大阪府立大阪医学校を卒業し、伝染病研究所と東大で研修後、ドイツに留学して、母校の後身である府立大阪医科大学（現大阪大学医学部）で最終的には細菌学講座の主任を務めた最年長の福原（一八七五～一九二七）の社会衛生学は、経歴から推測されるように講義・紹介レベルにとどまっていたという（同九四ページ）。

(27) 同前第一〇章以下。前掲『労働と健康の歴史　第三巻』一八二～一八六ページ。

(28) 前掲『日本科学技術史大系・第25巻』五七～五八ページ。村上陽一郎編［二〇一〇］、『日本の科学者一〇一』（新書館）一三二～一三三ページ。

(29) 前掲『労働と健康の歴史　第三巻』一八ページ。

(30) 前掲『日本科学技術史大系・第25巻』九六ページ。

(31) 三浦豊彦［一九九一］、『暉峻義等—労働科学を創った男—』（リブロポート）一六九～一八一ページ。引用文は同ページ。以下の文献も暉峻と労研を批判している。前掲『流離の革命家』九七～九九ページ。裴富吉［一九九七］、『労働科学の歴史—暉峻義等の学問と思想—』（白桃書房）。裴富吉［二〇〇〇］、『労働科学の理論と実際—産業心理学者　桐原葆見の学問と思想—』（批評社）。

(32)杉田菜穂氏のご教示による。
(33)対象工場は職工一〇人以上、保護職工中の男子の年齢は一六歳以上、労働時間は最長一一時間、深夜の範囲は午後一〇時から午前五時と変更。
(34)猪木武徳［二〇〇六］、「大原孫三郎—稀代の社会事業家—」日本経済新聞社編『経営に大義あり—日本を創った企業家たち—』（日本経済新聞社）六八ページ。
(35)「暉峻義等氏談話筆記（一九五〇年一二月一五日）」前掲『大原孫三郎伝執筆資料』No.31-11。
(36)前掲『回顧六十五年』二三一ページ。
(37)Farnie, Douglas A.［1979］, *The English. Cotton Industry and the World Market, 1815-1896*, Oxford: Clarendon Press.: Oxford University Press, PP. 47-49.
(38)磯部豊太郎［一九九七］、『経営体質改善の論理—パラダイム・周辺情報・経営文化—』（税務経理協会）七九〜八〇ページ。
(39)松村敏・阿部武司［一九九四］、「和田豊治と富士瓦斯紡績会社—『和田豊治日記』刊行に寄せて—」『近代日本研究』（慶應義塾福澤研究センター）第一〇巻一四〇〜一四一、一五七ページ。筒井正夫［二〇一六］、『巨大企業と地域社会—富士紡績会社と静岡県小山町—』（日本経済評論社）三二一、三四三ページ。
(40)前掲『回顧六十五年』二三〇、二五四〜二五七ページ。前掲『労働と健康の歴史　第三巻』七六〜七八ページ。
(41)同前『労働と健康の歴史　第三巻』二〇七〜二一五ページ。「松山の味　労研饅頭　たけうち」(http://home.e-catv.ne.jp/takeuchi/　二〇一七年一月二二日確認)。
(42)前掲『回顧六十五年』二三二ページ。
(43)前掲『労働と健康の歴史　第三巻』七二〜七三ページ。前掲『暉峻義等』一一四〜一一五ページ。前掲『日本科学技術史大系・第二五巻』一〇一〜一〇四ページ。

(44) 前掲『回顧六十五年』二七六ページ。
(45) 鐘紡株式会社［一九八八］、『鐘紡百年史』（同社）一二七～一五〇ページ。
(46) 原輝史編［一九九〇］、『科学的管理法の導入と展開』（昭和堂）二四三～二四四ページ。佐々木聡［一九八六］、「日本における科学的管理法導入過程の文献史的考察」経営史学会編『経営史学』第二一巻第一号（同会）二九、四三、四七ページ。東洋紡績株式会社［一九八六］、『百年史　東洋紡　上巻』（同社）二三〇～二三三ページ。高村直助［一九八七］、「資本蓄積（二）軽工業」大石嘉一郎編『日本帝国主義史　第二巻　世界大恐慌期』（東京大学出版会）。
(47) 阿部武司［一九九五］、「綿業―戦間期における紡績企業の動向を中心に―」武田晴人編『日本産業発展のダイナミズム』第三章（東京大学出版会）七三ページ。
(48) 犬飼亀三郎［一九六七］、『大原孫三郎と原澄治』（倉敷市文化連盟）一〇五ページ。
(49) 前掲『労働と健康の歴史　第三巻』二〇〇～二〇七ページ。
(50) 前掲『大原孫三郎と原澄治』七四～七五ページ。
(51) 前掲『大原孫三郎』二六八ページ。
(52) 山崎広明［一九七五］、『日本化繊産業発達史論』（東京大学出版会）二六六～二六九ページ。前掲『暉峻義等』一八九～一九二ページ。
(53) 同前一九七ページ。

Ⅳ　企業家としての歴史的価値～武藤山治との比較を通じて～

日本の初期工業化に孫三郎が果たした役割

第一部で最も印象的なことの一つは、地方都市倉敷で日露戦後に倉敷紡績会社を中心にしてようやく始まった工業化の中で、同社の社長に就任してまもない若き大原孫三郎が、まず労使関係の改善、福利厚生の充実といった労働者対策におおいに力を注いでいた事実であろう。日本に限らず多くの諸国が工業化に乗り出す際の基幹産業は、通常は繊維なかんずく綿紡績である。その先鞭をつけたのが、日本よりもほぼ一世紀前にスタートしたイギリス産業革命であることはいうまでもない。そこで必要とされたのは、イギリス人が発明した機械、アメリカやエジプトから輸入される原料棉花、そして労働者であった。日本でもこれら三要素は継承されたが、そのうち、機械は高価ではあったものの、イギリスから買って最低限の操作方法を習得すればよく、原棉も当面は国内や中国、のちにはインドやアメリカの農家から購入すれば済んだ。最大の問題は、工場労働の規律に馴染んだ労働力の不足であった。工業化初期に日本以外でも多くの国々が最も悩まされたのが、実は労働者の創出という問題であった。

若い孫三郎はこの問題を鋭く意識した。彼は、労働者に対し、教育を通じて「読み書きそろばん」のレベルを引き上げつつ、工場労働に馴染ませ、寄宿舎や社宅という住環境を速やかに改善した。そして好況期には得られた収益を株主にむやみに散布せず、倉紡を大原家の事業として確保するよう努力しつつ、労働者に経営の果実を還元することに努めた。孫三郎は、労務管理にかかわる自分自身の理念を、当初は「教育主義」[1]、第一次世界大戦前後には「向上的人道主義」[2]あるいは「人格主義」[3]、さらに大戦終了後の一九一九年頃、倉紡社員間で使われるようになったといわれる「労働理想主義」[4]と、様々な言葉で表現を試みていた。

近代的経営管理の先駆者・武藤山治

ところで、孫三郎が以上の改革を進めていた約一〇年前の日清戦後の不況期にすでに、鐘淵紡績会社（鐘紡）の経営者武藤山治（一八六七～一九三四）が類似の改革に邁進していた。武藤による鐘紡の労務管理に関しては、間宏の古典的研究[5]をはじめ多数の著作が出版されているが、以下、主に近年の桑原哲也の研究成果に依拠しながら、孫三郎と武藤との労務にかかわる経営理念、そして労務も含む経営管理の比較を試みたい。[6]

武藤[7]は、孫三郎ほどの資産家出身ではなかったが、現在の岐阜県の輪中《わじゅう》地帯の豪農の息子として生まれ、慶應義塾で福沢諭吉の薫陶を受けたのち、倉紡が創立された頃、三年間の米国での苦学を終えて帰国した。外資系企業勤務を経て一八九三（明治二六）年、福沢の甥、中上川《なかみがわ》彦次郎がリーダーとなっていた三井銀行に入社し、翌年同社から鐘紡兵庫支店支配人に任じられて、新鋭工場を九六年に完成させた。彼は技術者ではなかったものの、諸工程を通じる原料・半製品の円滑・迅速な流れを実現して高品質の綿糸を生産するために、現場に入って試行錯誤を続けた。

武藤は、中上川という優れた上司から、その後の企業経営のヒントを日々貪欲に吸収していた。他方、アメリカのロックフェラーによる石油トラストの動向に注目し、紡績合同論を構想した中上川は、日清戦後、それまでの好況期に叢生した苦境に陥っていた紡績企業のうち、一八九九年に上海紡績[8]（合併後、兵庫支店第二工場。以下同様）、河州紡績（住道《すみのどう》支店）、柴島《くにじま》紡績（中島支店）、一九〇〇年には淡路紡績（洲本支店）を合併・買収し、鐘紡に編入した。武藤はこの年一月に鐘紡全社支配人に就任したが、中上川は翌一九〇一年一〇月に死去した。武藤は彼の遺志を受け継いで同年、著書『紡績大合同論』を出版し、一九〇二年に九州紡績（三池、久留米、熊本の三支店）、中津紡績（中津支店）、博多絹綿紡績（博多支店）の合併を終えた。一八八九年にリング精紡機三万錘の東京工場から出発した鐘紡は、わずか数年のうちに一〇工場、精紡機二一万錘規模の巨大紡績会社へと様変わりしたのである。

ところがこの大掛かりな吸収・合併ののちには鐘紡糸のユーザーである商社や織物産地の機屋から糸の品質に対する多数のクレームが発生した。武藤が、不良糸がどの工場でつくられたのかを突きとめたところ、関西の被合併工場が中心であった。それらの工場で同じ原棉と機械を用いながら同じ番手の均質な製品ができないという根本的問題に直面した彼は、クレームをつけた機屋たちに技術指導を行いつつ、個々の問題内容を現場に立ち入って調査した。その中で、工場長、工務係、そして全社支配人である武藤自身が、現場の職工の一人ひとりを把握できる仕組みをつくることの重要性を認識し、具体的には職務分析を行い、それにもとづく職務分掌システムの構築を、自身が整備した兵庫工場をモデルとして進めた。工業化初期の綿紡績業に関してふれたように、工場には、機械の働きを引き出す技術的課題と、人間集団の力を引き出す課題とがあるが、武藤は、工場長は後者に主力を注ぐべきだと考え、被合併工場には、主に兵庫工場で経験を積んだ、技術者とは限らない労務管理に強い新工場長が派遣された。

武藤はさらに進んで、労働者の心理の内面にまで立ち入ってコントロールする必要性を重んじるようになり、欧米の繊維産業に詳しい工部大学校（のちの東大工科）卒の技術者高辻奈良蔵の協力を得ながら、一九〇二年兵庫工場幼年工養成課程、〇四年頃新入女子工員養成制度、〇五年鐘紡職工学校、と男性保全工、そして労働者の大半を占める女性の運転工員の養成・訓練に力を注ぎ始めた。ところが、このように管理構造をつくり技能教育を進めたにもかかわらず、不良品が次々と出現した。凡庸な経営者ならば、そこは労働者に対する金銭的インセンティブで対処することとどめるところ、労働者の貢献意欲の内面的な盛り上がりの必要性を着想したのが、武藤が経営の天才であったゆえんである。綿糸の低品質が、労働者の技術的未熟さというよりも勤労意欲の不足によって生じたことを武藤は意識したのであり、これは、労働者を機械の部品のようにみなしてきた他の経営者にはなかった視点であった。

武藤は、兵庫支店支配人に就任以来、職工が金銭的動機のみによって動くものではないことに気づいていた。彼らは、日常の衣食住の改善という生理的欲求、生活保障の安全欲求、自尊心を満たしたいとする欲求、仕事を通じての自己実現と意思決定への参加の欲求といった、多面的な欲求を持つ人間的存在だった。そのため武藤は、企業規模が巨大化した鐘紡で二〇世紀に入る頃から、寄宿舎関連の施設の改善、通勤工用の社宅の整備、乳幼児を持つ労働者のための授乳室や幼稚園、兵庫工場における文部省の認可を受けた初等教育施設（一九〇四年）、大原孫三郎も注目したドイツ・クルップ製鋼会社の事例を、経済学者福田徳三の翻訳から知ってモデルとした職工共済組合（〇五年。日本では民間初の相互扶助組織であった）、私立鐘紡兵庫女学校（〇八年。その後京都や岡山にも女学校を新設）、各種お稽古事教室の開設など福利厚生の充実に努めた。日本初の社内報『兵庫の汽笛』（一九〇三年創刊。のちに『鐘紡の汽笛』。月二回刊。翌一九〇四年さらに月刊『女子の友』創刊）と、アメリカ・オハイオ州ナショナル・キャッシュ・レジスター社の職工待遇法からヒントを得て設置した注意箱（同年設置）による社内コミュニケーションの向上も図った。男性熟練工を育成するための鐘紡職工学校を設立した一九〇五年には、労務部門の主管者として職工幸福増進係も配置した。労務管理要員には工場長をはじめ高いステータスが与えられ、慶應義塾出身者が多数配属された[9]。

日露戦後期以降一九二〇年代までに武藤は、鐘紡の経営革新をさらに推進していったが、ここでは、主な事績を列挙するにとどめよう。

(一) 兼営織布、及び力織機工場化を進めつつあった一部の産地綿織物業との競争が激化する中で、糸切れの改善が問題として意識され、武藤は前工程に遡及してその原因を突きとめる調査を断行し、原棉から完成した絓糸《かせいと》に至るまでの淀みない「財の流れ」を創り出す技術システムの構築を認識した[10]。

(二) 一九一二年末に、武藤は、その重要性を十分に認識していた「財の流れ」を促進する要素技術の標準化として、科学的管理法を日本企業として初めて導入した。一五年九月にはさらに、労働者の貢献意欲を引き出すことによって行われる作業を「精神的操業法」と称して、伝統的な科学的管理法に、いわば日本的な修正を施した[11]。なお第二部(Ⅲ章)の労研の箇所で述べたように、大原孫三郎も科学的管理法に深い関心を持ち、労研や各工場でそれを実施していった。

(三) 様々な批判はあるにせよ、科学的管理法がいわゆる労働科学のひとつの出発点となったことは間違いないと思われるが、大原孫三郎と同じく、武藤も第一次世界大戦後には労働科学を鐘紡の経営に積極的に取り入れるようになった。疲労と能率の相関、織布部引通工の視力疲労の予防、機械の騒音と集中力との関係、仕事の単調さと能率との関係、寄宿舎生活における生活時間の合理化や安眠、職工の健康と栄養、職工の作業能率と教育程度、スローワーカー（働きが鈍い工員）の身体能力の回復と治療などがその好例である(12)。

日本の工業化初期に経営者が綿紡績業をいかに構築していくかに関しては、株主利益の極大化、相場取引による利潤追求、低賃金による価格競争力の獲得などいくつかの選択肢がありえたが、桑原によれば、武藤が選んだ道は要するに、中上川以来の高付加価値化を進めて、イギリス産業革命以来、世界綿製品市場を制覇し続けたランカシャー綿業に打ち勝つ強靭な企業に鐘紡を育て上げることであった。そして武藤は、現場の労働者の貢献意欲の内面からの盛り上がりを実現し、それに支えられた精緻で円滑な「財の流れ」を構築して成功したと評価されよう。

大原孫三郎と武藤山治——経営理念・経営管理の相違点

以上にみてきたような武藤の労務管理は、日露戦後期の頃から経営家族主義あるいは温情主義と呼ばれ、間宏らの研究者もあまりこだわることなく、これらの言葉を使ってきたように思われる。それらの語句には近代以前から日本に存続する集団を一つの家族とみなし、工業化の進展の中で育ってきた企業もそうした一家族のごとく、争議などない平和で労使協調的な関係の維持を誇るニュアンスが込められている。しかしながら、日露戦争後の日本国有鉄道や鐘紡に典型的にみられたとされる経営家族主義には、第一次世界大戦期に労働問題が盛んになった頃、孫三郎は違和感を持っていた。彼の伝記には、武藤流の温情主義では階級意識が高まってきた労働者や小作人を説得する力はもはやなくなっていると孫三郎が判断し、「労働者一人一人の人格の尊厳を認める響きを持つ」「人格主義」あるいは「労働理想主義」という言葉を、以前用いていた人道主義や教育主義に代えて一九二一（大正一〇）年頃から使い出した旨が明記されている。[13]

孫三郎の「労働理想主義」は、世界大戦期に広まった労働者や小作人の人格承認要求を色濃く反映する理念であり、彼からすれば武藤の経営家族主義はもはや時代遅れの思想にみえたのであろう。他方、孫三郎よりも一三歳年長で、正規の教育を受けずに終わった孫三郎とは違って高等教育を受け、三井財閥のトップリーダー中上川に高く評価され若き日から専門経営者として辣腕を揮えた武藤には、部下を命令に服従させる、伝統的な権威主義が備わっていた。もっとも、武藤には、労使対等とまではいえないにしても、労働者の人格を承認していた面はあり、例えば、男性職工に対し女工たちに丁寧な言葉で対応することを求めていた。この態度は、若き日のアメリカで「主人や主婦は勿論家族全体の召使に対する態度が、優しくて上品で言葉使ひも極めて鄭重であること」[14]から学び、さらに中上川から継承した面もあったようだ。[15]

武藤は、こうした伝統的な温情主義的経営家族主義で労使関係を安定させ、労働運動から企業を守りぬけることに絶大な自信を持ち、一九一九年の国際労働機関総会でのアピールでも、その主張を貫き通した。一九二〇年代初めに河上肇が、武藤が温情主義・経営家族主義を唱えたところで、彼が経営者にとどまる限りオーウェンにはなれないとして武藤を批判した際、自分は一介の番頭にすぎず、鐘紡を潰すわけにはいかないとして一蹴している。[16]

経営家族主義を日本固有の理念としてしまうのには、筆者には問題があるように思われる。欧米の経営史研究には、家父長的温情主義とでも翻訳できるpaternalismの事例が少なからず見出され、河上が指摘するようにオーウェンが一種の経営家族主義思想を持っていたとしても決して誤りとはいえないからである。それにしても、こうした経営理念が、社会主義をはじめとする新たな思想が次々と流入してきた第一次世界大戦期以降には古臭く受け止められるようになっていったことは事実であろう。(17)ただし、ここでは鐘紡で、この武藤の経営家族主義が、彼の死後にも尊重され続け、単なるアナクロニズムとして切り捨てられなかった点にも注意しておきたい。

リーダーシップ論に関して世界的に高い評価を得た三隅二不二《みすみじゅうじ》のPM理論によれば、リーダーが持ちうる集団の目標達成（Performance＝P　具体的には専制的な監督行動）と、集団の維持・強化（Maintenance＝M　具体的には集団や組織の中で民主性を重んじ、緊張や対立を取り除き、激励と支持を与えるような行動）という二つの集団機能のうち、PかMのいずれか一つよりも両方を備えたPM型のリーダーシップが最良の成果を上げ、他方で、PとMがともに弱い自由放任ないし無政府的なPM型は最悪の成果をもたらすという。(18)私見では武藤はまさにPM型であり、それが間宏が彼に与えたような高い評価をもたらしたとともに、武藤によって一時は世界的企業として成功した鐘紡にも一種の「神話」としての経営家族主義を定着させたのではなかろうか。

以上のような、武藤の「経営家族主義」が一九〇〇（明治三三）年頃、鐘紡に一挙に流入した工場群の管理をいかに行うのかという実践的な経営面での問題から出発したのに対して、孫三郎の「労働理想主義」の形成には、キリスト教やオーウェンらの社会改良思想の影響が大きく、第一次世界大戦期に広まった労働者や小作人の人格承認要求はさらなる刺戟となった。しかしながら、理念の相違はあれ、武藤と孫三郎の両名の具体的な取り組みに目を向ければ、外国の事例も参照した福利厚生の充実を特徴とする多彩な労務管理、旺盛な設備投資、最新鋭技術の導入、さらには科学的管理法を含む労働科学の導入に支えられた経営管理の革新など多くの共通性が見出せる。鐘紡を世界的な企業に育てようとしていった武藤に比べて、孫三郎は、倉敷という一地方から出発したにもかかわらず、倉紡を柱にして、第一合同銀行、さらに新興成長企業の倉絹を傘下に持っている強みを活かして鐘紡を追い上げるようになったが、それは武藤に比べて見劣りしない企業家活動の成果の賜物であった。その際、これまでしばしばふれてきたように、鐘紡から倉紡に経営管理の移転がなされるといったことは少なく、両社の経路依存のルートは別個であることが多かった。戦前期の日本企業は決して横並びなどではなかったのである。

武藤は、あくまでも鐘紡という一企業の経営効率の改善に全力を集中し、同社を世界的企業に育てていったが、孫三郎は、倉紡という一地方企業をその鐘紡に次ぐまでに育て、それ以外の優良企業も発展させた上で、三つの研究所や美術館までつくった。特に武藤も関心を持っていた労働科学に関するユニークな研究機関を創出した点では、孫三郎は武藤以上の業績を上げたといいうるのかもしれない。

（1）倉敷紡績株式会社［一九五三］、『回顧六十五年』（同社）二一二、二五〇ページ。
（2）大原孫三郎傳刊行会編［一九八三］、『大原孫三郎傳』（同会）一二八～一二九ページ。大津寄勝典［二〇〇四］、『大原孫三郎の経営展開と社会貢献』（日本図書センター）五五ページ。西沢保［一九九八］、「大正期の労使関係思想―武藤山治（鐘淵紡績）と大原孫三郎（倉敷紡績）―」伊丹敬之・加護野忠男・宮本又郎・米倉誠一郎編『日本的経営の生成と発展』（有斐閣）二〇九ページ。
（3）前掲『回顧六十五年』二二二ページ。同前『大原孫三郎の経営展開と社会貢献』六三ページ。
（4）同前『回顧六十五年』二二一～二二四ページ。
（5）間宏［一九七八］、『日本労務管理史研究―経営家族主義の形成と展開―』（御茶の水書房）。
（6）武藤と孫三郎の経営理念や経営管理を比較した研究として以下を参照。桑原哲也［二〇〇三］、「武藤山治と大原孫三郎―紡績業の発展と労務管理の革新」佐々木聡編『日本の企業家群像』（丸善）。前掲「大正期の労使関係思想」。兼田麗子［二〇一二］、『大原孫三郎―善意と戦略の経営者―』（中公新書）。
（7）武藤の履歴については、以下を参照。武藤山治［一九三四］、「私の身の上話」『武藤山治全集』第一巻（新樹社）。同全集は一九六三年刊。山本長次［二〇一三］、『評伝・日本の経済思想・武藤山治―日本的経営の祖―』（日本経済評論社）。
（8）桑原哲也［一九九〇］、『企業国際化の史的分析―戦前期日本紡績企業の中国投資―』第二章（森山書店）。
（9）以上の武藤の鐘紡での活動につき、次の文献を参照。桑原哲也［一九九三］、「日本における近代的工場管理の形成―鐘淵紡績会社武藤山治の組織革新、一九〇〇～〇七年―（上）（下）」『経済経営論叢』（京都産業大学経済経営学会）第二七巻第四号、第二八巻第一号。結城武延［二〇一三］、「企業内の資源配分―紡績企業の中間管理職―」中林真幸編『日本経済の長い近代化―統治と市場、そして組織　1600-1970―』（名古屋大学出版会）一九〇～二一六ページ。結城武延［二〇一四］、「複数単位企業の生産組織―二〇世紀初頭における鐘淵紡績会社の合併―」石黒真吾・中林真幸編『企業の経済学』（有斐閣）一四九～一八八ページ。

(10) 桑原哲也［一九九六］、「日本における工場管理の近代化―日露戦争後の鐘淵紡績会社―」神戸大学経済経営学会編『国民経済雑誌』第一七四巻第六号（同会）。

(11) 桑原哲也［一九九五］、「日本における工場管理の近代化―鐘淵紡績会社における科学的管理法の導入、一九一〇年代―」前掲『国民経済雑誌』第一七二巻第六号。

(12) この点に関して桑原氏の遺稿があり、後日、阿部武司と平野恭平が校訂の上、公表を予定している。

(13) 前掲『大原孫三郎傳』一五六ページ。

(14) 前掲『武藤山治全集』第一巻三六ページ。

(15) 松村敏・阿部武司［一九九四］、「和田豊治と富士瓦斯紡績会社―『和田豊治日記』刊行に寄せて―」『近代日本研究』（慶應義塾福澤研究センター）第一〇巻。

(16) 前掲「大正期の労使関係思想」一九八～二〇二ページ。河上との論争は前掲『武藤山治全集』第一巻一八五～一九八ページを参照。

(17) この点につき、次の文献は参考になる。伊藤隆［一九七八］、『大正期革新派の成立』（塙書房）。

(18) 三隅二不二［一九六六］、『新しいリーダーシップ―集団指導の行動科学―』（ダイヤモンド社）。

第三部
人間像に迫る

「同心戮力」を標榜した事業家の残像

人道主義が貫かれたその行き方・考え方

I　孫三郎の言葉

解説——発言記録の中に息づく思想・哲学

大原孫三郎の言葉として人口に膾炙している箴言をご存じの方もいるはずだ。例えば「仕事を始めるときには、十人のうち二、三人が賛成するときに始めなければいけない。一人も賛成者がないというのでは早過ぎるが、十人のうち五人も賛成するような時には、着手してもすでに手遅れだ」というものがある。これは嗣子・總一郎が一九五三年に『文藝春秋』に寄稿した随筆に書き記されており、息子が直接に学び得たビジネス上の教訓ということになるだろう。また「わしの眼は十年先が見える」という口ぐせは、城山三郎の小説で広く世間に知られるようになった。

このように孫三郎は私たちの心に響く至言を残しているが、それらの多くは總一郎や、新聞記者で後に倉紡で孫三郎に仕えた犬飼亀三郎などの記憶と記録によるものである。つまり、自身が書き残した文章は意外に少なく、終戦後に見つかった若き日の日記、書簡類、及び倉紡など運営していた諸企業、そして各研究所や倉敷中央病院での公式発言の筆記記録などにとどまるのである。しかしながらそれらの中にも、企業経営者のカテゴリーには到底おさまらない孫三郎のスケールの大きな思想・哲学、そして人間観を示すような、味わい深い言葉を私たちは見出すことができる。本章では、編著者としての解説を付した上で、孫三郎が残してくれた二つの発言記録を重要文献として紹介したい。

文献〈一〉の「倉紡は共同の働き場」は、大正末期の倉紡の様子をいきいきと伝えるものである。一八八八年に設立された倉紡の経営を日露戦争後に、二〇歳代で承継することになった孫三郎は、飯場制度の廃止を通じて会社と労働者との関係を改善するとともに、労働者のみならず倉敷に住む人々の教育・教養水準の向上に尽力した。そして他企業の買収も含めて、旺盛な設備投資を展開し、一九二〇年代にその事業規模を大きく飛躍させることに成功した。

この文献では、倉紡が、国内のみならず世界でどの程度の位置にあるのかを、孫三郎が意識していたこともうかがえる。また倉敷に新設された万寿工場において、創立時から存在した倉敷工場に遠隔地出身の女工のため設けられていた分散式寄宿舎を超えて、男女の労働者が家族を形成することを前提とする通勤制の社宅建設を進めていたことが強調されている。

第一部でみたように、この試みは結局うまくいかず、寄宿舎が主流となるのであるが、それでも孫三郎が、戦前の綿紡績業界の現場に変革をもたらそうとし、理想的工場村の創出を試みていた点は、今もって評価されるべき経営行動といえる。

さらに孫三郎は倉紡において、福利厚生施設の充実を実現しつつあったのだが、特に病院は、従業員のみならず倉敷市民も利用でき、京都帝国大学系の優秀な医師を集め、貴重な学術書を保管する図書館を備えた美麗な施設であった。そして設備拡充、福利厚生の充実、及び社会事業を推進していく中で、彼は労働理想主義という理念を確立、追究していくことになった。経営家族主義あるいは温情主義とは異なり、従業員各自の人格を尊重しつつ、労使の共存共栄、さらには社会事業の充実を図ることに力を注いだ人道主義的企業家の当時の息づかいが聴こえてくるようなこの講話は、一九二二年、万寿工場参観者のために語られたものであった。

次の文献〈二〉は、一九三七（昭和一二）年、倉紡が創立五〇年を記念する式典での挨拶内容である。倉紡は、地元の大橋澤三郎、小松原慶太郎、木村利太郎という三人の青年が中心となって、孫三郎の父孝四郎を頭取（社長）に迎えて設立された会社だが、その孝四郎は閑谷黌《しずたにこう》黌長の西毅一（号は薇山）に依頼して揮毫してもらった「同心戮力《どうしんりくりょく》」を同社の社訓とした。こうした創業理念は、当初は何らかの実質的意味があったとしても、時間の経過に伴い、形骸化していくことが多いのかもしれないが、孫三郎はこの理念を、幹部や従業員とともに創立五〇年という時期に再確認しようとしていたものと思われる。倉紡の経営における一九二七〜三一年の難局期、そしてその後の輸出向け織物用の綿糸の増産とハイドラフト化という技術進歩による成長・飛躍の背景としてこの同心戮力の理念が具現されていたことは、第一部・第二部でふれた通りである。

文献〈二〉が速記された一九三七年頃は、世界恐慌が続く中で、日本の綿布輸出が激増したことが深刻な貿易摩擦問題を引き起こし、倉紡が先行き不透明な状態に置かれた時期であり、同年七月には日中戦争が始まり、同社も戦時統制経済に編入されて、自由な活動が次第に困難になっていく時代でもある。そのような時に経営者として抱かざるをえなかった不安感がそこはかとなく漂っているようでもあり、そうした意味においても、重要な文献といえよう。

なお文献のいずれも、原文の語り口を損なわないことを前提としつつ、読者の便宜を考慮して、仮名遣いの変更、常用漢字やひらがな表記に換える等の若干の補正をしたことをお断りしておく。

文献〈一〉

倉紡は共同の働き場◉大原孫三郎

(前略)私が紡績業に関係いたしましたのは[1]、二七、八歳の頃でありましたが、当時の職工状態の著しく劣悪、悲惨であったことはまず第一に私の目を惹いたのであります。職工の人々を生産の道具として使役することはまちがいである。働きにくる人も、また生産経営を行う資本家も双方ともに偏せざる利益をえて事業を遂行できないものであるか、新しい言葉をもってすれば労資協調は可能ではないであろうかという思想が脳裡に浮かんだのであります。

したがってこの方針から人事方面の一大改革に着手いたしましたので、ために当時私に対する非難も一面、時代人心の反映であり、かつまた非難の度はそれだけ改善に対する反響の尺度としてむしろ喜んだ次第であります。

次に万寿工場について一言申し上げます。

万寿には二工場ありまして、総錘数六万二八〇〇余錘、第一工場は太糸、第二工場は中糸、及び織布を生産いたしております。

万寿工場建設における考え——私の意見として寄宿を設け、遠方より職工を募集し、これに不自然なる生活を営ましむることはまことに不合理なるものと考えます。いかにしても工場を中心とせるものでなければなりませぬ。これを事実に徴して紡績におけるわが国の現状においては寄宿職工の勤続年限が一年ないし一年半の短期間であって、かかる短期間においては熟練工は到底これを得らるべきものではありませぬ。されば当工場においてはまず移住主義を採用し、第一工場は全くこの主義にのっとりましたが、第二工場はやむなく寄宿の収容をなしたのであります。したがって万寿工場の設立は第二工場設立によって本来の主義よりせる退化の形をとったことになったのであります。

爾来、紡績業に対する一般の思想、見解も漸次あらたまりましたが、とにかく紡績事業に関して労働することをもって、一産業に関係するの誇りを保持せしめ、その品位を向上せしめたい。この見地よりして、寄宿はこれを廃止し、工場をもってその付近の共同作業場たらしめんとするものであってこの計画この主義のもとに歩みを進めている次第であります。万寿工場を建設する際は労働村計画の意図もありましたが、現在ではいわゆる集合的社宅を廃して分散的社宅を建設せんとするものであります。しかもそれはたんなる倉敷紡績の社宅というにあらずして、一つの住宅経営としてこれを実施し、土地人口の増加をはかりたい考えでおります。されば寄宿のごときものにしてもこれを一カ所に集合せしめずして散在的にしかも一つの合宿所として自治的に経理せしめたいと思っております。

次に申し上げますことは当会社における福利的施設はこれを開放いたす考えでいることであります。すなわち工場作業場を除く他の工場施設、工場の福利的増進施設はその利用を一般に開放提供する意向であります。

その第一歩としては病院の開放、これであります。元来、紡績会社には医局なるものを設け職工及びその家族の健康保持機関といたしております。たまたま一昨年倉敷町における流感にしては地方医師の手及ばず他の労働者階級の人たちに対して死後診断のごとき事実をもしたのであります。健康なる身体を唯一の資本とする労働者に対してかくのごとき事実ありとすれば由々しき問題であり、ぜひこれを救済しなければなりませぬ。ここにおいてわが社は中産階級以下を主とする中央病院の設立を計画し単に工場内労働者に対してのみならず他の一般労働者に対してもこれを開放し共に同等に取り扱うこととといたしたい。もちろん中央病院の設立は医師会規定にもとづきましたもので、科は内科、外科、婦人科、小児科、耳鼻科、眼科、歯科を設け、来年五月開業の運びとなっております。敷地は全部で約一万坪で建物はこれを三期に分かち、第一期は建坪千百七十余坪で各科専門の診察室、各科専門の手術室、病室等で、第二期は六百三十余坪で伝染病舎、研究室、看護婦寄宿舎、炊事場、浴場、洗濯場等を設けるつもりで、第三期には病舎をさらに四棟（現在三棟）建設する意向であります。全計画完成には総建坪約三千坪を要する模様であります。患者に対する取り扱いのごときも一切、等級的差別を設けず、全く平等とし、看護婦の任務のごときも医師の助手たる弊を離脱して真の意味における看護婦たらしむべく、あるいはまた規定費用以外の特別費用のごときものは絶対に設立趣旨よりこれを排斥する考えでおります。

つぎに倉敷紡績の一つの社会施設として工場外に託児所を設け、乳児以上の児童を紡績関係者のみならずその他一般の委託を受けんとするもので、目下設計中であります。なお、乳児に対しては工場内に保育所を設けております。

つぎは娯楽設備について申し上げますが、元来、工場内における娯楽はその雰囲気において職工をして真にこれを娯楽として享楽せしむることができない傾きがあり、したがって娯楽場はこれを工場外に設け、しかして社会の福利施設の一つとして工場労働者以外に一般人にも開放せんとするものであります。この計画のもとに活動常設館の設立を企図し、産業知識の普及をはかると共に高尚なる趣味を得せしめたいと思っております。

次には学校の公開を考えております。工場法が実施されて以来、職工はすべて義務教育修了者を採用することとせるため、その結果は職工に対して補習教育しかも職業的特種の補習教育方法をとることとなるのであります。この職業的特種教育をも一般に公開したいと思っております。なおまた浴場のごときも水の関係上不完備の所もありましたが、いよいよ水道竣成の暁は充分開放いたし得ると考えております。

さて次に労働科学研究所について申し述べたい。わが国において工場衛生、工場能率に関する特種的研究機関はいまだ存在せず、したがってその研究資料もこれをわが国内に求むることは不可能の状態にあります。ここにおいてわが倉紡は労働科学研究所なる特種の専門研究機関を設置いたしまして、工場衛生、労働能率に関する研究につとめ、社会に貢献するところあらんとしていますが、これ紡績会社の科学的経営の一端であります。

なおまた医学図書館を創設して病院および労働科学研究所における参考資料の蒐集につとめ、農業研究所における農業図書館とあいまって力のあるものとせんことを希求いたしております。

さらに倉敷紡績が現在計画しつつある建設としては純然たる試験工場の設置、これでありますこれがために前述いたしたように六千坪の土地を購入いたしたわけなので、機械能率の研究実施、その他労働科学研究所にもとづく実際応用等をなす心算でおります。

さて、工場をして共同作業場化せしめんがためには工場経営をもって一つの団体経営となし、各自その団体の一員たる意識を持し、団体員相互の幸福増進を希求するものでなければなりません。この意味においてわが共存組合を創設いたしました。共存組合であって共済組合ではない。換言すればいわゆる共済組合といわゆる労働組合との限界に立つ双生児とも考えらるべき一つの自治団体であります。この共存組合の主張をもっていまや消費組合をつくらんといたしております。由来、倉敷町の物価の高いことは定評のあるところですが、倉敷町の真の健全なる発達をはからんとせばまず物価の低下をはかり倉敷町をして安住の地たらしめなければなりません。この見地より大規模の消費組合を創設せんとするもので、したがって紡績関係者のみならず一般賛成者にはそのご加入を願う次第であります。目下この組合の事業としては精米、味噌、醤油の製造その他製氷等を計画いたしております。

以上縷々申し上げました倉紡の現在並びに将来のすべての企画は、従来の紡績経営におけるる旧慣陋習に捉われることなく「今後の紡績経営はまさにかくあるべし」との確信より生まれたるものであり、常に邁進いたしている次第であります。今これを現在の紡績事情に対照して考えますのに、既にご承知のごとく紡績会社、殊に小紡績会社は目下難局に面しております。しかし過去数年間の好況のために皆々が放漫に流れており、したがって今や内容充実に向かうべき最好時期だと考えます。綿糸生産高において、その生産費において外国より著しく劣れることは常にわが国紡績業における脅威でありまして、機械において、はたまた労働能率増進その他において倍旧の科学的研究を必要とするものであります。この意味においてわが倉紡が病院、託児所、誤楽設備等を経営することはあえて不合理ではなくて、むしろ時代の進運に目覚めたるものと考えます。工場をして共同作業場たらしめ、労働者をして強いて働かせしむるという意味でなくて、共同相互の福利増進に協力関与せしむるという思想が最も肝要だと考えます。しかもこの見地よりせる職工の幸福、健康、個人収入の増加はまことに工場経営における生産費減少と計算的にも一致することを知るのであります。

『倉敷時報』一九二二年一二月一五日号

文献〈二〉

五十周年記念式における挨拶◉大原孫三郎

我が倉敷紡績会社は本年をもって創立五十周年を迎え、本日この記念式に列席致しますことは、私のまことに欣幸とするところであります。

当会社は明治二十年[2]に、私達の先輩たる倉敷の青年有志の手によって設立されたものでありまして、当時の資本金は金十万円、据付錘数は四千四百錘でありましたが、会社経営の経験に乏しい二十歳代の青年実業家が苦心を重ね研究を積み、協力一致して経営にあたられた努力に対し、私はここにあらためて満腔の敬意を表する次第であります。

爾来この小会社が、漸次発展して現在では資本金二千万円、錘数五十余万錘に達し、全国七十余の紡績会社中最も有力なるものの一つに数えられるに至ったことは、全く創立以来今日までの数十万従業者の努力の結果でありまして、私今日の社長としてこれまた衷心より感謝に堪えないところであります。

しかし当会社がここに至る五十年間には、種々の社会的変化もあり、経済的波瀾もあり、経営上非常に苦難に陥った時代もありましたが、考えてみますれば好景気の時代の拡張が今日の基礎をつくったものではなく、むしろ不景気時代の苦心と訓練とが、真剣に働かねばならぬことを教えてくれ、以て精神的にも、技術的にも、今日の進歩発展の根底を築き上げたのであります。

会社の五十周年を人生に例えて言えば五十年、即ち一代を終わった訳でありますが私共はこれで満足してはなりません。更に新しい倉敷紡績株式会社としての、将来の発展を期する第一年でなくてはなりません。過去の経験と歴史とにもとづいて、新しい生命を現出し、今後の大発展を期するというのでなくては、五十年の歴史はなんら意味がなく、創立以来努力して現在を生み出して下さった多数の人々に対しても申し訳がないと思います。即ち新しく生まれかわって、今までの貴き経験によって現状を改善すべき、新しい建設へ取り掛かるのでなければならないと堅く信ずるのであります。五十周年を祝するのは、五十周年を終わって将来更に発展するよう、技術的にも、経済的にも新しい面目をつくる意味の記念式であると同時に、その実現を期する記念式でなければならぬと考えます。

今や日本の産業は世界の各国から睨まれ、貿易状態から見ても、人種関係から考えても、非常な虐待を受け継子扱いにされ、全く孤立的立場に置かれております。我々は国民的に十分覚悟して、奮闘せねばならぬ時代となって来ていると信じます。されば単にわが倉紡の為ではなく、国家産業のため、この五十年の経験を基礎として、決して過去の歴史の延長ではなくて、新しい生命と主張とを持つ、今日は新しい建設への門出でなければなりません。諸君は今後ますます工夫と努力を重ね各自技術的にも人格的にも向上し、同心戮力、以て愉快に将来の新しい建設へ向かって邁進せられんことを切に希望して止まない次第であります。

終に臨み、会社もいよいよ隆盛に従業員諸君もますます健康で向上発展され生活上にも家庭的にも、ますます幸福でありますよう衷心より切にお祈り致します。

『倉敷時報』一九三七年四月一五日号

（1）倉敷紡績の社史『倉敷紡績百年史』によれば、孫三郎は一九一〇年一月に倉紡に入社したとされているが、彼のこの発言は、同社の経営に本腰を入れて取り組むようになったのが一九〇六年九月の社長就任以降であることを示唆しているといえよう。

（2）創立五〇周年の記念式が挙行された時点（一九三七年）では、倉敷紡績が一八八七（明治二〇）年を創立年としていたことがこの孫三郎の発言から読みとれる。

II　家族、そして関係者からみた「孫三郎」観

解説――目標を掲げ、ひたむきに生き抜いた人

以下では、孫三郎の血縁者や関係の深かった人物の孫三郎評をとり上げる。

文献〈一〉は、孫三郎の嗣子で、倉敷絹織（現クラレ）の二代目経営者として大成した大原總一郎（一九〇九～六八）によるものである。彼は、孫三郎に関して、家族にしか書けないデリケートな事情をこの文献のような美しいエッセイでいくつか書き残している。

この文章では、多数の企業の経営に挑戦し、研究所などの社会事業や芸術に情熱的に取り組んだ孫三郎のデモーニッシュなエネルギーと、それを制御できないことから生じる葛藤に悩まされた複雑な性格について説明されているように思われる。さらに大原家の日常の生活風景も浮かび上がってくる。昭和恐慌期における孫三郎の苦境についても率直に記されており、孫三郎の陰影

に富む魅力的な人柄を知る上で欠かせない貴重な文献であり続けることだろう。初出は『繊維界』一九五六年一一月号で『大原總一郎随想全集』（福武書店）に収録されている。

文献〈二〉は、總一郎の長男である大原謙一郎氏（一九四〇年生まれ）が祖父孫三郎について語ったもので、『文藝春秋』二〇一七年四月号に掲載された。謙一郎氏は、孫三郎が果たした地域創生の重要性を長らく主張し、大原美術館や有隣会の活動を通じて、その実現の願いに向き合い続けてこられた方である。孫三郎と總一郎という希代の経営者の想いを受け継ぎ、彼らの活動を語り継ぐ役目を果たす中で、十数年前に廣池幹堂氏との対談の場で、その二人を比較してこう語っている（『「対談集」世界に誇る日本人』モラロジー研究所編集・発行）。

「總一郎は、孫三郎もそうだったように、『思い込んだら百年目』というようなひたむきな人でした。たとえば、民芸というものは役に立つものが美しいというのが基本的なイデオロギーですが、總一郎はそれに心底共鳴していました。そして当時始めたビニロン（合成繊維）の事業にも、そのイデオロギーに沿って芹沢銈介《けいすけ》デザインの毛布を強引に商品化したりするなど、いろいろと考え、適用していこうとしていたほどです」。

「總一郎は自分がひたむきに何かをするというタイプで、孫三郎の場合は、ひたむきな人を応援するのが好きだった。そういう違いがあるかもしれません」。

このように、偉大な祖父と父の人物像を少ない言葉で的確に表現される謙一郎氏の孫三郎への心情が、文献〈二〉の文面にはよく表れている。孫三郎が、競争的で活力に富む企業家であったと同時に、その時代の社会が持つ特有の問題に対し、根源までつき詰めて考え、行動した知的探究心の持ち主であり、それが三つの研究所を後世に遺すことにもつながったということを伝えようとされている。

文献〈三〉の筆者・原澄治に関しては、第二部で詳述しているので参照されたい。孫三郎の姉の娘婿であり、孫三郎を陰に陽に支えた人物であり、事業家としての孫三郎に最も近かった人物による孫三郎への追悼文である。孫三郎が他人に対して一見冷たくみえるようでいて、実は涙もろく、情に厚い人間であったことなどが簡潔に記されている。企業家が人を惹きつける上で何が必要かを、無言で語りかけてくれるような感がある。

文献〈四〉は、大原社会問題研究所を通じて、孫三郎と交流が深かった東京大学経済学部教授大内兵衛の全国統計大会（一九六〇年一二月）での講演内容を抄録したものである。筆記録が『現代日本思想大系』（筑摩書房）に収録されており、その表記に拠りつつ、校訂を施した。

この講演で大内は、孫三郎の若き日の歩みと企業家活動の軌跡を簡潔に紹介した後、孫三郎が創立した現在のクラレの経営を引き継いだ息子の總一郎が、ビニロンという素晴らしい新繊維素材を工業化したことを高く評価している。そして石井十次に感化された若い孫三郎が、女性労働者の待遇改善から始めた人道主義が、第一次世界大戦後の倉紡を中心とした関連企業の発展を背景として、倉敷労働科学研究所、倉紡中央病院、大原社会問題研究所、大原奨農会農業研究所などの社会事業へと展開していったことを論じている。

大内は当然のことながら、自分が所属していた「日本の社会科学のメッカ」社研の設立と運営に関する孫三郎の支援には、格別の謝意を表していた。

「大原孫三郎は、大正・昭和を通じて大阪以西の関西において最大の事業家であったが、彼は、その作りえた富を散じて公共の事業をしたという点では、三井も、三菱も、その他いかなる実業家よりも、なお偉大な結果を生んだ財界人であった（中略）金を儲けることにおいては大原孫三郎よりも偉大な財界人はたくさんいました。しかし金を散ずることにおいて高く自己の目標をかかげてそれに成功した人物として、日本の財界人でこのくらい成功した人はなかったといっていいでしょう」という大内の指摘は、先の謙一郎氏の「孫三郎」観と重なる面もあり、まことに適切と思われる。

文献〈一〉

父の言葉◉大原總一郎

父は岡山県倉敷に生れ、また、その地で他界した。父は生前、「自分は倉敷という土地に縛られ、それに執着しすぎた。もしそうしなかったら、もっと有為の人間になれていたと思う。お前もあまり倉敷に執着しない方がよかろう」といっていた。

父の気持の中には、倉敷への執着と、それから離れたいという意欲とが常に争われていたようである。仕事の性質上、活動の中心は大阪に、また時として東京に移ったが、倉敷を全く離れ去ることが出来なかったのには、いろいろな事情があった。若い時から始めていた種々の研究所や社会事業、工場の所在、地主としての立場、父の時代が県単位あるいは地方単位の企業集中の時代に当っていたことなどが、二重生活をさせた主な原因であったであろう。

父は仕事の関係上、倉敷にいることは少なく従って、母に比べて父への親しみは、私には深いとはいえなかった。家に帰っても家庭的な団らんといった雰囲気は多くなかった。父は何時も物を考え、何かの仕事で一杯だという感じだった。恐らく、青年期、壮年期の父にとっては、何事かを成し遂げたいという意志が片時も忘れられなかったのであろう。

従って私に対して、正月とか誕生日とかに教えた言葉も、極めて簡単なものであった。幾度も繰り返しいわれたことは、「強い子になれ」ということだった。弱気であることが、一番嫌なことだったのであろう。父自身、内心には弱い所もあったのであるが、外部に対して弱気を見せないことに、最大の努力を払ったようである。

父の美術や建築に対する価値判断の規準には、いつも「強い」ということがあった。美しいということはその次であった。従って、平生は和服で瀟洒な服装を好んだが、弱々しい新画等には全く興味をもたず、また、柱の細い家に住むことを嫌った。細い柱の家からは、しっかりした人間は生れないと、たびたびいっていた。ある時、「現代の勝れた人物の生家を調べてみたいものだ。必ず太い柱の家に生れていると思う」ともいっていた。

　こうしたたたずまいの正しさを尊ぶ気持は、厳格さや格調を重んずる性格とも通じていたので、封建的因襲に対して、決然と排撃する気持をもった半面、封建的と見られるほど、格式に対しては強い執着を感じていた。一応矛盾してみえるこの二つの性格に対しては、多くの人から誤解をうけていた。また批判の目標ともされた。併し父は自らこの矛盾の克服のためには、人知れぬ苦闘をした。持ち前の人に弱味を見せたくない気持が、これを外部に現すことを制御していたため、屢々《しばしば》父は孤独であった。殆んど常にそうであったかもしれない。

　そのような孤独は、父に対して芸術に対する目を鋭くするということと、花柳の巷に親しむという二つの結果を招来させた。前者においては芸術と芸術家に対する強い関心となって現れ、美術館などが生れて世の中のためにもなった。後者に関しては、現在では当時を知る人の好意的解釈の中ですまされているが、生前は反対者の非難をうける場合も多かった。

　併しこれらの世俗的事柄の前に、岡山孤児院長石井十次氏を通じて心に刻まれた救世的精神は、いろいろ形を変えて、社会問題研究所などに発展していったが、その源をなす気持は、終生消し去ることの出来ぬ火として、胸中に残り続けたと思う。これこそは、父の生涯を通じての生存の意義であり、また、同じように一生を通じての内部における闘いの種子でもあった。

　父は二十七歳で倉紡社長となって以来、実業家としての経歴が繰り広げられたが、紡績、レイヨンなど繊維の事業を中心としつつも、地方的には、金融、電力などの開発、統合その上地主として農業問題にも深い関心をもっていたので、いつも錯雑した課題の中で、個個の問題を処理しなければならぬという立場にあった。また、事業経営の中では、本来の複雑な性格と社会問題への関心がいろいろな悩みを持ち込んできた。そのために、経営の重点について、自己の思想と波乱の多い資本主義初期の景気の変動の中で、人一倍苦労する結果となった。（中略）

父は「自分の生涯は失敗の記録だ。子孫は祖先を訂正することによってのみ意義がある」とよく語っていた。私はそれは半ば以上本心であったと信ずる。私が大学のころ、母は忍従と諦観のうちに世を去った。家庭は父と私とたった二人だけとなった。このことは、父にとっては大きな衝撃であった。それを転機として、父は私に対する態度も気持も大きく変わった。親としての、父としての感情を父は隠そうとしなくなった。それ以前、殆んどなかった父と二人だけの旅行に出かけることもあった。私も父の希望にそうように、芝居や能などの見物には、出来るだけ一緒に行った。父も私の趣味にある程度同調する気になった。ずっと以前であれば、到底想像も出来ないことが、易々として実現した。私は父と一緒に大阪毎日会館で「パリ祭」の映画を見たり、新響の演奏会を聴きに行ったりしたことを、今でも不思議な出来事であったように思い起す。

昭和四、五、六年頃の不況は、父の責任をもつ倉紡、倉レを極度の経営難に陥れた。私は東京にいたので、毎月父が上京するごとに会った。後から聞けば聞くほど、当時の苦境は殆んど言語に絶するものであったが、当時在学中の私に対して、経営上の苦労に就ては父は一言も語らず、また態度にも現さなかった。そして経営上の不利にもかかわらず、民政党の正統的緊縮政策を強く支持していた。そして漸くにして不況を克服することが出来たが、関係事業の何処かには、いつも何程かの問題はあったようだ。

六十歳の時、倉紡、倉レ、中国銀行の社長と頭取を辞し、相談役になったが、五十七歳の時、狭心症の発作を起し、それから七年の後、同じ病気のために、戦争の熾烈さを増す昭和十八年一月、数え年六十四歳で一生を終えた。（後略）

『大原總一郎随想全集1 思い出』（一九八一）

文献〈二〉

大原孫三郎―労働者の幸せを突き詰めた◉大原謙一郎氏

孫三郎がなくなったのは、私が二歳のときで、直接的な記憶は多くありません。ただ、祖父を知る人からは、私はよく「タレ目でじいさん似だ」と言われてきたので、格別の親しみはありました。

ただし、祖父の印象は人によって異なります。数字一つ間違えるだけで機嫌を悪くする怖い人だったという人もいれば、大変やさしかったという人もいる。たしかに孤児院への支援や、大原美術館を開くきっかけとなった画家との交流など、祖父の活動は事業以外にも多面的です。

そんな祖父を振り返るとき、私が一番感銘を受けるのは「根源まで突き詰める」人だったことです。その象徴が、大原社会問題研究所（現在法政大学が所管）、倉敷労働科学研究所（現・大原記念労働科学研究所）、大原奨農会農業研究所（現・岡山大学資源植物科学研究所）という、孫三郎がつくった三つの研究所です。

一九二一年、労働科学研究所を開設するとき、孫三郎は新進の研究者・暉峻義等《てるおかぎとう》を深夜の自社紡績工場に招き、二人で女性たちが働く様子を観察しました。暗い天井から吊られた裸電球の下、綿埃の中で十五歳ぐらいの少女が眠そうな目で働いている。その様子を見せたうえで、孫三郎は「この少女たちが健康で幸せになるよう」な方策を研究してほしいと暉峻に依頼したのです。

それ以前に孫三郎は、中抜きで搾取する飯場制度をやめさせ、従業員の寄宿舎もつくっていました。それだけでも労働環境の改善として当時画期的な措置でしたが、孫三郎はそれで満足しなかった。どうしたら労働者が幸せになるのか、その根源を突き詰めようとしたのです。そこで暉峻を欧州まで派遣した後、労働科学研究所を開設した。研究には、経済学から医学や心理学まで取り入れたのも、労働における真理を求めたかったからでした。

こうした姿勢は、ほかの研究所も同様でした。

社会問題研究所では、孤児院を運営していた友人で慈善事業家の石井十次が死去後、この方法だけでは根本的に貧困がなくならないことに気づいたことが契機でした。そこで高野岩三郎や森戸辰男、大内兵衛といったマルクス経済学や社会主義思想の学者に声をかけ研究に加わってもらった。当時の社会情勢を考えれば、危険思想と捉えられ、官憲に睨まれる可能性もありました。それでも表面をなぞるような研究では満足せず設立したのが社会問題研究所でした。

農業研究所では、自らの土地をもたない小作農のため、二つの方策を掲げました。一つは技術開発で安くてよい米をつくる、もう一つは自ら土地をもつ自作農を増やすこと。当時大原家は六百町歩を所有し、二千五百人という小作人を抱えていました。それが自作農となれば、自らの利益とは反しますが、あえて実行した。さらに、大原家小作俵米品評会という会を催して、米の改良を促した。

こうした研究所は直接本業に関わるものではありませんでしたが、「根源まで突き詰める」知的探究心に負うところが大きかったように思います。

祖父に孤児や貧民への人間愛や共感があったことは否定しません。ただ、そうした感性的なものに留まらず、その先にある仕組みや法則などに関心を強くもっていたのではないかと思えるのです。

もとより孫三郎は「勝負をするなら絶対負けてはいけない」と考える人でした。新しく事業を興す際、十人中五人が賛成するような時点での着手は手遅れだとし、「二〜三人が賛成するときに始めなければいけない」とリスクを厭わない人でもありました。経営陣の多くが反対する中、新しい人造絹糸＝レーヨンへの投資に踏み切り、現在のクラレの礎を築いた。時代を考えるとその決断に思いを馳せないわけにはいきません。

私自身、若い頃に大きな事業の決断を任されたとき、祖父のことに思いを馳せました。一九七一年、まだ三十歳だった私が責任者として新しい技術の不織布について米企業と交渉する機会がありました。繊維事業の新分野を拓く重要な契約でした。そのような大きな決断をする際には、祖父が決断して進めたレーヨン事業の創業の地に一人で立ち寄ることにしていました。倉敷を流れる高梁川のほとりの工場の現場に立ち、祖父は当時どんなことを考えたのか、自分と重ねて想像してみるのです。幸いその時決断した不織布の事業はクラレのひとつの収入源になりました。

「根源まで突き詰めて考える」。そんな孫三郎の姿勢に、私自身も影響されてきたのかなと思います。

『文藝春秋』二〇一七年四月号

文献〈三〉

敬堂大原翁を惜しむ◉原澄治

日本経済界の一巨星、日本社会事業の力強き先駆者、美術芸術の擁護者、而して科学的研究の熱心なる指導者として、偉大なる足跡を印したる敬堂大原孫三郎氏は、昭和十八年一月十八日を似て他界せられた。

少壮にして石井十次氏を助け岡山孤児院の基礎を確立し、倉敷日曜講演を開催して一般文化の向上に貢献すること多年、倉敷紡績株式会社の育ての親で、倉敷レイヨン株式会社の生みの親、地方六銀行を合併して第一合同銀行を創立し、是が頭取となり、更に十数行を併合して一県一行の実を天下に先立って具現し、貯蓄銀行をも亦合同して一県一行とした。電気事業に交通事業に、其他幾多の産業を起して、経済界の興隆に貢献した。而も、単にありふれた産業人ではなく、常に国家の興隆と大衆の幸福とを念として、工業に農業に、福利厚生の研究と施設に鋭意努力したる功績は、極めて偉大なるものがあった。大原奨農会、大原農業研究所、倉敷労働科学研究所等の設立より、大原社会問題研究所、倉敷中央病院、石井記念大阪愛染園等の創設せられたのも、其ために外ならぬのである。

育英事業に関しては、学生時代友人の学資を援助したるより引続き幾多の英才を助成した外、絵画に、彫刻に、音楽に何れも君の庇護によって名を成したる者亦尠しとせぬ。殊に芸術に対する君の鑑識眼は、極めて高いものがあり、和洋名画の蒐集から、大原美術館の設立を見るに至った。

君、天資聡明怜悧眼光紙背に徹するの観察眼を有し、事と人と、共に表裏を見て誤りなきを期した、其徹底せざれば止まぬ性格は、時に冷酷なるかの感を人に抱かしめたことさえあったが、根底に於ては、極めて涙多き資質であって、容易に人を捨て得なかったのである。相容れ難しと思い乍らも、断然之を捨て得ざる間に、自然其気持が外部に現れて、人を容る雅量に乏しきかの感を人に持たせた事も少くなかった。

自分が完全な高等教育を受けず充分の読書もせぬからとの理由で、若い人々に勉学と読書を常に勧めて居ったが、学校教育の小さな型の中に入れられなかった事は、却って自由にその天賦の才能を働かす事が出来た原因であり、少数とは云えども、優れたる良書を熟読したことは、其事業経営の上に、力強く実現されたのであった。且つ記憶力の強さは、耳学問を極めて有力なものとした。

世の為人の為に、善かれとばかり願って、自分の利害の為には、比較的冷淡であったため、物事を第三者の立場で、大所高所から観察することが出来、先見の明を養い得、物事を大観するの特徴を持って居った。時局愈々重大にして、君の力に俟つところ頗る大なるものがあるの時、突如逝去されたことは、真に痛惜の至りである。併し君の愛護感化を受けた多数の人々は、君の高風を追慕すると共に、其の遺志を継いで、皇国の発展の為に大なる貢献を致すであろう。諡号、恭敬院殿懿徳大観大居士、享年六十四才、惜しい哉。

『倉敷時報』一九四三年三月一五日号

文献〈四〉

偉大なる財界人──大原孫三郎は何を残したか◉大内兵衛

（前略）すべての実業家にとって、大正九年はその腕をためすべき時でありました。紡績界も、このとき大きな恐慌に見まわれたのであるが、大原も一方においては高率の操短を行なって下落した糸価に応じ、他方においては戦時中にたくわえた資力をもって多くの繊維事業、染色事業を統合してこの危機を切りぬけたが、孫三郎の実業家たる面目はほかの人よりは一歩先んじた。すなわち彼はこのとき、日本の絹も、日本の木綿も市場または原料はこれを海外に仰ぐものであることのため、特別の危険がある、そこで繊維の将来はどうしても人絹にあると考えた。そして大正十五年早くも倉敷絹織会社を創立して人工繊維事業を開始した。これは日本の紡績がこの方面に進出した最初の事業の一つでありました。そしてその後十数年間、日本の繊維事業の革新は、この線で行なわれました。そしてその経験により、彼はまたいち早く、世界の将来の繊維はもはや木綿でもない、またスフでもないと考えるようになった。それはそれ以外の材料を原料とする化学繊維であるという意味であった。というのは、このときすでにドイツやアメリカに化学繊維の実験が行なわれていたからである。そしてそれを知ると、ただちにそれをおれが実行しようと考えるのが実業家大原孫三郎であった。そこで彼はその研究を友成博士に依頼しました。このとき、倉敷絹織会社の経営は必ずしも順調ではなかった。ことに昭和五、六年における一般不況の時代においてはこの会社の運営さえあやぶまれ、無配当の年がつづいていた。幸いにしてその後、対外為替が下落し戦争による需要が大きくなったので、社運は恢復したが、化学繊維の研究の方はそうかんたんに成功しなかった。そして大原孫三郎は昭和十八年一月、その研究の結果も、また太平洋戦争の結果も見ずして死んだのである。

が、ここで、実業家大原孫三郎の事業を数えるならば、彼は中國銀行、倉敷紡績会社、倉敷レイヨン会社（倉敷絹織の後身会社で現クラレのこと―編著者注）、中国民報等の事業の事実上の持主でありその経営者であった。そしてそういう人物として関西第一の実業家であった。そこでこのことを世間も政府も認めていた。彼が死んだ後八年、いまから九年前、わたくしは芝高輪の光輪閣で開かれた倉敷レイヨン会社二十年祭にまねかれたことがあった。そのとき、孫三郎のあとをついでいる總一郎は、宝塚の女優さんがビニロンの着物をきている写真を私たちに見せてくれた。わたくしはそれまでビニロンというものの名前は知っていたが、それはどんなものであるかを知らなかったので、その美しさにびっくりして飛び上った。しかし、これは昔の話、いまは、ビニロンは、日本の化学繊維のうちに、そして、日本人の日常生活を美しくかざる日用製品となりました。今日はもちろんビニロン以外、わたくしどもが名も知らぬ化学繊維はいろいろあり、それは世界のあらゆる市場にその高い名をあげていますが、日本にこの事業をはじめるために、いちばん早くその研究をはじめ、またいちばん早くそれを事業化した人の功績、日本の衣料を外国の原料から独立させようと発案し、それを実行にうつすことに努力した人、そういう人はほかならぬ大原孫三郎であった。それだけでも、彼は偉大というに価する実業家であったと思います。

倉敷にある大原美術館、あれを建てた大原孫三郎とは、こういう実業家でありました。彼は頭もよく、才気もあり、人を使いこなすことも上手であった。しかし、彼の実業家としての偉さは、それ以外にもう一つあったということができる。それは、彼がその事業に従事する労働者に対して、資本家としての責任を常に自覚していたということであります。孫三郎は若くして石井十次のキリスト教、その人道主義に感激し、この人の事業――当時日本にとどろき渡っていた岡山孤児院の事業に絶大な援助をしたことは、彼の人道主義が高く強かったがためでありますが、そのほかに、彼は資本家としても、みずからの事業のうちにその人道主義を実現しようといたしました。彼は若くして倉敷紡績の社長になったが、そのときまず第一に着手したのは女工さんの待遇の改善であった。当時の日本の女工さんは、「女工哀史」のいわゆる「籠の鳥」で、ほぼ奴隷のそれでありましたが、彼は、早くもその集団寄宿制すなわち「籠制度」の弊害を認めて、当時会社で建築中であった大寄宿舎をやめて分散式の家族寄宿舎をたてた。その次に、彼はこの制度も弊害があることを知って、女工さんも、自分の社宅に住んでそこから通勤できるようにした。いいかえれば、工場をもって近代的労働者の共同作業場とする方針に改めた。このほか、彼は早くより工業学校を工場の内に作って、そこで、職工を養成した。また彼はこれも非常に早い時代、ほかにそういうことが行なわれていなかった時代に工場に協同組合を設けた。

しかし、何よりも彼の人道主義が、工場または社会をこえて大きいものであったことを証するものが二つある。一つは倉敷中央病院の設立であり、一つは倉敷労働科学研究所の設立であります。今日、倉敷の町を訪ねる人は、そこにこの町には過ぎる、あるいは岡山にもってきてもりっぱすぎると思われる倉敷中央病院というのがあるのを見るでしょう。あれは、第一次大戦後、大原氏が、その紡績の従業員はもちろん、ひろく倉敷市民のために、その病気治療と健康保持を目的として、営利を目的としないで、完全な治療と親切な看護を与えるために、しかも身分の上下をとわず治療費の差別を作らずに、それをやろうという決心で設立したものであります。

当時、その設立費の予算が十五万円であったが、実際はその十倍百五十万円かかったという。これは当時設備が日本一と称せられました。百五十万円といえば今の金にすれば十億円にも当るであろう。わたくしは、大正十年この病院設立の任務を帯びてヨーロッパに行く院長の辻博士と旅行をともにしながら、つぶさに大原氏の理想を聞いたことがある。

次に、東京に住む人は、小田急の沿線、成城学園前駅の近くに、労働科学研究所というのがあるのを知っているであろう。そしておよそ社会医学に興味をもつ人は、これが日本政府のこの問題の研究所であって、この研究所がたくさんな功績をあげていることを知っているであろう。これは、大正九年に倉敷紡績の中に設けられた倉敷労働科学研究所の後身であります。これは大原孫三郎が第一次大戦後の情勢にかんがみ、日本の不況を克服するものは、科学的な労働管理以外にはないという確信にもとづいてたてた研究所の今日の姿であります。

当時の所長に予定されていた暉峻義等君は、わたくしと同時にベルリンに留学していました。彼はそこで世界第一と称せられたゲッティンゲンの蔵書を購入したりすることについてわたくしも相談にあずかりましたが、そのときこの暉峻君は、大原孫三郎の心のうちに労働の科学の研究を日本に創始することに対していかに大きい決心があるかを熱心にわたくしに語りました。あれから四十年、財政が許さなかったため、倉敷の中央病院は今は独立のものとなり、また労働科学研究所は政府の手にうつっているが、日本における医療と労働の科学の進歩の上に、この二つの設備があげた効果がどんなにかがやかしいものであるか、その道の人は、これをたたえて、やまないのであります。

大原孫三郎のひろくは日本、せまくは倉敷にのこした遺産はこのように大きい、そしてその数は多い。そこでそのうちに何がいちばん後世に残るだろうか。それについてわたくしはあるとき、大原氏と一生を通じて事業をともにしたもと中国民報社長柿原政一郎氏と話をしたことがあります。柿原氏はこのとき、大原翁はいろいろのことをやったが後世に残る最大のものは、恐らくは大原美術館であろうといいました。もちろんそれも一説であります。昨年わたくしは、この柿原氏を宮崎にたずねた。この老事業家はこのとき病床にあったが、既然として、大原氏あとありというべし、彼の最大の事業はやはりビニロンであった。そしてそのビニロンをモノにした總一郎君であるといいました。これも一説だと思います。なるほど芸術は長い、大原美術館も後世にのこるであろう。ビニロンの発達もいい。それもりっぱである。しかしわたくしは学問も長いと思います。そしていささかながら大原社会問題研究所のことを知っているものとして、実業家大原孫三郎が学問の発達のためにつくした功績をも語りつたえたく思うのであります。

　大原社会問題研究所とは、大正八年から昭和十二年まで大阪天王寺の裏門の前にあったわが国最初の、そしておそらくは当時もっとも有力な社会問題研究所のことであります。この研究所の跡はいまもなお天王寺の裏門のところにベルギーのソルベー研究所《インスチチュート》と全く同じ形をして残っております。そしてその書庫には、世界にも少いぐらいりっぱな経済学の文庫があり、それを大阪の諸大学の先生が利用しております。これが全部大原孫三郎の出資によってできたものである。書物でなく大原社会問題研究所の方は、昭和十二年東京にうつって、戦争でやけ、そこにあった十数万巻の書物は灰燼に帰したが、それでもその事業そのものは、今日法政大学によってうけつがれ、法政大学大原研究所となっています。いまは昔のように盛大ではないが、年々多くの研究と、りっぱな『日本労働年鑑』を出しています。わたくしは、直接にこの事業に関係したことがあるから、自画自讃してはおかしいが、民間の研究所で、しかも、資本主義の世の中からややもすれば白い眼で見られていたこの研究所が、四十年もこの生命を保っている、そして少しもその目的を変えないということは、この学問、社会科学のために誇っていいと思います。わたくしはこの研究所のために、その半生を投じ、そのためにその命をささげた所長高野岩三郎先生はもちろん偉かったと思いますが、しかしこの先生の識見と人物とを見込んで、その人に一切のことをまかせ、その創立費はもちろんのこと、年々大金を投じてたくさんの本を買い、多くの学者を養成させた大原孫三郎も、同時に偉大なパトロンであったと思います。

何といっても大原さんは学問には素人でありました。しかし、彼は学問は尊敬すべきもの、真理は尊ぶべきものであると堅く信じていたからこそ、こういうことができたと思います。当時、すなわち大正八年ころから昭和七、八年のころまでは、いうまでもなく日本において社会主義が研究されはじめ、無産政党が生れたときでありました。すなわち治安維持法ができた物騒な時代でありました。この時代において大原社会問題研究所は、櫛田民蔵、森戸辰男、細川嘉六、高田慎吾、大林宗嗣、北沢新次郎等優秀な学者の一隊を擁して社会問題の研究をしました。そして堂々たる研究をその雑誌で発表していました。

そこで世の中の進歩的な人々は、この研究所をもって日本の社会科学のメッカとしましたが、また、政府をはじめ保守的な資本家たちは、この研究所をもっていわゆる危険思想の培養所と考えました。事実、世の中にはこの研究所を利用して、いろいろの迷惑を研究所にかけた人もいました。そのため警察がまちがって研究所に疑いをかけたこともありました。そこでたとえばある有名な社会評論家は、大原研究所に集まっている多くの学者をたとえて、彼らは赤いよく肥えたヒナドリだ、そして高野岩三郎はその親鳥だ、そう見たてて漫画を描き、そこでは大原孫三郎は多数の女工から血と肉とをしぼるミルク・メイドの牛乳しぼりで、彼は、そうして高野を肥らせているといいました。これは全くのウソであり、この事業によって、大原さんは一厘寸銭も儲けたことはあるまい、それどころか年々巨額の金、今でいえば二千万円にも当る金をこの研究所に投じておったのであります。

その上に大原さんは他に三つも四つも研究所をもっておった、それが実業家大原の大きい負担であったことは申すまでもありません。大原さんのこういう事業は、多くは第一次大戦後の好景気で大原氏の事業の利益が多かったときに計画されたものでありましたから、いかに大原氏とはいえ昭和五、六年の恐慌のときには、完全に無配当でありましたから、そのうちから、年々こういう大金をしぼり出して寄付するということは、彼の資本家としての身をけずることであり、それに関係しておる重役諸君の内から猛然たる反対が出たのも当然でありました。わたくしはそれについてはいろいろの話を大原社会問題研究所の内部から、また倉敷紡績の中からも聞いたのでありますが、同時に、大原孫三郎氏は、高野岩三郎先生に対しても暉峻義等君に対しても、「俺はこの出資はこまる」ということを一言もいわなかったのであります。

昭和十二年これらの研究所は研究所の方から大原氏の出資を断り、それぞれ大原氏から財政的に独立いたしました。これは大原氏の苦境見るにしのびず、多年の恩誼に対しては、自分たちがいかなる運命になろうとも、この上、大原氏に迷惑をかけては相すまぬと思ったからであります。当時わたくしは高野先生との関係から多少その相談にあずかったが、それは、まさに男子と男子との呼吸、ア・ウンの合った談判でありました。その後いろいろのことがあっても、たとえば大原研究所がいまもなおその名を改めず、「法政大学大原社会問題研究所」と長い名でよんでいるのは、大原氏の人道主義と高野先生の実証主義とをいつまでも守って行きたいためであります。

大原孫三郎は右にのべた労働科学研究所や大原社会問題研究所のほかに、なお倉敷の郊外に大原農業研究所というのを作りました。これは昔大原奨農会と称したもので、主として小作人の子弟に実際の農業のやり方を教える実習場として考えられていました。そこでは指導者と生徒とが生活をともにして学問と勤労とを通じて農業経営の方法を体得するという目的でありました。しかしこれをやっているうちに、大原氏は農業技術の改良もやってみたいということを考えるようになった。そして彼は、自己の所有地二百町歩をこの会に寄付して、有名な近藤萬太郎博士を迎えて、その研究を託しました。これが日本の民間における最初の、そして最大の農業研究所であります。

今日、岡山県の農業が、日本でもっとも進んだ技術をもっているということ、今日、倉敷地方が日本でいちばんりっぱな桃やブドウの産地となっていること、これは諸君も認められるところであり、汽車の窓からでもわかることであるが、こうなったことについてこの研究所は少なからぬ力となったと思います。この研究所と、そのたくさんの農業関係の書物、そしてそこで成長した学者とは、今日岡山大学にうけつがれてその誇りとなっています。

またこのほかにも大原氏の教育事業、ことに育英事業、民芸運動についても多大の資金を出して有名な人物を作った話なども、数えればつきませんが、総括して申しますと、大原孫三郎は、大正・昭和を通じて大阪以西の関西において最大の事業家であったが、彼は、その作りえた富を散じて公共の事業をしたという点では、三井も、三菱も、その他いかなる実業家よりも、なお偉大な結果を生んだ財界人であったといっていいと思います。もう一度申します。金を儲けることにおいては大原孫三郎よりも偉大な財界人はたくさんいました。しかし金を散ずることにおいて高く自己の目標をかかげてそれに成功した人物として、日本の財界人でこのくらい成功した人はなかったといっていいでしょう。

さきほど申し上げました大原氏の有力な補助者であった柿原政一郎氏は、戦後わたくしにこう語りました。「大内君、終戦後、財産税を納めたときは、大原の財産は一文も残っていなかった。大原さんはその青年のときの自分に対する誓いを実現したよ」と。この「青年のときの自分に対する誓い」とは何であるか。一例をあげよう。彼が、学校を放棄して岡山に帰り、石井十次を孤児院にたずね、その孤児院の事業に力を入れようと考えたある日の日記に、二十歳の孫三郎はこう書いています。「神のみ心によりて設立された孤児院のためには、できるだけつくさざるをえない。余は全く神の思召によって生れ、生くるものであるから、み心によって設立された孤児院につくすべきは、これまた余の第二の天職であると信ず、もししからざれば罪である。余は常に神とともに、キリストとともに、いなくてはならぬ。余は全く社会とともに、世界とともにいなくてはならぬ。以上のことは、いずこにいるも、いずこに行くも離るべからざることである。一日も離るべからざることである」と。これは、キリスト教の精神の最大なるものである。大原さんが青年にしてこの精神にふれたのは人間として幸福であった。

しかし、青年のときにこういう思想にふれ、こういうふうに考える人は多いが、これを一生もちつづけた人は少ない。その意味においては大原さんは意志の強い人であったといわなければならぬ。お金は決してきたないものでないが、人間はお金がたまるときたなくなる危険があります。多くの人が蟻のようにそれに集まって、金持、実業家を堕落させるからである。しかし、大原さんは、そういうことはなかった。彼はその金を、学問と芸術とを通じて人道のために使おうと決心し、そしてそのためには正しい学者と芸術家とを信じてうたがわなかった。つまり彼は金は儲けたが、その金は自分のものでない、社会のものである、神のものである、神のものは神に返せということをほんとうに信じ、それを実行した。そこでわたくしは、日本資本主義史上において、数少ないりっぱな実業家であったと考えるのであります。

わたくしは、これで、私の講演を終ろうと思う。もしこの話が、日本全国から集まってきている諸君の岡山土産として、吉備だんご、大手まんじゅうのほかに心にとめて下さるならば岡山もよろこぶだろうと思います。岡山は明治のはじめ以来、新しい思想の盛んにおこったところであります。片山潜も安部磯雄も山川均もこの地と関係あり、また、政治家としては、犬養木堂、宇垣一成そのほか有名な人がたくさんありましたが、そういう人人とならんで、人間としては、大原孫三郎氏はえらい財界人であったということを、私はいってみました。(後略)

『現代日本思想大系11・実業の思想』(一九六四)

「企業家・大原孫三郎」略年譜

西暦	和暦	齢	関係事項	社会状況
一八八〇	明治一三		7月28日、岡山県窪屋郡倉敷村（現在の倉敷市）に生まれる	12・16第一次ボーア戦争
一八八七	二〇	6	4月、倉敷尋常小学校に入学する この年の12月、倉敷紡績所の設立が認可される	9・21横浜に日本初の水道施設
一八八八	二一	7	2月、父・孝四郎が倉敷紡績所頭取となり、3月に新定款をもって設立認可が下りる（一八九三年に倉敷紡績となる）	4・25市制と町村制の公布
一八九四	二七	13	12月、閑谷黌に入学する	8・1日清戦争始まる
一八九七	三〇	16	1月に上京、東京専門学校（現早稲田大学）に入学するが、翌年に倉敷に戻る	10・1金本位制実施
一八九九	三二	18	この年、以降の人生に大きな影響を及ぼす石井十次と出会う	2・1東京・大阪間に電話開通
一九〇一	三四	20	1月、倉敷紡績に入社する 11月、スヱ（のちに寿恵子と改名）と結婚する	11・18官営八幡製鉄所操業開始
一九〇二	三五	21	3月、倉敷紡績に職工教育部を設立する 7月、倉敷商業補習学校を設立、校長に就任 12月、倉敷日曜講演の第一回目を開催する	1・30日英同盟調印

一九〇四	三七	23	この年の12月、24歳で家督を相続、大原家七代当主となる	2・10日露戦争始まる
一九〇五	三八	24	7月、倉敷キリスト教会で洗礼を受ける	9・5ポーツマス条約調印
一九〇六	三九	25	9月、倉敷紡績の取締役社長、倉敷銀行取締役頭取に就任	3・31鉄道国有法公布
一九〇八	四一	27	11月、吉備紡績所の買収 この頃より、倉敷紡績で分散式家族的寄宿舎の建設に着手	6・22赤旗事件
一九〇九	四二	28	7月、嗣子・總一郎が誕生 10月、倉敷電燈設立（一九一二年に孫三郎が社長となる）	5・6新聞紙法公布
一九一〇	四三	29	7月、父・孝四郎が死去	8・22韓国併合条約調印
一九一一	四四	30	7月、倉紡工手学校を開校	10・10中国で辛亥革命起こる
一九一二	四五	31	この年、報恩貯蓄会をつくる	7・30明治天皇崩御
一九一三	大正 二	32	3月、中国民報社の買収	10・6日本政府が中華民国承認
一九一四	三	33	3月、岡山孤児院の院長となる（一九一九年に辞任） 7月、財団法人大原奨農会を設立する（一九二九年に大原農業研究所に改称）	7・28第一次世界大戦開戦
一九一五	四	34	5月、孫三郎の「工場村」実現という理想が託された倉紡万寿工場竣工、始業式が挙行される 12月、倉紡共済組合結成（一九二一年に倉紡共存組合に改組）	1・18中国政府に二一ヵ条要求

一九一七	六	36	3月、財団法人石井記念愛染園を設立する 7月、倉敷紡績の社内報「倉敷時報」が創刊される	この年、ロシア革命が発生
一九一八	七	37	この年、讃岐紡績、松山紡績を傘下に加え、坂出工場・松山工場が誕生する	11・11第一次世界大戦終結
一九一九	八	38	2月、大原社会問題研究所を設立する 9月、新設の第一合同銀行の頭取に就任 12月、倉敷住宅土地の社長に就任	1・18パリ講和会議
一九二〇	九	39	3月、労働者の給与を一割増しにした「労力配当」を倉敷紡績で実施する 9月、備作電気株式会社の社長に就任	3・15戦後恐慌起こる
一九二一	一〇	40	1月、株式会社近江銀行の取締役に就任 7月、倉敷労働科学研究所を設立する 10月、京阪電気鉄道株式会社の取締役に就任	11・4原敬暗殺される
一九二二	一一	41	1月、中国水力電気株式会社の取締役に就任	2・6ワシントン海軍軍縮条約
一九二三	一二	42	3～4月、中国大陸視察 6月、倉紡中央病院を開院（のちに倉敷中央病院となる）	9・1関東大震災
一九二六	一五	45	6月、倉敷絹織株式会社を設立、社長に就任 12月、中国信託株式会社を設立、会長に就任	12・25大正天皇崩御、昭和と改元
一九二七	昭和二	46	この年、近江銀行休業と第一合同銀行の取り付けとにより、倉敷紡績の経営に大打撃を受ける	3・15金融恐慌発生
一九二八	三	47	9月、倉敷瓦斯株式会社の相談役に就任	4・10日本商工会議所設立

一九二九	四	48	3月、倉敷商工会議所初代会頭に就任	10・24米国で株式市場大暴落
一九三〇	五	49	4月、寿恵子夫人が死去 11月、大原美術館を開館する 12月、中國銀行創立、頭取に就任	この年、世界恐慌が日本に波及（昭和恐慌）
一九三三	八	52	9月、本店事務業務を大阪に移す	3・27国際連盟脱退を通告
一九三五	一〇	54	7月、初孫の麗子が誕生	8・3国体明徴声明発表
一九三六	一一	55	10月、孫三郎の寄附金により東京に日本民藝館が開設される	2・26二・二六事件
一九三七	一二	56	3月、創立五〇年の記念式典が挙行される 9月、大原合資会社が設立される	7・7盧溝橋事件
一九三九	一四	58	5月、倉敷紡績の社長を辞任（後任は神社柳吉）、倉敷絹織でも社長を辞任し、嗣子・總一郎に社長業を承継する	9・1第二次世界大戦勃発
一九四〇	一五	59	1月、中國銀行の頭取を辞任する 10月、嫡孫となる謙一郎が誕生	10・12大政翼賛会発足
一九四一	一六	60	1月、嗣子・總一郎が倉敷紡績第四代社長に就任	12・8太平洋戦争始まる
一九四三	一八	62	1月18日午後3時30分、永眠。同日、正五位に叙せられる。	2・1日本軍ガダルカナル島から撤退

※本年譜の作成にあたり、『大原孫三郎傳』『倉敷紡績百年史』所収の年表などを参考にした。
※年齢については、その年の誕生日までの大原孫三郎の満年齢を記した。

〈編著者略歴〉
阿部武司（あべ・たけし）
1952年東京都生まれ。1967年東京大学経済学部卒業。1982年に東京大学大学院経済学研究科単位取得退学後、東京大学（社会科学研究所）助手。その後、筑波大学講師、大阪大学助教授を経て、94年に大阪大学教授（98年に経済学部から大学院経済学研究科に配置換）。2014年に退職、名誉教授となる。同年より国士舘大学政経学部教授。経済学博士（東京大学）。近代日本経済史及び比較経営史が専門研究分野である。著書に『日本における産地綿織物業の展開』（東京大学出版会）、『近代大阪経済史』（大阪大学出版会）などがある。

〈第二部（Ⅰ章）担当　著者略歴〉
結城武延（ゆうき・たけのぶ）
1981年福岡県生まれ。2005年大阪大学経済学部卒業。2011年に東京大学大学院経済学研究科博士課程単位取得退学後、秀明大学助教、専任講師を経て、現在は東北大学大学院経済学研究科准教授。博士（経済学、東京大学）。戦前日本の企業金融と企業統治が専門研究分野である。

PHP経営叢書
日本の企業家 10
大原孫三郎
地域創生を果たした社会事業家の魁

2017年9月4日　第1版第1刷発行

編著者　阿部武司
発行者　清水卓智
発行所　株式会社ＰＨＰ研究所
京都本部　〒601-8411　京都市南区西九条北ノ内町11
70周年記念出版プロジェクト推進室　☎075-681-4428（編集）
東京本部　〒135-8137　江東区豊洲5-6-52
普及一部　☎03-3520-9630（販売）
PHP INTERFACE　http://www.php.co.jp/
組版　朝日メディアインターナショナル株式会社
印刷所
製本所　図書印刷株式会社

ISBN978-4-569-83430-6

ＰＨＰ経営叢書「日本の企業家」シリーズの刊行に際して

わが国では明治期に渋沢栄一のような優れた企業家が幾人も登場し、中世、近世に営々と築かれた日本の商売道は近代へと導かれることになりました。以後の道程において、昭和期に戦争という苦難に遭いますが、すぐさま復興に立ち上がる中で、多くの企業家が躍動し、人々を束ね、牽引し、豊かな生活の実現に大いに貢献しました。一九四六（昭和二一）年一一月に弊社を創設した松下幸之助もその一人でした。事業経営に精励する一方で、「人間は万物の王者である」という言の葉に象徴されるみずからの人間観を、弊社の様々な活動を通じて世に訴えかけ、繁栄・平和・幸福の実現を強く願いました。

こうした時代を創った多くの企業家たちの功績に、素直に尊敬の念を抱き、その歩みの中の真実と向き合うところから得られる叡智は、お互いの衆知を高め、個々の人生・経営により豊かな実りをもたらしてくれるにちがいない。そうした信念のもと、弊社では創設七〇周年記念事業としてＰＨＰ経営叢書を創刊し、まずは日本の近代、現代に活躍した理念重視型の日本人企業家を一人一巻でとり上げる図書シリーズを刊行することにいたしました。空翔ける天馬の姿に、松下幸之助はみずからの飛躍を重ね合わせましたが、その天馬二頭が相対立しつつも調和する姿をデザインしたロゴマークは、個を尊重しつつも真の調和が目指される姿をイメージしています。「歴史に学び　戦略を知り　人間を洞察する」――確かな史実と学術的研究の成果をもとに論述されたこのシリーズ各巻が、読者諸氏に末永く愛読されるようであればこれに勝る喜びはありません。

二〇一六年一一月

株式会社ＰＨＰ研究所